Ilse Renetzeder – Die Liebe kommt durch die Haustür

The True Spirit of

Feng-Shui

Die Liebe kommt durch die Haustür

Ilse Renetzeder

Bibliografische Information Der Deutschen Bibliothek
Die Deutsche Bibliothek verzeichnet diese Publikation in der Deutschen Nationalbibliografie; detaillierte bibliografische Daten sind im Internet über http://dnb.ddb.de abrufbar.

Bibliographic information published by Die Deutsche Bibliothek
Die Deutsche Bibliothek lists this publication in the Deutsche Nationalbibliografie; detailed bibliographic data are available in the Internet at http://dnb.ddb.de.

Ilse Renetzeder
Die Liebe kommt durch die Haustür
The True Spirit of Feng-Shui
ISBN 3-8334-1435-9

1. Auflage 2003
2. Auflage 2004

Herstellung und Verlag:
Books on Demand GmbH
Gutenbergring 53
D-22848 Norderstedt
www.bod.de

Covergestaltung:
Anne Ammann Grafik

Dieses Buch ist in Dankbarkeit und Liebe
meiner Mutter gewidmet.

Dank

Ich habe bei meinen Beratungen zahlreiche persönliche Schicksale erfahren und die Menschen, die damit verbunden waren, bewundern gelernt. Sie lehrten mich ihnen zu dienen, die Ordnung zu schätzen, das Chaos zu respektieren, das Leben zu lieben, die Schöpfung zu achten und über manches zu lachen, ohne es lächerlich zu machen. Ich danke von ganzem Herzen allen Menschen, die mir bisher begegnet sind, dafür, dass sie mir begegnet sind und mich in meinem Lernprozess gefördert haben. Ich danke ebenso meinen vielen Schülerinnen und Schülern für ihr Vertrauen und den Ausbildungsleitern und Ausbildungsleiterinnen der Europäischen Feng-Shui Meisterschulen für ihr großes Engagement, meine Lehre weiter zu verbreiten, was mich veranlasst hat, dieses Buch zu vollenden.

Auch möchte ich meinen innigsten Dank jenen aussprechen, die mich bei der Verwirklichung dieses Buches freundschaftlich unterstützt haben.

Vorwort

„Die Liebe kommt durch die Haustür“, ist ein altes chinesisches Sprichwort, das auf die einfachste Sache der Welt hinweist, die in Wirklichkeit nicht einfach ist. Davon handelt dieses Buch.

Als ich vor etwa zwanzig Jahren begann mich mit Feng-Shui zu befassen, ahnte ich schon, dass ich eines Tages Bücher darüber schreiben würde. Mir war damals noch nicht klar warum und was ich schreiben sollte, aber ich hatte bereits die Titel im Kopf. Das erste Buch ging mir relativ leicht von der Hand, doch für dieses hier habe ich Jahre gebraucht. Es handelt sich bei ihm um den Weg zu mir selbst, den ich durch die Beschäftigung mit Feng-Shui im Laufe der Jahre gefunden habe.

Lange Zeit dachte ich, was sollte ich über die Liebe schreiben, das nicht längst schon geschrieben worden wäre? Schließlich war ich überzeugt dieses Buch sei überhaupt „unschreibbar“, bis mir klar wurde, dass ich nicht über die Liebe schreiben sollte, sondern in Liebe. Wie sonst könnte ich Widersprüchliches so erläutern, dass es sich nicht selbst widerspricht, sondern in seiner Folgerichtigkeit für jeden intuitiv fassbar wird?

Es ist nicht so schwierig, einer eindeutigen Aussage, die einer zielgerichteten Logik folgt, eine klare Struktur zu geben. Doch ist Eindeutigkeit nur gegeben, wenn alles andere ausgeschlossen wird. Das Ergebnis zieht sich dann wie ein roter Faden von Anfang an durch das erdachte Konstrukt und ist in sich so schlüssig, weil dieses Vorgehen keine Widersprüche zulässt. Was nicht heißt, dass dem Inhalt niemand widerspricht. Im Gegenteil. Eindeutigkeiten rufen auf jeden Fall Widerspruch hervor - müssen sie - weil das Leben nicht eindeutig sondern vieldeutig ist und uns daher widersprüchlich erscheint. Dass diese Widersprüche in Wirklichkeit keine sind, sondern nur in unserer Vorstellung existieren, kann man mit Worten eigentlich nicht ausdrücken, da Worte in ihrer Linearität etwas sehr Begrenzendes sind. Sie erscheinen immer ungenügend, gäbe es nicht den berühmten Abstand zwischen den Zeilen, dem Nichts, das nicht Nichts ist. Damit knüpfe ich an mein erstes Buch an, welches jetzt mit diesem Buch seine Ergänzung findet.

Möge es den Menschen helfen mehr Freude, Frieden und Freiheit in ihre Welt zu bringen.

Ilse Renetzeder
Freiburg, im Oktober 2002

Der Schöpfungsgedanke

Frei wie der Wind
lebendig wie das Wasser
sich gebend
nie verlierend
stirbt das eine
in das andere
und gebiert sich
lustvoll immer neu.

Inhaltsverzeichnis

Die Spirituelle Evolution des neuen Jahrtausends 13

Die Umpolung 21
Das Paradoxon 27

Das magische Quadrat 33

Eins – Karriere 39
Zwei – Partnerschaft 45
Drei – Familie 49
Vier – Reichtum 53
Fünf – Zentrum 59
Sechs – Hilfreiche Menschen 67
Sieben – Kinder 73
Acht – Persönlichkeitsentwicklung 77
Neun – Erfolg 83
Die Fünfzehn – das Ziel 91

Die Fünf-Elemente-Lehre und das sechste Element 103

Was ist Schicksal und was kreieren wir uns selbst? 119

Ich, das unbekannte Wesen 175
Was ich habe macht mich reicher,
was ich nicht habe ist mir von Nutzen 193
Das Lichtritual 195
Neue Einsichten wandeln unsere Ansichten 199
Dein Zahlenmandala 207

Literaturverzeichnis 215

Die Spirituelle Evolution des neuen Jahrtausends

Alle großen Entdeckungen werden von denen gemacht,
die mit dem Gefühl ihrem Denken voraus sind.

(C.H. Parkhurst)

Bevor ich mich dem eigentlichen Thema zuwende, möchte ich den Impuls der Entwicklung erwähnen, der mich im Laufe der Zeit zu Einsichten geführt hat, die heute meine Lebenseinstellung ausmachen. Ich stelle daher einen kleinen Ausschnitt der Betrachtung unseres individuellen und kollektiven Bewusstseins, welche unsere Geschicke im großen Zeitgeschehen lenken, als Ausgangsbasis den themenbezogenen Ausführungen voran.

Fachleute stellen fest, dass die ökologische, ökonomische, kulturelle und soziale Globalisierung nicht mehr steuerbar ist, weil ihr vor allem die Regeln der Fairness fehlen. Sie sagen: „Der Turbokapitalismus mit seinen weltweiten Zusammenschlüssen der Großkonzerne lässt das wirtschaftliche Geschehen undurchschaubar werden, wie auch die rasanten Entwicklungen in der Computer- und Telekommunikationsbranche mehr oder weniger außer Kontrolle geraten. Keiner hat wirklich noch den Durchblick oder Überblick. Die Manager und Politiker in ausschlaggebenden Positionen sind in ihren Entscheidungen auf einen Stab von Mitarbeitern und Spezialisten angewiesen und müssen sich auf sie verlassen, d.h. sie müssen glauben, was diese ihnen sagen. Die Informationsflut überrollt sie und die Zeiten, wo diese Leute noch in Ruhe nachdenken, auf ihr Gefühl und Gewissen hören und ihre Entscheidungen gründlich abwägen konnten, sind vorbei."

Manche formulieren das sarkastischer: „Unsere männlich dominierte Welt hat sich in demagogisch extreme Fundamentalisten und in Reformer geteilt. Beide verharren sie in einem starren politischen, wirtschaftlichen oder religiösen System. Sie verschanzen sich hinter Institutionen und merken nicht, dass diese und die vergesellschafteten Gesellschaften sich verselbständigt haben. Sie tun so, als wären sie selbst Institutionen und als würden Politik, Wirtschaft und Religion miteinander kommunizieren und nicht sie als Menschen. Das enthebt sie ihrer Verantwortung und hat zur Folge, dass sie aufgehört haben, auf ihr persönliches Gewissen und ihre innere Stimme zu hören. Ihre rational begründete Rechtfertigung von Krieg und ihr politisches, religiöses und wirtschaftliches Machtstreben führt sich selbst ad absurdum angesichts ihrer wahren Machtlosigkeit, Dummheit und Sprachlosigkeit des Herzens. Es kann uns mit Recht Angst und Bange werden, denn die hochtechnisierte Welt ist eine sehr gefährliche Welt, wenn ihr das Mit-gefühl fehlt."

Andere warnen: „Gerade heute, wo wir uns so sehr auf die Kompetenz von Wissenschaft und Technik verlassen, mögen wir bedenken, dass sie nur so ehrlich und verantwortungsvoll sein können, wie die Menschen, die sie betreiben. Ereignisse wie einst Tschernobyl sind deutliche Hinweise: Eine blühende moderne Stadt, voll junger Träume und Hoffnungen entstand rund um ein als sicher deklariertes Atomkraftwerk, das Arbeit und Lebensgrundlagen bot. Innerhalb von drei Stunden mussten 400.000 Menschen ihr Heim, ihr Hab und Gut und die ihnen vertraute Umgebung verlassen. Tausende starben und ebenso viele erkrankten an den tödlichen Strahlungen der vermeintlich sicheren Technologie. Inzwischen sind fast zwanzig Jahre vergangen und Tschernobyl oder der Giftskandal in Seveso sind nur mehr vergleichsweise bescheidene Beispiele. Darüber hinaus gefährden nicht nur Kriege und Terror, sondern auch Sucht und Seuchen, genmanipulierte und giftige Nahrungsmittel und Wasser, schleichend unser aller Leben."

Geschädigte Konsumenten meinen: „ ... alle Autoritäten, an die wir uns bisher hielten, geben uns keine Gewähr. Sie tun zwar so als ob, doch wenn wir ein Medikament einnehmen und es bekommt uns nicht oder wir werden im Krankenhaus kränker als wir waren, dann tragen wir selbst die Konsequenzen und nicht der Hersteller oder der Arzt. Auf den kleingedruckten Beipackzetteln der Pharmaindustrie steht zwar zu lesen, wie ein Medikament auch wirken könnte, aber die Inhaltsstoffe werden sicherheitshalber in Latein angeführt, damit möglichst wenig Menschen verstehen, was sie da schlucken. Der Millionencoup würde sonst nicht funktionieren."

Doch wir alle würden bei akutem Anlass nicht gerne auf die moderne Medizin verzichten wollen und erst recht nicht auf die moderne Technik und schon gar nicht auf unseren sozialen Wohlstand. War es noch vor zehn, zwanzig Jahren so, dass Forderungen lauthals nach außen an die vermeintlich Schuldigen gerichtet wurden, wenden sich die Menschen heute immer mehr sich selbst zu.

Naturbewusste appellieren: „Es wird immer offensichtlicher und dringender, dass jeder Bürger selbst mehr Verantwortung für sein Leben übernimmt."

Die Menschen setzen häufiger auf Eigenkompetenz und Eigenverantwortlichkeit und nehmen Risiken bewusst auf sich. Sie meinen: „ ... weil uns das in Wirklichkeit ohnehin niemand abnehmen kann."

Engagierte Umweltschützer versuchen eifrig und unermüdlich das Ärgste zu verhindern. Neue umwelt- und menschenfreundliche Technologien drängen auf den Markt. Beherzte Männer und Frauen aus Politik, Wirtschaft und Wissenschaft setzen sich für mehr Transparenz und Toleranz ein. Ehrliche Mediziner öffnen sich für neue Wege. Religionsverständnis, Kunst und Pädagogik finden humaneren Ausdruck. Selbsthilfegruppen in allen Lebensbereichen etablieren sich und vermitteln soziales Verhalten. Bücher zur Selbsterkenntnis überschwemmen den Markt. Die alternative Szene hat sich gewandelt. Ganzheitlich denkende Menschen finden Zugang zu sich selbst und zu feinstofflicheren Ebenen und bringen auf diese Weise Heilung in die Welt. Finden die einen hilfreiche Weisheiten in alten Mythologien, so schwören andere auf mehr Körperbewusstsein. Manche suchen Bewusstseinserweiterung durch Meditation und Besinnung, führen Gespräche mit ihrem Gott oder senden ihre Wünsche ins Universum.

Alles in allem scheint sich ein Bewusstseinswandel abzuzeichnen. Der gravierendste vollzieht sich zur Zeit in der Wissenschaft: Die Chaosforschung, welche das Denken in völlig neue Bahnen lenkt. Unser Weltbild verändert sich. Das muss es auch. Im Zeitalter der Globalisierung entsteht der Weltbürger, der die verschiedensten Kulturen in sich vereint, ohne an deren Widersprüchen zu zerbrechen, sondern an ihnen zu wachsen.

Und was lehrt uns die Geschichte?

Philosophen wie Descartes, Spinoza und Leibniz im 16./17. Jh. und viele andere danach, haben zu ihrer Zeit in der westlichen Kultur die Meinungsbildung im allgemeinen, und die der Wissenschaften im besonderen, maßgeblich dahingehend beeinflusst, ausschließlich der Entwicklung unseres Intellekts die ganze Aufmerksamkeit zu widmen, wenn auch mit unterschiedlicher Ausrichtung.

Das geht, vereinfacht ausgedrückt, in der abendländischen Kultur noch auf den Einfluss der großen Denker und Gelehrten der Antike zurück. Ihr Wissen wurde von der Kirche teilweise verschwiegen oder nach Bedarf interpretiert und deshalb in der Folge vielfach missverstanden. Abgesehen von anderen unliebsamen Glaubenswahrheiten, gab es auch Gelehrte, die zu viel wussten, weshalb sie sich nur vorsichtig ausdrücken und manche Erkenntnis öffentlich verschweigen mussten. Im Laufe der Zeit entwickelten sich daher die verschiedensten Geheimbünde, wo dieses Wissen gepflegt und weitergegeben wurde. Ähnlich geschah dies in China durch die Dynastien der Kaiser und Könige. In der chinesischen Kultur waren es Kung Fu-tse und Lao-tse, die ungefähr zur selben Zeit mit ähnlichen Inhalten die östliche Weltanschauung geprägt haben.

Weder die griechischen Philosophen noch Lao-tse lehrten eine bestimmte Religion. Der Naturphilosoph Heraklit (6. Jh. v. Chr.) zum Beispiel lehrte, dass über dem Sein der Logos (Weltvernunft oder Weltgesetz) steht, der alles zu einer verborgenen Harmonie führt. Von ihm stammt der Grundgedanke: „Panta rhei" (alles fließt). Sein Werk „Die Natur" ist leider nur mehr in Bruchstücken erhalten.

Die Lehre des Lao-tse, festgehalten in seinem Werk Tao-te-king, welches der Legende nach ebenfalls aus dem 6. Jh. v. Chr. stammt, war ebenso geheimnisvoll, wie weise. Der Taoismus, der sich aus dem alten chinesischen Volksglauben bzw. ihrer Naturreligion entwickelt hat, setzt den Kosmos und die Menschenwelt in eine magisch beherrschbare Beziehung. Mit der Polarität der wirkenden Kräfte Yin und Yang werden Naturerscheinungen erklärt und Kausalitäten hergestellt. Mittels bestimmter magischer Zahlen gelang es Formen zu entschlüsseln - ähnlich dem Wissen der Ägypter und Griechen mit der heiligen Geometrie. Pythagoras lehrte die innere Verbindung von Zahlen und Kosmos. Platon gilt als der Schöpfer des philosophischen Idealismus, der das wahre Sein der Welt in der Idee des Guten erblickte. Sein Schüler Aristoteles war Begründer der Formallogik und Metaphysik (Lehre von den Grundlagen und Prinzipien des jenseits des Erfahrbaren liegenden Sein). Sie alle lebten im 6., 5.- 4. Jh.v.Chr., und so verschieden sie auch waren, ihr Denken gründete auf Vernunft und prägte die Idee der Humanität.

Kung Fu-tse (Konfuzius 6.-5. Jh. v.Chr.) ging es um einen aufgeklärten Weg der Vernunft zur Verbesserung der Gesellschaft durch Verbesserung des Menschen. Er entwarf als Vorbild den in der Tradition verhafteten Menschen, der dem Kaiser diente und sehr tüchtig war. Auch den später entstandenen Kirchen ging es darum. Trotz verschiedener, späterer, religiöser Strömungen hatten Kung Fu-tse und Lao-tse entscheidenden Einfluss auf die Entwicklung in China. Dem zugrunde lag ein uralter Naturglaube (Erfahrungswissen), während unsere Kultur von einem Offenbarungsglauben geprägt worden ist, der eher ideellen metaphorischen Charakter hat. Doch ähnlich wie das Dogma der verschiedenen Religionen führte auch der Konfuzianismus zu einer dogmatischen Weltanschauung der Anpassung und Ergebenheit.

Die Philosophien des klassischen Altertums, die sich in Strömungen des Realismus und des Idealismus teilten, ebenso wie die östlichen Erkenntnislehren, könnte man als ein Ringen um die Erinnerung an verlorengegangene Weisheiten bezeichnen, die viele Jahrtausende zuvor in den alten Hochkulturen der Atlanter und Lemuren bereits errungen wurden. Was übrig blieb, wurde erst ein paar Jahrhunderte v. Chr. schriftlich festgehalten und objektiviert. Die daraus entstandenen heutigen Wissenschaften waren in der östlichen als auch westlichen Gesellschaft hoch angesehen, und das spielte fortan in der weiteren Entwicklung der Kulturen eine ausschlaggebende Rolle. Die chinesische und die europäische Kulturentwicklung weisen viele Parallelen auf, jedoch ist die westliche Anschauung hauptsächlich nach außen projiziert, während die östliche mehr nach innen gerichtet ist.

Mit der Zeit wurde mehr und mehr allein dem „Geist" Respekt entgegengebracht. Für die Kirchen war dieser Geist ein von den Menschen getrennter, strenger, männlicher Gott oder der Kaiser, dem sie sich unterwerfen sollten, und für die Wissenschaft und Gesellschaft der Verstand des Menschen und seine Bildung - vor allem des männlichen Menschen - dem sich die Gefühle (und die Frauen) unterordnen sollten. Man(n) setzte auf Vernunft und hat das Bewusstsein einzig auf das Denken bezogen und dieses mit Erkenntnisfähigkeit gleichgesetzt. Als bewiesene Wahrheit galt nur, was zählbar und messbar, also objektiv richtig war. Das stellte die Subjektivität ins Abseits und ging so weit, dass vor allem der männliche Mensch anfing allem zu misstrauen, was er nicht erklären oder berechnen konnte. Er begann seine Gefühle, und die der anderen, zu ignorieren und schließlich zu verachten. Diese einseitige Orientierung beruhte auf einem Irrtum mit fatalen Folgen und nahm im Laufe der Zeit ungeahnte Ausmaße an. Es brachte unglaubliches, in diesem Umfang noch nie da gewesenes Unheil über unsere Welt. Klassenkampf, Armut, Elend, Hunger, Kriege, Korruption, Kriminalität und Diskriminierungen bestimmen immer noch unser Weltbild - trotz dem vielzitierten Verstand, der Vernunft und der Gottgläubigkeit. Obwohl dem „Geist" und dem „Geistigen" die ganze Aufmerksamkeit gegeben wurde, scheint die Menschheit von allen guten Geistern verlassen worden zu sein.

Den Religionen hat es die Spiritualität genommen und in Wirtschaft, Wissenschaft und Technik hat es uns so große Fortschritte beschert, dass wir inzwischen um unsere Existenz und der des Planeten Erde bangen müssen. Für die Bewusstseinsentwicklung der Menschen war es sicher wichtig das Denkvermögen anzuregen, doch nun sind wir an einem Punkt angelangt, wo es dringend erforderlich ist, die Gefühlswelt in dieses Bewusstsein mit einzubeziehen.

Zum Denken brauchen wir wohl keinen Mut, aber um dieses Denken zu erleben schon!

Unsere natürliche Intelligenz, die des Herzens, hat einer „künstlichen" Intelligenz Platz gemacht, die überwiegend vom Intellekt bestimmt wird. Unser Dasein wurde damit ungewollt zur reinen Funktion degradiert. Es ist kein Zufall, dass wir dieser künstlichen Intelligenz bald schon ein künstliches Herz hinzufügen werden können und das auch immer öfter werden müssen, um überleben zu können, wenn es so weitergeht.

Die ausschließlich rationale Denkweise - in religiöser wie auch weltlicher Hinsicht - die heute noch mehrheitlich Gültigkeit hat, hat nicht nur Wissenschaft und Religion entzweit, sondern entzweit grundsätzlich, weil sie einseitig orientiert ist. Der Macht des Glaubens und des Wissens fehlt nach wie vor die Liebe und die Achtung vor den Gefühlen der Menschen, um den Glauben spirituell und das Wissen zur Weisheit werden zu lassen.

Das ist heute unser Grundproblem. Es liegt an der Unausgewogenheit der beiden Gehirnhälften. All zu sehr wurde nur die linke Gehirnhälfte angesprochen, sodass sie sich ausgezeichnet entwickeln konnte. Sie nimmt Fakten auf und ist zuständig für Informationen der Logik, wie z.B. der Mathematik oder Geometrie. Wir nennen sie die männliche Komponente des Gehirns. Die sich aus diesem Bereich entwickelnde Vorstellungs- und Erkenntnisfähigkeit ist wichtig. Unsere Wahrnehmung ist eng damit verknüpft. Die weibliche, welche in der rechten Gehirnhälfte angesiedelt ist, ist zuständig für die Psyche und das ganzheitliche Denken, auch natürliche Intelligenz genannt. Hier liegt Wissen zum Ursprung, zur Einheit und Ganzheit. Diese Hälfte kann das zwar nicht erklären, aber sie weiß es. Doch das genügt nicht. Zur Erklärung bedarf es der linken (analytischen) Gehirnhälfte. Dazu muss sich diese die Einheit erst einmal vorstellen können. Ein Bild dazu bietet die heilige Geometrie. Da Feng-Shui (Geomantie) im Kern eine klassische Formen- und Zahlenlehre ist, kann es ein Verständnis für Ganzheitlichkeit vermitteln. Theoretisches Wissen allein genügt aber ebenfalls nicht. Es bedarf der Erlebnismöglichkeit, wofür die rechte (emotionale) Gehirnhälfte zuständig ist. In diesem Zusammenspiel liegt die Ganzheitlichkeit. In unserer quantitativen Ausrichtung verwechseln wir oft Vielseitigkeit mit Ganzheitlichkeit. Die rechte und die linke Gehirnhälfte sind die beiden Wirklichkeiten, deren Synchronisation wir als ganzheitliches Denken bezeichnen. Ich nenne die zwei verschiedenen Funktionen unseres Gehirns nicht gerne männlich und weiblich, weil es im Hirn keine solche Zuordnung gibt, aber da wir sie durch die Geschlechterrolle als solche erleben, mag es besser verständlich sein.

Die Umpolung

Es hat im Laufe der Evolution der Erde schon viele Umpolungen und Polverschiebungen gegeben. Astrophysiker meinen, in den letzten 35 Millionen Jahren angeblich ganze 79 mal und die Intervalle wurden von mal zu mal kürzer. Sie sagen, wir stehen wieder kurz davor, bzw. sind schon mitten drinnen. In okkulten Wissenschaften ist die Aussage die gleiche. Viele Anzeichen deuten darauf hin. Auf der physischen Ebene verändert sich das Magnetfeld der Erde, seine Stärke hat bereits abgenommen, die Schwingung der Erde und des Menschen hat sich erhöht. Die Erdachse hat sich einige Grade geneigt, die magnetischen Pole haben sich dadurch verschoben und die Einströmungen kosmischer Energien werden intensiver. Dass sich dabei das Klima global verändert und die Naturkatastrophen sich häufen, hören und sehen wir fast täglich im Fernsehen, ebenso die wirtschaftlichen und gesellschaftlichen Desaster und das enorme menschliche Leid infolge von Krankheit, Hunger und Krieg. Die Welt scheint aus den Fugen zu geraten, alles eskaliert und treibt dem Ende, d.h. der Wende zu. Gewaltige Naturkatastrophen haben jeweils bei zu großen Ungleichgewichtigkeiten das Ende gebracht. Eine Wende im großen Zeitgeschehen lässt nichts beim alten und die Menschen sprechen im Nachhinein von einer epochalen globalen Katastrophe riesigen Ausmaßes. Es war immer so und wird immer so sein, dass der Mensch die Konfrontation mit den Konsequenzen seines Handelns braucht, damit er daraus lernen kann. Meist fällt es uns schwer zu akzeptieren, dass Ungutes in unserem Leben lediglich Irrgedanken von uns waren, die auf diese Art zurückkehren. Diese Ein-sicht ist besonders schmerzlich angesichts des großen Elends auf dieser Welt oder wenn wir traumatische Erlebnisse bewältigen müssen. Hier müssten wir den Bezugsrahmen zeitlich über unser Vorstellungsvermögen hinaus in frühere Leben und andere Dimensionen erstrecken, doch wir tun so, als wenn es diese gar nicht gäbe.

Diese globalen Veränderungen sind nicht so gut für uns, wie es scheint, und doch hat es den Vorteil, dass wir empfänglicher werden für Einströmungen (Eingebungen) von oben und sensibler in der Wahrnehmung von uns selbst und von unserem Umfeld. Der Quantensprung unseres

Bewusstseins in die nächsten drei Dimension, der vierten, fünften und sechsten, der uns jetzt bevorsteht, stellt eine neue Herausforderung dar und geht mit dieser Umpolung einher.

Wenn sich die physikalischen Konstanten der Erde geändert haben und noch weiter ändern, ändern sich in der Folge zwangsläufig auch die unseren. Eine geistige Neuorientierung wird erforderlich und zwar eine ganz gewaltige. Anzeichen hierfür sind da und kaum mehr zu übersehen. Auch die Not-wendigkeit dazu wird immer spürbarer und viele denken: „So kann das nicht weitergehen". Die Konsequenzen daraus, nämlich die enorme Veränderung unseres jetzigen Weltbildes, sind für viele noch nicht vorstellbar. Nachdem wir energetisch mit allem verbunden sind, ist jedoch kein Mensch von diesen Veränderungen ausgeschlossen. Nicht nur auf der physischen Ebene sind wir gezwungen uns zu adaptieren, sondern auch auf der psychischen, mentalen und spirituellen, wenn wir gemeinsam mit dem Planeten Erde unsere Entwicklungsreise fortsetzen wollen. Ansonsten heißt es, sich zu verabschieden, weil dann schwingungsmäßig keine Resonanz mehr besteht.

Die Transformation auf eine höhere Bewusstseinsstufe bedarf eines Paradigmenwechsels in der Vorstellung unserer Entwicklung. Das betrifft die kleinen Dinge des Alltages und die persönlichen Geschicke des Einzelnen genauso, wie die gesamten gesellschaftlichen, wirtschaftlichen, sozialen und religiösen Strukturen bis hin zu Wissenschaft und Technik. Eben alles, was wir uns bis jetzt gemeinsam „ausgedacht" haben und das so, wie es ist, nicht zum Wohle aller funktioniert.

Noch geschieht das „Umdenken" und das Einbeziehen der Gefühlsebene in unser Bewusstsein weitgehend unbewusst und wird zum Teil auf groteske Weise werbewirksam eingesetzt.

Charakteristische Aphorismen des Umdenkens wie: „Nicht weil die Dinge schwierig sind, wagen wir sie nicht. Sondern weil wir sie nicht wagen, sind sie schwierig" auf einem Plakat der Bundesbahn mutet ironisch an, angesichts des fehlenden Service für die kofferschleppenden Reisenden und der gleichzeitig hohen Investitionen in Hightech und rasende Geschwindigkeiten. Und der sinnige Spruch einer Bank, der da lautet:

„Dem Geld sollen wir nicht nachlaufen, sondern ihm entgegengehen ...", soll unsere Sinne in Richtung Börse lenken. Da wir uns vornehmlich über Leistung, Wettbewerb und Erfolg definieren, kompensieren wir dieses Extrem mit einer „Just for Fun"- Gesellschaft. Aus plärrenden Lautsprechern schallt uns derb entgegen, was zur Zeit der Romantik noch kunstvolles Ausdrucksmittel der Gefühle war und dröhnender Bass lässt uns unseren Herzschlag in den Ohren pochen, damit wir sicher sein können, dass das gute Herz noch schlägt. Das „Seht alle her, wie toll ich (mich) fühle!!!" im täglichen Abendprogramm ermuntert uns, den verlorenen Selbstwert auf die Schnelle gefühllos aufzumöbeln und Paraden der Liebe locken Millionen Menschen auf die Straßen, die uns demonstrieren, wie man mit einigen tausend Volt und Bergen von Müll, nackend das Recht auf Liebe, Frieden und Freiheit vertritt. Andere suchen den Sinn des Lebens in ihrer „Selbstverwirklichung", wissen aber nicht wie sie das anstellen sollen, weil sie nicht wissen wer sie sind und was sie wollen sollen.

Wenn wir Gefühle verdrängen, verdrängen wir die Gegenwart, die genau genommen das Einzige ist, was wir haben. Sie sind die Offenbarung unseres Denkens. Bewusstsein ist ein denkender, fühlender Seinszustand. Die nach außen zum Ausdruck kommende Qualität spiegelt die innere wieder. Absolut nichts was wir denken, fühlen und tun ist ohne Auswirkungen auf andere und alles andere. Nichts existiert nur zum Selbstzweck für sich alleine - alles ist mit allem verbunden und hat in diesem Kontext einen bestimmten Sinn. Ohne diesen Prozess des Zusammenwirkens kann nichts existieren - wir auch nicht. Wenn wir gelernt haben uns Frieden, Freude, Wohlergehen und Zufriedenheit zu schaffen und dabei das der anderen miteinbeziehen, dann brauchen wir nach dem Sinn des Lebens nicht mehr zu suchen. Dann haben wir ihn gefunden und uns selbst verwirklicht.

„Das Denken ist in die Gefühle eingebettet", konstatiert der Hirnforscher Gerhard Roth[1], „und alles was wir erfahren ist ein Konstrukt unseres Gehirns". Auf unseren Gefühlen beruht demnach die Qualität unserer Gedanken, die wiederum unsere Gefühle beeinflussen, die in unseren

---

[1] Gerhard Roth: Das Gehirn hat seine Wirklichkeit, Surkamp-Verlag

Taten zum Ausdruck kommen. Herzlosigkeit bringt skrupelloses, einseitig orientiertes Denken hervor und ebensolche Taten. Unsere Welt, so wie wir sie derzeit erleben, haben wir geschaffen und niemand sonst. Jeder Einzelne hat dabei mitgespielt und jeder kann nur für sich die Rolle ändern, nicht die der anderen, denn das Denken und Fühlen ist immer noch eine höchst persönliche Angelegenheit. Das einseitige, rationale Denken schafft ein enormes Defizit an emotionaler Intelligenz. Das fällt uns auch in unserer modernen Architektur auf. Nicht mehr die wohlproportionierten Kompositionen der Formen aufeinander abgestimmter Elemente spielen eine Rolle im Harmonieverständnis, sondern einzelne extreme Formen dominieren und finden ihre Entsprechung und Auswirkung in allen unseren Lebensbereichen, wozu auch das Wesen Erde gehört und die Natur. Wir wissen heute, dass zum Beispiel Hochhäuser das Wetter beeinflussen, Flussbegradigungen und der Untertageabbau Hochwasserkatastrophen verursachen, oder dass endlose Schipisten den Abgang von Lawinen und Muren begünstigen.

Es wäre sicher nicht im Sinne der kommenden Zeitqualität, wenn wir jetzt dem Verstand ade sagen wollten und uns ausschließlich unseren Gefühlen widmen würden. Aber wir müssen uns wieder mehr um sie kümmern, denn sie sind elementarer Natur. Nicht, dass wir keine hätten, die Frage ist nur welche? Ihre Qualität ist uns zu wenig bewusst und ihre Wirkung auf unser Denken. Auch quantitativ hat das Verhältnis von Denken und Fühlen zueinander eine enorme Auswirkung auf unsere Selbstwahrnehmung: Mit unseren Gedanken entfernen wir uns von uns - sie schweifen in die Vergangenheit oder beschäftigen sich mit der Zukunft und die Gefühle bringen uns wieder zu uns zurück - sie sind etwas Gegenwärtiges. Unser Bewusstsein folgt damit einem natürlichen Rhythmus, so wie der Körper dem Ein- und Ausatmen. Das sind zwar zwei unterschiedliche Dinge, aber trotzdem Eins. Weder das eine noch das andere könnten wir ausschließlich tun.

Unser Verstand funktioniert ganz logisch, ist ein einfaches, binäres System (wenn so, dann so - ja / nein) mit dem wir uns sehr komplexe Konstrukte ausdenken und diese auch benennen können. Wir müssen dabei etwas tun, nämlich denken. Dagegen stehen den Emotionen und deren Ausdruck eine Palette unterschiedlichster Facetten eines höchstkomplizierten Zusammenspiels zur Verfügung, aber sie drücken sich ganz eindeutig aus und wir brauchen dabei nichts zu tun, sie sind einfach. Wir haben also einen einfachen Verstand mit dem wir kompliziert denken und eine komplexe Gefühlswelt mit der wir einfach fühlen. Dazu kommen die Intuition und der Instinkt der rechten Hemisphäre, der wir aber nicht trauen, weil wir denken, dass wir ihnen nicht trauen können. Außerdem wäre das ja viel zu einfach ... Ist es auch.

Eine Emotion spüren wir als Schmerz oder Lust ganz realistisch auf der körperlichen Ebene. Manchmal sitzt sie als Kloß im Hals, schnürt uns die Kehle zu, verkrampft den Magen, lässt das Herz himmelhoch jauchzen, oder uns sogar knallrot werden. Eine Emotion ist eindeutig. Sie ist einfach so, wie sie ist, ohne unser Zutun. Der Verstand hat immer mindestens zwei Möglichkeiten „entweder so oder so", wiegt ab und muss sich entscheiden, aber er tut nicht weh. Wir geben ihm daher gerne den Vorzug.

Beide sind absolut so, wie sie sind, und trotzdem relativ, weil sie zueinander in Wechselbeziehung stehen. Was ich denke und fühle ist absolut relativ und gleichzeitig relativ absolut. Man könnte sagen, unsere Gedanken und Gefühle sind eine scheinbar absolute Realität und gleichzeitig eine relativ reale Illusion. Das scheint paradox und ist es auch gemäß der Ratio einer polaren, dreidimensionalen Welt. Was nicht erklärbar ist, existiert nicht, und was gefühlsmäßig nicht sein darf, ebenfalls nicht.

Diese Lücke in unserem Bewusstsein zu schließen ist gerade jetzt, in einer Zeit des Wertewandels, von großer Bedeutung. Insofern kommen wir nicht umhin, uns mit dem Paradoxon anzufreunden. Es ist ein Produkt unserer Gedankenwelt der Trennung, das es in Wirklichkeit nicht gibt.

Das Paradoxon

Das rationale Denken im Sinne von nachvollziehbarer objektiver Logik baut von sich aus eine folgerichtige, theoretische Struktur auf. Es ist eindeutig, aber auch einseitig und lässt daher keine Widersprüche zu. Das hat natürlich seine Berechtigung, denn solche Konstrukte geben uns Halt. Aber nicht nur. Sie grenzen auch ein. Analoge dagegen stellen den Bezug zu etwas her und sorgen für Ausdehnung, wodurch wir mit den Konstrukten kreativ umgehen können. Analoges Denken ist die Fähigkeit, eine Struktur, ein Prinzip, den Sinn oder Inhalt einer Information auf andere Lebensbereiche und Ebenen zu übertragen und das erscheint uns paradox. Analogien sind subjektiver Natur. Sie sind inhaltliche Entsprechungen, deren Zusammenhang oft nicht sofort ersichtlich ist und scheinbar der Logik entbehren. Analoges Denken bezeichnet deshalb auch das, was wir aus unseren Erfahrungen machen, inwieweit wir fähig sind, die Essenz der Erfahrung in andere Lebensbereiche oder auf andere Ebenen zu übertragen. Oft geschieht das mit Hilfe von Bildern, weil Bilder Gefühle transportieren. Ein Bild (Gefühl) sagt mehr als tausend Worte und macht selbst komplizierte Inhalte einfach verständlich. Auch über Zeichen und Symbole können wir ein Mehrfaches an Information aufnehmen und verarbeiten, als allein über die Kausalität erklärbar ist.

Ein Beispiel möge das veranschaulichen: Medizinische Statistiken belegen, dass die Mehrheit der Menschen in unserer Kultur an Verstopfung leidet. Dies läge einerseits an der falschen Ernährung und andererseits an der mangelnden Bewegung, welche die Verdauung blockieren. Wenn wir diese Erkenntnis von der körperlichen Ebene auf die des Geistes und der Seele übertragen, dann kommen wir darauf, dass wir nicht nur viel wertlose Nahrung aufnehmen, sondern auch viele wertlose Informationen (Fernsehen, Zeitungen, Werbung, etc.), die uns nicht nur nicht gut tun, weil so wertlos wie zehn Hamburger, und dass wir zu faul sind darüber nachzudenken (sie zu verarbeiten, sprich zu verdauen). Es ist uns auch nicht bewusst, dass wir außerdem über deren Inhalte Gefühle anderer annehmen, die mit uns ursächlich gar nichts zu tun haben, weshalb wir diese Gefühle ins Unterbewusste abschieben. Es bezieht sich aber auch auf unverarbeitete Erlebnisse, vor allem Traumata, die uns in ihrem Bann halten und die es noch zu bewältigen gilt.

Unser innerer Zustand zeigt sich auch in unseren Wohnungen. Sie sind oft vollgestopft mit alten Möbeln, Haushaltswaren und Geräten in zigfacher Ausfertigung, meterlangen Kleiderschränken und allerlei Krimskrams, von dem wir glauben, dass wir ihn brauchen, obwohl wir ihn gleichzeitig überhaupt nicht beachten und jahrelang unberührt lassen. Trotzdem ist er gegenwärtig und blockiert Neues, das ins Leben kommen möchte.

Über das Gegenwärtige, Erfahrbare - die Verstopfung - könnten wir drauf kommen, dass es uns in diesem Fall an Unterscheidungsvermögen, Konsequenz und Flexibilität auf allen **drei** Ebenen mangelt. Man stelle sich vor, wie schnell wir da drauf kämen, wenn es keine Abführmittel gäbe.

Bewusstere Menschen treiben deshalb Sport und überlegen sich, was sie essen. Sie fühlen sich dann nicht nur körperlich wohler, sondern sind auch seelisch ausgeglichener und geistig aktiver. Der körperliche Zustand überträgt sich quasi von selbst auf die beiden anderen Ebenen. Der nächste Schritt wäre, das bewusst zu tun.

Analoges Denken wird auch das vertikale Denken genannt. Es ermöglicht uns, Verbindungen in höhere Bewusstseinsebenen, wie zum Beispiel der vierten, fünften und sechsten Dimension, herzustellen. Diese bezeichnen, grob vereinfacht ausgedrückt, das Verständnis der Zeit, der Freiheit und der Liebe. Diese Bewusstseinsstufen sind in uns schon angelegt, sonst hätten wir keine Resonanz dazu. Beides, analytisches und analoges Denken, sowie emotionales Engagement brauchen wir, um uns, die Welt, das Leben und die Natur **neu** zu begreifen.

Unser Sicherheitsbedürfnis verlangt nach absoluter Wahrheit, die wir glaubten im rationalen Denken zu finden, doch beruht dieses auf Täuschung, weil Trennung und kann daher nur die halbe Wahrheit sein. Und weil wir der eigenen inneren Wahrheit nicht trauen, suchen wir sie im Außen und erwarten und verlangen sie von anderen. Wahrheit allein vom

Verstand her, kann jedoch immer nur eine Annahme sein. So gesehen könnte man behaupten, der Verstand sei irreal, die Emotionen dagegen nicht. Wir erleben sie jedenfalls ganz real, eindeutig und untrüglich. Sie sind für uns der sicherste Indikator für das was wirklich **ist**.

Anders ist es bei der Intuition und dem Instinkt. Sie haben gemeinsam, dass sie überraschend in unser Leben treten und sie werden daher oft verwechselt. Zwar sind sie auch real, eindeutig und untrüglich, aber uns nicht erklärbar und werden deshalb vom logischen Verstand als nichtig und irrelevant auf die Seite geschoben. Intuition und Instinkt beweisen sich von selbst. Wir wissen, dass es sie gibt, weil wir sie oft und oft schon erlebt haben. Mehr noch: Wir brauchen unseren Instinkt, der von einer unteren Dimension kommt, um körperlich zu überleben und die Intuition, die von einer höheren Dimension kommt, um geistig zu wachsen. Auf beides haben wir keinen direkten Einfluss, aber sie existieren. Das merkt jeder Mensch, wenn er in einer Gefahrensituation instinktiv das Richtige tut oder ihm ohne anstrengendes Grübeln aus heiterem Himmel die richtige Lösung einfällt. Den Instinkt erfahren wir in der Form des Fühlens und Tuns, die Intuition in Form eines Geistesblitzes, der uns wissen lässt, was wir eigentlich nicht wissen „können".

Wir vertrauen unserer Intuition deshalb nicht, weil sie sich unserem logischen Verstand entzieht und wir sie weder erklären noch fühlen können. Offensichtlich hängt sie nur indirekt mit unserem Denkvermögen zusammen. Eher könnte man sie als Lichtstrahl bezeichnen, der uns aus einer anderen Realität zufällt. Nach meiner Erfahrung ist Intuition die Antwort unseres Höheren Selbst auf eine Frage, die wir bewusst oder unbewusst irgendwann gestellt haben. Sie erreicht uns durch ein absichtsloses, konzentriertes Gewahrsein des Gegenwärtigen, wo die Raum- und Zeitpolarität für Augenblicke aufgehoben ist und sich dadurch ein Fenster in andere Dimensionen öffnet.

Wie könnten wir uns sonst in einer Welt zurecht finden, die gar nicht wirklich ist, die wir aber sehr real erleben, wenn es keine solchen Verbindungen über die Dreidimensionalität hinaus gäbe? Wenn in unserer realen Welt nichts so ist wie es ist, auf was sollen wir uns dann verlassen? Ich meine darauf, dass nichts so ist wie es ist, weil es so ist, sondern weil wir es so sehen wie es ist. Das kann und darf nicht sein, denn es wäre paradox, wenn dem so wäre ...

Aber das ist es nicht und das ist gut so, denn es hilft uns die Dinge zu ändern. Wir sollten das wissen, weil es das, was wir glauben zu wissen relativiert, unsere Arroganz etwas mäßigt und unsere nach außen gerichtete Autoritätsgläubigkeit in Frage stellt.

Wir leben stets in einem Spannungszustand - zwischen dem, was ist, und dem, was nicht ist, der sich im Entweder-Oder und zugleich in einem Je-nach-dem ausdrückt. Die Gewissheit werden wir immer erst haben, wenn wir unsere Entscheidung getroffen haben und sie zu spüren bekommen. Das Denken und das Fühlen haben daher in unserem Bewusstwerdungsprozess etwas Gemeinsames und sind nicht zu trennen. Sie schließen einander nicht aus, sondern ein.

So viel Risiko widerstrebt uns und wir versuchen daher uns mit naiver Intelligenz einzureden, dass Irrtümer vermieden werden könnten und müssten und dass nur die Gescheitesten dazu imstande wären. Entwicklung birgt zwangsläufig „Fehler" in sich. Wir werden daher lernen müssen, nachsichtiger mit uns umzugehen, weil Fehler so gesehen gar keine Fehler sind, sondern Entwicklung. Solange wir etwas nicht selbst erlebt haben, bleibt **jede** Weisheit Theorie, d.h. eine Eventualität. Unsere Gedanken konstruieren nur Wahrscheinlichkeiten, erst das Erleben derselben auf der Gefühlsebene gibt uns Gewissheit und schärft unser Gewissen.

Doch unser Perfektionsanspruch führt uns fleißig unsere Unzulänglichkeit vor Augen und verleitet uns dazu, jedwede Eigenkompetenz und Souveränität zu verleugnen.

Unsere eigene Angst vor Irrtümern, die zu erleben mit Leid verbunden ist, wird so auf andere übertragen, wodurch jeder geneigt wird, sich wiederum auf andere zu verlassen, bis schließlich niemand mehr weiß, wer wirklich die Verantwortung trägt und für „schuldig" befunden werden kann. Erkenntnistheoretisch können wir aber nur bedingt Irrtümer vermeiden, weil wir schlussendlich nur das, was wir irgendwann tatsächlich selbst erlebt haben, wirklich verstehen. Erst dann können wir es mit neuen Situationen verknüpfen.

Alles was wir uns ausdenken, gleicht einem Konstrukt, das uns dient in eben diesem Rahmen eine bestimmte Erfahrung zu machen. Es ist so lange stimmig, bis uns die Erfahrung anderes lehrt, worauf wir unsere Vorstellungen ergänzen oder ändern können. Alle unsere Forschungen beruhen auf diesem Prinzip. Nur Nicht-Wissenschaftler beharren daher auf sogenannte sichere wissenschaftliche Beweise. Die Wissenschaftler selbst wissen sehr wohl, wie relativ absolut sie sind.

Wenn zum Beispiel ein Medikament beim einen „wirkt" und beim anderen nicht, dann weiß man nicht wirklich, warum das so ist. Der Verstand sagt, entweder es wirkt oder es wirkt nicht und sucht nach Bedingungen, unter denen es wirkt. Und wenn es das dann überwiegend oft tut, dann nehmen wir das als objektive Wahrheit an. Andere Versuche zeigen aber, dass es bei vielen Menschen auch „wirkt", wenn sie einfach nur weißes Mehl, anstatt das erprobte „weiße Pulver" einnehmen, das aber nicht wissen. Würden wir uns in der Forschung mehr mit dem Placebo-Effekt beschäftigen, kämen wir zu einer revolutionierenden Selbsterkenntnis, zumindest aber darauf, dass Mehl (Mind) billiger ist als Pulver ... Zumal inzwischen bewiesen ist, dass umgekehrt, derjenige, welcher das Experiment durchführt, mit seinen Erwartungen das Ergebnis bereits beeinflusst.

Die einfache Erklärung dafür liegt darin, dass einerseits alles, was in unserer Welt existiert, eindeutig ist, d.h. absolut so ist, wie es ist, und andererseits als solches gar nicht existieren, weil nicht betrachtet werden kann. Zum Wahrnehmen gehören zwei: Der Betrachter und das zu Betrachtende und ein Abstand dazwischen. Also eine Trennung, die in Wirklichkeit keine ist, weil sie den Betrachter mit dem, was er betrachtet, verbindet. Zwischen ihnen entsteht eine Beziehung, d.h. ein Aufeinander-Einwirken in einem bestimmten Verhältnis. Dieses ergibt, je nach dem wie das Verhältnis ist, eine Realität, die für den Betrachter absolut und feststehend erscheint, obwohl sie relativ ist, weil sie nur das Verhältnis zwischen Betrachter und Objekt spiegelt. Insofern bilden sich verschiedene Wahrheiten zu ein- und derselben Sache und man kann nicht behaupten, dass eine Wahrheit wahrer wäre als eine andere, sie unterscheiden sich nur in ihrer Aktualität und Phantasie.

Wenn wir nicht erkennen, dass die Wahrheit alles und jeder ist, dann würde die Schöpfung auf nur eine Art des Ausdrucks reduziert werden. Jesus sagte: „Ich bin die Wahrheit ..“ und er wollte, dass wir ihn als Vorbild nehmen, also müsste sich jeder sagen: „Ich bin die Wahrheit“. Das tun wir ja auch, aber wir denken in Entweder-oder: „Wenn meine Wahrheit wahr ist, kann es deine nicht auch sein“. Wir knüpfen an eine Wahrheit den Glauben an sie, doch kann auch etwas wahr sein, ohne dass wir zwingend daran glauben müssen. Würden wir akzeptieren, dass das Ich-bin-die-Wahrheit für j e d e n gilt, dann müssten wir uns nicht vor anderen Wahrheiten beugen, sondern könnten uns von ihrer Vielfalt inspirieren lassen und würden Unwahrheiten allein auf absichtliches Lügen beschränken. Es gibt keine Wahrheit, die bedeutender wäre als eine andere, wohl aber welche, die schöner ist als eine andere.

Das alles scheint verwirrend. Aber es lohnt sich darüber nachzudenken und vorurteilsfrei als Maxime erst einmal so stehen zu lassen. Wenn wir die Widersprüche des Lebens, die in Wirklichkeit keine sind, annehmen und akzeptieren, lösen sie sich als solche auf. Wir können dann spielerischer mit dem Ernst des Lebens umgehen und unser Leben ernsthafter genießen.

Ebenso wie in allen anderen Wissenschaftsbereichen ist es auch mit esoterischen Themen so, dass sie meist dogmatisch gelehrt werden, weil wir die Abhängigkeit und das nach außen gerichtete Autoritätsdenken gewohnt sind. Ja, es wird sogar gefordert, zumal wir an unseren Schulen nicht mehr das Denken lernen, sonder das Konsumieren von Wissen. Selbständiges Denken, Eigenkompetenz und Verantwortung sind auch hier meist Fremdwörter. Weil mir das Feng-Shui prädestiniert erscheint, uns unseren eigenen Weg zu zeigen, möchte ich in diesem Buch eine vertiefte Betrachtungsweise zur Analyse aufzeigen. Grundlage dafür bildet das Magische Quadrat.

Das magische Quadrat

Auf den Wegen des Lebens begegnen wir immer wieder
uns selbst in tausend Verkleidungen.

(C.G. Jung)

Obwohl die Geschichte von der Schildkröte vielen bekannt ist, möchte ich sie diesmal nicht unerwähnt lassen.

In einer chinesischen Erzählung wird beschrieben, wie einst - vor ein paar tausend Jahren - eine Schildkröte mit neun mystischen Zeichen auf dem Rücken aus dem Fluss gestiegen sei. Ein Mann namens Wu hätte sie gefunden und sich mit Gelehrten seiner Zeit beraten, was diese Zeichen wohl bedeuten sollten. Sie ordneten ihnen Zahlen zu und entwickelten nach reiflichen Überlegungen eine bestimmte Theorie. Die Schildkröte selbst assoziierten sie symbolisch mit einem langen Leben und Glück. Ein langes Leben bedeutete die Chance für eine außerordentliche, tiefe spirituelle Entwicklung und galt deshalb als Ausdruck besonderer Weisheit und Glück. Im Volksglauben betrachtete man dies profaner. Besonderes Glück galt als die Gunst des Schicksals, ein langes Leben verschonte einem lange vor dem sicheren Tod und Weisheit wurde zur Schlauheit. Auch heute ist es noch so, dass viele Menschen Feng-Shui in diesem Sinne verstehen.

Die Geschichte erzählt weiter, dass man aufgrund der Anordnung der Zeichen eine Art Karte erstellt hatte, die in neun Bereiche eingeteilt war und man so die Kunst der Anordnung und die Lehre von der Richtung entdeckte. Diese Lo-Karte gilt als Ursprung des Lo Shu, dem Magischen Quadrat. Dieses wiederum findet man in vielen Kulturen und niemand kann heute so genau sagen, woher es tatsächlich stammt. Früher war Geschichte nicht wichtig, aber die Geschichten. Mit ihnen wurden symbolhaft Erkenntnisse und Wahrheiten weitergegeben und erhalten. Da wir mit unserem eingeschränkten rationalen, linearen Denken die Symbolsprache nicht mehr verstehen, neigen wir dazu, den Geschichten reale Daten und sogenannte Fakten zuzuordnen und legen darauf mehr

Wert, als auf den eigentlichen Inhalt. Es hat im Laufe von Äonen schon viele Entwicklungen auf dem Planeten Erde gegeben und die letzten paar Tausend Jahre, die wir teilweise einigermaßen nachvollziehen können, sind sicher nicht der Weisheit letzter Schluss.

Immerhin, auch gegenwärtig erhalten wir mysteriöse Zeichen (Symbole) aus anderen Dimensionen, wie zum Beispiel die Kornkreise, und wir rätseln daran herum, welche Informationen in diesen Symbolen stecken und welche Bedeutung ihre Erscheinung für uns haben möge.

Es ist also gut möglich, dass besagte Schildkröte mit den geheimnisvollen Zeichen den Hinweis lieferte, nach welchen Gesetzen und in welcher Reihefolge sich die Entwicklung des Menschen vollzieht und in welcher Weise daher die einzelnen Lebensbereiche aufeinander wirken. Entsprechend waren die neun Zeichen im Quadrat angeordnet. Diese Trigramme müssen bestimmte Zahlenqualitäten ausgedrückt haben, denn das Ergebnis ist, dass die Summe jeder Zahlenreihe - senkrecht, waagrecht und diagonal - die Zahl 15 ergibt. Das kann kein Zufall sein, denn es gibt nur eine Möglichkeit, die Grundzahlen 1 - 9 im Quadrat so anzuordnen, dass das zu diesem Ergebnis führt. Und warum sollte man das tun? Wie käme man überhaupt auf die Idee? Das könnte nur dann der Fall gewesen sein, wenn man wusste, dass die Zahl Fünfzehn eine besondere Bedeutung hat und in Bezug auf „etwas" eine Schlüsselrolle spielt. Der Schlüssel zum Verständnis der Ba gua ist demnach die Zahl 15, das Ergebnis der eigenartigen Anordnung, auf die ich später noch zurückkommen werde.

Es scheint so, dass das magische Quadrat einen wichtigen Teil der für uns gültigen Gesetze der Entwicklung darstellt und dass wir es keiner bestimmten Kultur zuschreiben können. Jedenfalls bauen die verschiedensten Systeme der Astrologie und Geomantie in Ost und West mehr oder weniger differenziert darauf auf. Die Auffassungen unterscheiden sich jedoch durch eine entweder holistisch analoge oder linear trennende Betrachtungsweise. In China entstand daraus das I Ging[2], eine vollständig systematisierte Orakelmethode, die im Großen Buch der Wandlun-

---

[2] Richard Wilhelm: I Ging, Diederichs-Verlag

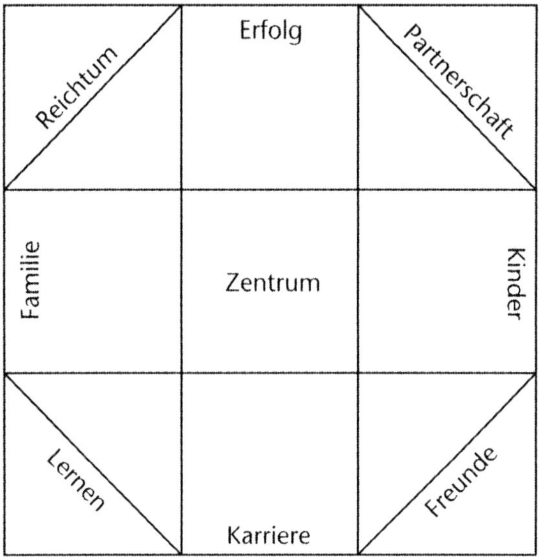

Lo Shu (Oktagramm mit den 9 Ba gua)

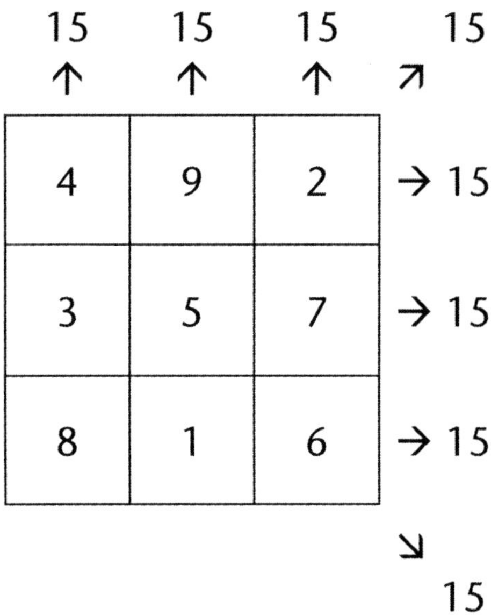

Magisches Quadrat

gen (bzw. der Weisheit) festgehalten wurde. Es stellt eine Glanzleistung an Denkvermögen dar, doch ist diese äußerst komplexe Darstellung in chinesischer Symbolsprache für unsere realistisch abstrakte Denkweise kaum nachvollziehbar. Das I Ging bezieht sich in seinen Beschreibungen der „Zustände" mehr auf die qualitativen Inhalte der Zahlen, denn auf ihre quantitativen Merkmale. Es geht eine einzigartige, subjektive Beziehung zu dem Menschen ein und bietet analoge Hinweise von Zusammenhängen an, die uns die günstigste Einstellung zu einer Situation anzeigt, um mit dieser in Harmonie zu kommen.

Auch Goethe schenkte dem Magischen Quadrat seine Aufmerksamkeit und hat in der Hexenküchenszene in seinem Faust, Teil 1, das Hexeneinmaleins dazu geschrieben. Über das Studium der Zahlen[3], welches mir sehr aufschlussreiche Erkenntnisse lieferte, fand ich Zugang zur Zahlenanordnung im Magischen Quadrat, wodurch deren Zuordnung zu den einzelnen Ba gua einfach verständlich darstellbar ist. Ba gua (Ba = Leben und gua = Bereiche) Seine Trigramme sind bildliche Darstellungen der Zahlen von 1 - 9, die als Grundzahlen in ihrer archetypischen Qualität unser Zahlensystem ausmachen. Jede höhere Zahl lässt sich nach der Methode der theosophischen Reduktion auf sie reduzieren (z.B. 127 = 1+2+7 = 10 = 1).

Im Oktagramm werden die neun Grundzahlen gemäß dem magischen Quadrat als die grundlegenden Lebensbereiche klassifiziert. In einfach verständlicher Begrifflichkeit wird dieses Oktagramm zur Deutung von räumlichen Gegebenheiten verwendet, deren Zusammenhang eine Lebenssituation charakterisiert. Die Bereiche werden auch Häuser genannt. Man könnte sagen, die Zahlen sind die Hausnummern der Lebensbereiche. Für mich gehört diese Art der Analyse der Räumlichkeiten zu den wichtigsten Aspekten des Feng-Shui, weil es Lebenssituationen räumlich anschaulich und im wahrsten Sinn des Wortes begreiflich macht.

---

[3] Dr. Michael Stelzner: Die Weltformel der Unsterblichkeit. Vom Sinn der Zahlen - die Einheit von Naturwissenschaft und Religion, VAP, Verlag für außergewöhnliche Perspektiven.
Da ich wiederholt ganze Passagen aus diesem Buch zitiere, handelt es sich immer um dieses Buch, wenn Texte unter Anführungszeichen stehen. Bei Ausnahmen erfolgt ein entsprechender Hinweis.

Die grundlegendsten, in allen Hochkulturen üblichen Denkmodelle beruhen auf Zahlen. Wir finden daher über die Zahlen im weitesten Sinne bei allen uns bekannten Systemen Entsprechungen zum Ba gua. Ich möchte mich hier aber auf nur wenige beschränken und das nur auszugsweise, weil sonst die Übersicht verloren geht. Jeder findet selbst weiterführende Analogien, vor allem in der Architektur, der Medizin, den Wissenschaften, Religionen, Philosophien, Esoterik und Mythologien, aber auch im ganz normalen Alltagsgeschehen.

Zur Analyse wird das Oktagramm wie ein Raster auf die zu analysierende Fläche gelegt. Das kann ein Grundstück sein, der Grundriss eines Hauses oder einer Wohnung, oder eines Raumes. Ausgangspunkt ist der Eingangsbereich, d.h. die Eingangstür liegt auf der Linie des Bereichs Karriere oder parallel dazu. Nähere Details können in meinem Buch: „Feng-Shui, Der Geist des Menschen bewegt die Welt“ nachgeschlagen werden.

Eins – Karriere

Die **Eins**, sie steht auf der unteren Zeile im mittleren Quadrat. Ihr ist der **Norden**, der **Winter** und der Lebensbereich Karriere zugeordnet.

	1	

Analoge Symbolik und Deutung

Unter KARRIERE verstehen wir Weg, Absicht, Fortschritt, Laufbahn, Erfolg, Entwicklung, Aufstieg, Werdegang, Beförderung und Ernennung. Jeder Weg hat ein Ziel und wir geben ihm daher einen Namen. Dieser bezeichnet das, was wir wollen und wird zu unserem Thema. Wir betrachten das vom jetzigen Standpunkt aus, dem Anfang und sagen: Wir wollen dies oder jenes erreichen und wenn dies geschehen ist, sagen wir: Wir haben Karriere gemacht und meinen damit: Wir sind „unseren" Weg gegangen. Der Karriere liegt demnach eine zielgerichtete Kraft inne. Unser Vorhaben gelingt, wenn wir **eins** sind mit dem, was wir tun oder tun wollen bzw. mit uns selbst und führt zu der Erkenntnis, der Weg ist das Ziel, im Sinne der Selbstfindung und einer grundsätzlichen Selbstbejahung. Oder anders ausgedrückt: Unsere Intention, mit der wir etwas wollen, ist in dem enthalten, was wir tun.

Wie wir alle wissen, unterscheidet sich der NORDEN einer Gegend, eines Landes, eines Kontinents oder auch nur einer Insel wesentlich vom Süden. Nicht nur das Klima ist rauer, die Landschaft ist karger und unwirtlicher, die Menschen einsamer und ruhiger. Entsprechend wird diesem Bereich auch die Jahreszeit WINTER zugeordnet. Ähnlich wie die Pause vor dem Anfang als die wichtigste bezeichnet wird, sammeln sich die in sich ruhenden Kräfte des Winters, um im Frühjahr neues Leben hervorzubringen. Energetisch wird daher ein Haus mit dem Eingang im Norden von diesen Qualitäten am meisten beeinflusst sein. Der Norden steht bei manchen Kulturen auch insofern für den Anfang, als aus alten mystischen Schriften hervorgeht, dass durch das Sternentor des Großen Wagens (Bär) der Zugang zum Planeten Erde erfolgt.

Die EINS ist der Beginn des Zahlensystems und in allen weiteren Zahlen enthalten. Sie steht für die Einheit, für Ungeteiltheit und Einsicht.

„Der Weg der Entwicklung geht immer erst in die verwirrende Vielheit, aus der heraus wir das **Ein**fache und Grundlegende erkennen", schreibt Michael Stelzner dazu. Und weiter: „Sie bedeutet das Nicht-getrennt-Sein, das Absolute, die nicht näher definierbare Einheitlichkeit aller Erscheinungsformen, der Schöpferimpuls, naturwissenschaftlich der Begriff Energie. Diese ist in allem enthalten, kann weder entstehen noch vergehen, sondern nur gewandelt werden. Die Chemiker kennen sie als das einfachste unter den Stoffen, das Wasserstoffatom. Es ist das Atom mit der Kernladungszahl Eins."

Geometrisch ist die Eins der Punkt mit Strich.

Auf unser jeweiliges Dasein bezogen, stellt der Bereich Karriere also den Ausgangspunkt der Situation dar, in der wir uns befinden, sozusagen die Motivation, die zu der derzeitigen Lebenssituation geführt hat. Dieses Thema zieht sich durch das ganze Geschehen und ist in allem enthalten und hat daher besondere Aussagekraft, ähnlich einer Tür (s. Zahl 4), die ja immer den Zugang zu etwas darstellt. In diesem Zusammenhang entstand wohl die Methode des Drei-Türen-Ba gua.

Dan Millman[4] ordnet denn auch der Eins die zu entwickelnden Eigenschaften Kreativität und Zuversicht zu.

Metaphysisch betrachtet steht die Eins für die Liebe, den göttlichen Funken, der in der gesamten Schöpfung enthalten ist. Man könnte sagen, das Thema unseres Lebensweges ist es, Einheit herzustellen. Das übersteigt angesichts der Vielfalt in unserer Welt unser Vorstellungsvermögen. Aber wir erleben sie, wenn wir uns einig sind, d.h. einverstanden sind mit ...

In der großen Arkana des Tarot[5] ist die Karte Eins der Magier. Auch hier wird sie als die offenbarte Einheit beschrieben, die Einheit in Vielem. Mit dem aufrechtgehenden Menschen assoziiert, steht sie für Geradlinigkeit, Standhaftigkeit und Selbstbewusstheit.

Im AuraSoma[6] Farbsystem hat die Eins die Farben Blau und Tiefmagenta. Wenn man sie vermischt, ergibt das ein tiefes, fast schwarzes Violett. Man könnte diese AuroSoma Farbessenz empfehlen, wenn jemand Probleme mit dem Annehmen seiner selbst hat, und für ihn mehr innerer Frieden, Gelassenheit und Gemütsruhe erstrebenswert sind. Aber was in diesem Rahmen interessiert, ist nur ihre inhaltliche Entsprechung auf der spirituellen Ebene.

Hierfür scheint mir dieses Farbsystem als das geeignetste, weil es Farben nie einzeln betrachtet, sondern paarweise, aus denen sich jeweils eine dritte Farbe ergibt. Es beschreibt Farbqualitäten in ihrem Zusammenhang und aus spiritueller Sicht. Dieses System ist nicht direkt auf die stoffliche Ebene übertragbar, denn es handelt sich dabei um die feinstoffliche Essenz (Schwingung) von Farben. Trotzdem, bei der Raumgestaltung mit Farben gilt ebenfalls das Grundgesetz: Drei Farben in hierarchischer Folge, der Rest ist schmückendes Beiwerk.

---

[4] Dan Millman: Lebenszahl als Lebensweg, Ansata-Verlag

[5] Schubert-Neutzler: Heilkräfte des Tarot, Peter Erd-Verlag

[6] Vicky Wall: Aura Soma, Verlag Hans-Jürgen Maurer, alte Auflage

Im traditionellen chinesischen Feng Shui wird dem NORDEN auch das Element Wasser und die Farbe Schwarz zugeordnet. Davon möchte ich hier Abstand nehmen. Das System der Farben lässt sich schwer auf das Ba gua beschränken und den Elementen widme ich ein eigenes Kapitel. Oft werden die Farben des Ba gua engstirnig verstanden und dogmatisch angewandt. Farben wirken aber stark auf die Psyche. Ich richte mich deshalb in der Praxis nach den Bedürfnissen der Bewohner. Sicher ist es sinnvoll, Farben im Feng-Shui einzusetzen, aber nur individuell der Situation entsprechend, weil sie uns helfen Gefühle zu transformieren. Dafür stehen uns über hundert Nuancen zur Verfügung.

Schwarz, Rot und Gelb sind zum Beispiel die traditionellen chinesischen Feng Shui Farben.

Das stoffliche Schwarz drängt sich in den Vordergrund und dämpft die Leuchtkraft anderer Farben. Das wissen wir aus der substantiellen Farbenlehre. Schwarzes Material zieht Aufmerksamkeit auf sich und absorbiert, d.h. schluckt sie. Da das Thema Karriere in ausgeprägter materieller Sichtweise mit beruflichem Erfolg assoziiert wird, scheint es hilfreich zu sein, die Aufmerksamkeit anderer auf sich zu ziehen, was die eigene Position stärkt. Man setzt deshalb die Farbe Schwarz kombiniert mit Rot, welches anregend wirkt und Gelb, das erheitert, „glückverheißend" vorzugsweise im kommerziellen Bereich ein. Als Gemisch von Blau und Tiefmagenta, also als fast schwarzes Violett hätte es den Sinn, Ruhe, Gelassenheit und Frieden zu bewahren und ließe ein Konkurrenzdenken erst gar nicht aufkommen.

Wir bleiben an Äußerlichkeiten hängen, wenn wir Inhalte nicht verstanden haben. Gerade über die Farben werden Sichtweisen sehr deutlich, denn ihre Wahrnehmung ist subjektiver Natur, ähnlich der Gefühle, deren Ausdruck und Entsprechung sie sind. Ost und West sind Gegensätze wie Nord und Süd. Und das sollte uns verständlich machen, wie unterschiedlich mit Feng Shui umgegangen wird und werden muss. Die Menschen im Osten trachten nach äußerem, materiellem Reichtum, um ins Gleichgewicht zu kommen, wir nach innerem, seelisch-geistigem Reichtum. Den äußeren haben wir. Unser Pro-Kopf-Einkommen übersteigt bei weitem das der Menschen im

Osten, während deren innere Gelassenheit und Zuversicht bei weitem unsere übersteigt.

Für dich, der du dein Haus/Wohnung näher betrachten möchtest, ist unter Berücksichtigung der eben beschriebenen Qualitäten vorerst interessant, was sich bei dir in diesem Bereich der Eins (Karriere) befindet. Ist es der Eingang, oder die Küche, das Bad/WC, Schlafzimmer, Büro, Kinderzimmer, etc. und was kannst du daraus schließen?

Sollte es zum Beispiel die Küche sein, dann müsstest du versuchen, den Zweck (Sinn) der Küche mit den eben beschriebenen Deutungen in Verbindung zu bringen. Wie in meinem ersten Buch beschrieben, steht die Küche für kreativ handelnd, versorgend tätig zu sein.

Wenn sie im Bereich Karriere liegt, ist diese versorgende Tätigkeit eine Art Voraussetzung für dein Tun und das Thema für die Zeit, in der du in dieser Wohnung bist. Man könnte sagen, dein Thema ist in diesem Fall kreativ handelnd, versorgend tätig zu sein. Zumindest wäre das dein Weg. Wie du dieses Thema siehst und in deinem Leben persönlich erlebst, wird sich dir offenbaren, wenn du dir deine Küche genauer ansiehst. Deine Einstellung zeigt sich in der Einrichtung, Ausstattung, Farbe und dem Zustand der Küche. Ist sie zum Beispiel eine reine Arbeitsküche oder eine gemütliche Wohnküche?

Wenn dir nicht gefällt, was du da siehst, nimm es auf keinen Fall tragisch, denn du kannst es ja ändern, wenn du willst. Werte nicht, stell einfach nur fest und ziehe keine voreiligen Schlüsse. Noch sind wir am Anfang. Du kannst bei jedem weiteren Schritt einen Teil deiner Wohnung auf diese Weise in Augenschein nehmen. Aber erst im Zusammenhang mit den anderen Räumen in bestimmten Bereichen entsteht das Bild der Gesamtsituation. Wir werden das später noch sehen.

Die Aussenschau steht für die objektive, die Innenschau für die subjektive Wahrnehmung. Daher unterscheiden sich die Sichtweisen im Feng-Shui, was oft zur Verwirrung führt. Je nachdem in welchem Zusammenhang, kulturell bedingter Sichtweise oder geografischer Lage, wird zum Beispiel der Zugang zu einem Haus vom Norden her als günstig oder ungünstig bezeichnet. Zum einen aus sehr stichhaltigen Gründen aufgrund von naturbedingten Gegebenheiten, zum anderen aus eher mystischen Vorstellungen. Ebenso könnte man sich fragen, ob der Eingang im Bereich Karriere gut ist oder schlecht und die Antwort wird lauten: „Das kommt darauf an ...“

Zwei – Partnerschaft

Die **Zwei**, sie steht auf der oberen Zeile im rechten Quadrat. Ihr ist der **Südwesten**, die Jahreszeit **Spätsommer** und im Ba gua der Bereich **Partnerschaft** zugeordnet.

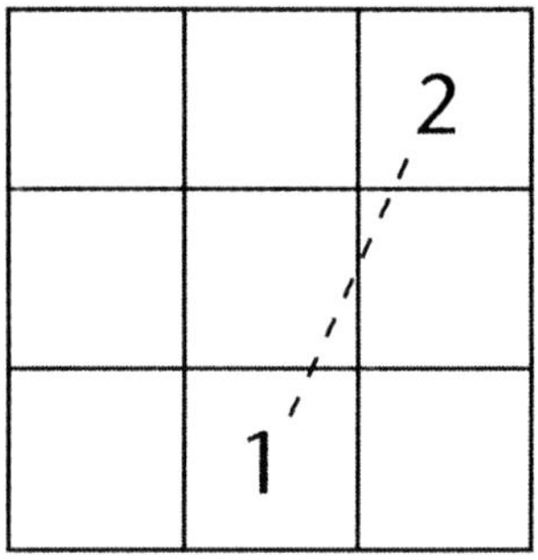

Analoge Symbolik und Deutung

Die ZWEI ist der Gegenpol zur Eins. Mit ihr entsteht die Polarität. Diese ist die Basis unserer Erkenntnisfähigkeit und ist der Herrscher dieser Welt.

Über die Polarität ist es uns erst möglich zu unterscheiden und überhaupt zu leben. Sie ist gleichzeitig die Voraussetzung für die Vielheit. So wie die Eins die Ungeteiltheit darstellt, repräsentiert die Zwei das Gegenteil, die Getrenntheit und Uneinheitlichkeit. Sie wird in der Bibel als Diabolos (Satan) beschrieben und mit zwei Hörnern, zwei verschiedenen Füßen, einer davon als Pferdefuß (Zweihufer) und einer Gabel als Symbol der Gespaltenheit dargestellt und als Dualität bezeichnet. Diese Erfindung menschlichen Geistes trägt nicht gerade dazu bei zu lernen, mit der Polarität umzugehen. Aber wie könnte es anders sein, wenn wir von Polarität reden - die Zwei gilt auch als religiöses Sinnbild für die Jungfrau Maria, deren Darstellungen in keiner Kirche fehlen dürfen. Das Verhängnis für „normale" Frauen lag wohl darin, dass sie eher mit dem Teufel assoziiert wurden.

Aus der Zwei gehen einerseits Zweifel, Zwiespalt und Zwist hervor, andererseits erleben wir die Polarität im Wechsel von Tag - Nacht, einatmen - ausatmen, Tun - Seinlassen und würden nie auf die Idee kommen, dieses Geschehen als gut oder schlecht zu bezeichnen.

Wenn wir das, den oder die andere(n) so annehmen wie sie sind, gibt es keine Zwietracht. Das gelingt natürlich nur, wenn wir uns selbst lieben wie wir sind. Für Dan Millman liegt die Aufgabe für Menschen mit der Lebenszahl 2 in Zusammenarbeit und Ausgewogenheit. Mit dem Zitat: „Ehe wir uns mit irgendjemandem anfreunden können, müssen wir uns erst mit uns selbst anfreunden", stellt er die Beziehung der Eins-Zwei dar.

Die Hauptforderung der Zwei liegt in ihrer Annahme. Man beachte die Doppeldeutigkeit! Sie ist dem Bereich PARTNERSCHAFT zugeordnet. Wir verstehen unter Annahme auch Vermutung oder Erwartung, deshalb erleben wir so oft Enttäuschungen. Das ist nicht nur in einer Partnerschaft so, sondern mit allem, das scheinbar nicht unseren Vorstellungen entspricht, d.h. mit dem, womit wir nicht **ein**-verstanden sind. Es ist nicht schwer zu lieben, wen oder was wir gerne mögen, wenn diese Person oder Sache unseren Wünschen entspricht. Da die Zwei aber offensichtlich den Gegenpol darstellt, das Gegenteilige, stellt sie diesbezüglich die größte Herausforderung für den Menschen dar. Darin finden wir auch den ursprünglichen Sinn, dass die Ehepartner früher, und in manchen Kulturen heute noch, nicht von den Betroffenen frei wählbar waren. Über den „fremden" Partner lernt man annehmen und zu lieben, wie auch immer sich das gestalten möge.

Da sich die beiden Grundpolaritäten, Yin und Yang, die sich geschlechtlich als Mann und Frau gegenüberstehen, in ihren Sichtweisen und Anlagen unterscheiden, ist das Annehmen - ob freie Wahl oder nicht - grundsätzlich das Thema jeder Partnerschaft. Deshalb sind diese, wie die Partner selbst, eine Ergänzung zueinander und nur ein scheinbarer Widerspruch, denn gemeinsam bilden sie ein Ganzes, das sie lehrt, dieses Ganze (Licht und Schatten) in sich selbst zu finden. Aber das wird erst mit der Drei verständlich. Bei der Zwei geht es vom Prinzip her nur um die Polarität und die ist eine Trennung zwecks Unterscheidung. Die Franzosen sagen dazu: Es lebe der kleine Unterschied!

Wie vorhin schon besprochen, entzieht sich die Liebe der Ratio. Wie oft hören wir jemanden sagen: „Das kann ich nun überhaupt nicht verstehen, wie man sooo jemanden lieben kann ...". Aber wenn man bedenkt, dass wir alle das Lieben erst lernen müssen, dann wird vieles verständlicher.

Nach dem Aura Soma System hat die Zwei die Farben Blau/Blau. Aus spiritueller Sicht entspricht Blau dem weiblichen Prinzip (Yin) der Schöpfung, der Weite des Himmelszeltes und dem dritten Auge. Blau steht daher auch für oben (Yang) und für den Ausdruck des Geistes. Blau/Blau stimmt mit dem Prinzip der Zwei überein, das die Polarität als solche darstellt, und zwar als die Farbe des Friedens.

Im Tarot ist die Zwei die Hohepriesterin, die himmlische Mutter, Maria, die verborgene weibliche Kraft, die sich der Erkenntnis entzieht. Ihre Qualitäten sind Intuition, Geduld, Ausdauer, Liebe, Sanftmut und Barmherzigkeit. Archetypisch die Jungfrau.

Es fällt uns nicht schwer nachzuvollziehen, warum der Zwei das Prinzip des Empfänglichen zugeordnet wird, und im Ba gua der Bereich Partnerschaft. Bei der Zwei auf einer höheren Bewusstseinsstufe würde es heißen: „Nimm den und das und die andere(n) an so wie dich selbst, denn er, sie, es sind dein Spiegelbild und du kannst an ihnen sehen, was dir noch fehlt." Oder: „Lerne die Polarität akzeptieren und nutze sie zur Erkenntnis des Resonanz-, Kausalitäts-, Analogie- und Karmagesetzes". Aber im Sinne der Analogien geht es hier erst mal nur ums Prinzip der Polarität. Die Zwei definiert die Wechselwirkung der entgegengesetzten Pole als die dynamische Kraft, die alles hervorbringt.

Die Zwischenhimmelsrichtung, der SÜDWESTEN, ist jahreszeitlich der SPÄTSOMMER, die Zeit, wo wir ernten, was wir gesät haben.

Geometrisch betrachtet, hat die Linie aus Punkt A nun Punkt B erreicht. Damit wurde die Grundlinie geschaffen für die fünf Grundformen, die platonischen Körper, mit Ausnahme der Kugel, in die sie exakt hineinpassen, wie wir später sehen werden.

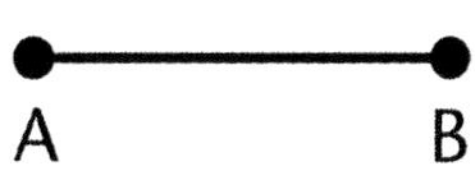

Das Schlafzimmer im Bereich Partnerschaft wird im Feng Shui als eine begehrte wohnliche Situation beschrieben und als sehr günstig bezeichnet, weil Glück bringend. Das ist ja nicht verkehrt - im vorhin beschriebenen Sinne der Entwicklung. Doch nach meinen Erfahrungen macht das Schlafzimmer in diesem Bereich nicht unbedingt glücklicher als anderswo. Die Partnerschaft hat nur ein anderes Thema als anderswo. Manche erleben sie hier als eine große seelisch-geistige Übereinstimmung, auch wenn diese im Fall unterkühlt sein sollte. Oder auch als das Gegenteil: Dass man um jeden Preis einen Partner will, egal wen, nur um nicht allein zu sein. Unbewusst manövriert man sich damit in den eigentlichen Sinn einer Partnerschaft hinein. Das Leben sorgt schon dafür, dass wir uns entwickeln ...

Dazwischen gibt es natürlich viele Nuancen, wie bei den Farben ...

Wäre zum Beispiel das Kinderzimmer in diesem Bereich, ist die Wahrscheinlichkeit groß, dass man zumindest zum Teil das Thema der Partnerschaft über dieses Kind lebt. Das würde dann auch ein besonderes Thema für dieses Kind werden, weil das Schlafzimmer den Intimbereich der Partnerschaft darstellt. Sehr oft ist dies bei alleinerziehenden Elternteilen der Fall. Aber nicht nur. Oft wird auch in einer Ehe die Partnerschaft über das Kind gelebt. Ob so oder so, es kommt nicht zufällig in diese Verlegenheit, sondern hat, nach meiner Erfahrung, dann schon diese Disposition in seinen Geburtsdaten.

Drei – Familie

Die **Drei**, sie steht auf der mittleren Zeile im linken Quadrat. Ihr ist der **Osten**, jahreszeitlich der **Frühling** und im Ba gua der Bereich **Familie** zugeordnet.

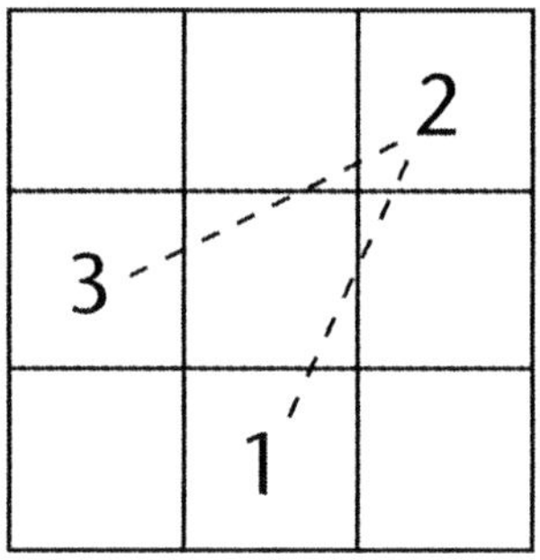

Analoge Symbolik und Deutung

Der OSTEN steht für Erwachen, den Morgen, der die Nacht mit dem Tag verbindet, jahreszeitlich den Frühling, der den Sinn der Gegensätzlichkeit sichtbar macht, nämlich die Aufgabe, sie zu verbinden. Das was mit der Zwei schon angedeutet wurde, wird jetzt zur Funktion. Jeder Morgen, jeder Frühling birgt neue Chancen. Wenn morgens die Sonne im Osten aufgeht, vertreibt sie die Dunkelheit der Nacht und wir beginnen mit neuem Elan unser Tagwerk. Wenn im FRÜHLING die Natur zu sprießen beginnt, wo also die Befruchtung der Gegensätze sichtbar wird, drängen in uns „neue“ Gefühle zum Ausdruck. Der Osten steht für Sinnfindung und für die Erkenntnis der Polarität als Naturgesetz zum Sinne des Wachstums und der Vermehrung. Er bringt neue geistige Impulse in unser Leben, so wie wir am Morgen mit neuen Ideen für den kommenden Tag aufwachen. Zumindest müssen wir uns spätestens beim Frühstück überlegen, was wir mit dem neuen Tag anfangen werden. Die Drei steht für die Gegenwart, welche die Vergangenheit mit der Zukunft verbindet.

Nach der Zahlenlehre repräsentiert die DREI das Grundprinzip der Schöpfung. „Beide, sowohl die Einheit als Hintergrund, als auch die Zweiheit als Erfahrungsgrundlage dieser Welt, sind existent. Dieser Widerspruch kann ohne den dritten Punkt, die Drei, nicht gelöst werden“, beschreibt Michael Stelzner die Drei: „Das Weltgesetz ist in den ersten drei Zahlen enthalten. Es besagt, dass nichts verloren geht, sondern die Welt auf ein reines Additionsprinzip aufbaut. Die Existenz der Gegensätzlichkeit führt zu keiner Vernichtung, vielmehr führt sie zu immer Neuem. Das ist das Schöpfungsprinzip. Die entscheidende und herausragende Eigenschaft der Drei ist ihre verbindende Funktion. Das Dreieck mit dem in der Mitte befindlichen Auge ist deshalb ein Symbol der Erkenntnis. Laut Pythagoras ist die Zahl Drei die erste reale Zahl, da erst mit ihr eine geometrische Figur, das Dreieck, realisierbar ist und damit die Räumlichkeit (3 Dimensionen: Raum-Zeit-Kausalität). Ein Dreieck entsteht, wenn sich der dritte Punkt über Punkt 1 und Punkt 2 befindet und diese verbindet, ohne sie zu verletzen.“

Diese Verbindung kann nicht über die Linearität erfolgen 1 - 2 - 3 ..., d.h. allein vom Verstand her, da in diesem Fall die Eins von der Drei nicht gesehen wird. Die höher stehende Drei bedeutet, auf die menschliche Entwicklung bezogen, das Vereinen von Denken und Fühlen. Die drei Pyramiden von Gizeh, weisen in ihrer Anordnung auf das Grundgesetz der Rückverbindung zur Eins, der Einheit, hin.

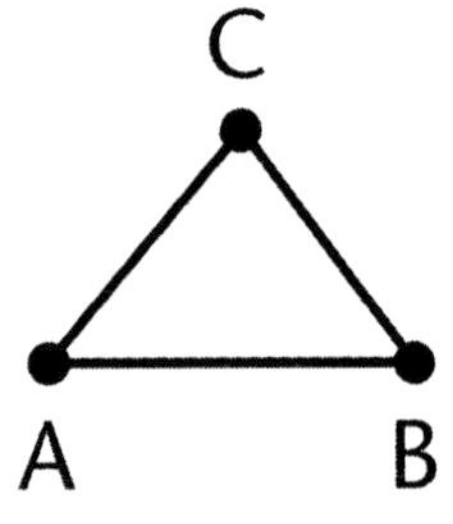

Die Drei steht daher auch für Ausdruck und Feingefühl, wie bei Dan Millman zum Lebensthema der „Dreier-Menschen“ angeführt..

Im Tarot ist die Drei die Herrscherin, archetypisch die Mutter Erde genannt, die wiederum das Gegensätzliche zum Vater Himmel (6) darstellt und der in diesem Zusammenhang Yin-Qualität zugeschrieben wird. Die Drei stellt die Einheit der Polarität dar und birgt beide Qualitäten in sich, wie ein Elternpaar. Sie ist raumgebend, steht für Zusammenführung und damit Fruchtbarkeit und die ständig fließende Lebenskraft, Kreativität und Selbstausdruck.

Im Sinne der Vereinigung von Gegensätzen (Vater + Mutter) bringt die Drei stets Neues in die Welt und sorgt für die Vielheit. Sie steht daher grundsätzlich auch für die Gruppe, FAMILIE und Gemeinschaft, das Kollektiv oder die Menschheit als solches, da sie ja die Gemeinsamkeit der Gegensätze repräsentiert.

Als Dreieck ist sie dem Element Feuer zugeordnet, in Yin-Qualität. Einer unserer bedeutendsten Philosophen der Antike, Heraklit, setzte Feuer mit Logos gleich und sah darin einen geistbegabten Stoff, an dem die Seele (Yin) Anteil habe. (Feuer-Geist-Yang, Wasser-Gefühle-Yin). Ich erwähne dieses Beispiel um aufzuzeigen, wie unterschiedlich die Zuordnung von Yin und Yang ist. Mancher mag sich vielleicht fragen, was denn nun „stimmt". Dass beides stimmt, genau das ist die Qualität der Drei, die beides akzeptiert. Die Drei steht symbolisch auch für die Weitsicht, da sie über der Polarität steht. Solange wir in einem der Pole gefangen sind (Linearität), könnten wir darum streiten, wer recht hat, weil wir nicht sehen können, was die Drei aus höherer Sicht (wo das Gefühl mit einbezogen ist) wahrnimmt. Die Drei zeigt uns, dass es unvereinbare Gegensätze in Wirklichkeit nicht gibt.

Wir erkennen nun, dass die Polaritäten sich nicht statisch verhalten, sondern ihre Qualitäten wechseln infolge unserer Wahrnehmung. Es ist einerseits eine Frage der objektiven Betrachtungsweise, andererseits eine Frage der subjektiven, und in welchem Zusammenhang und von welchem Standpunkt aus wir die Betrachtung vornehmen.

Die Drei erbringt also eine scheinbar paradoxe Leistung, weshalb sie uns als göttliche Trinität bekannt ist: Als heilige Dreieinigkeit und Dreifaltigkeit in den Religionen symbolisiert, wird sie mit Liebe - Glaube -

Hoffnung übersetzt. Das sind wesentliche Elemente jeder Paarbeziehung und Familie. Im Volksmund als: „Alle guten Dinge sind drei", bekannt, klopfen wir 3 x auf Holz, dürfen 3 x raten, lassen jemanden 3 x hochleben und wer nicht bis 3 zählen kann, ist dumm. Schlussendlich bezieht sich alles im Leben auf das Grundgesetz der Drei. Die Dreiheit Raum - Zeit - Kausalität ist Basis der Wissenschaften, die Erkenntnistheorie baut auf These - Antithese - Synthese auf, es gibt die drei Grundfarben blau - rot - gelb und unser Zeitverständnis gliedern wir in Vergangenheit - Gegenwart - Zukunft. Richtig verstanden, verhindert sie das Gefangensein in der Linearität, weil sie die Polarität überwindet, in dem sie sie vereint. Sie stellt deshalb das Bewusstsein der Rückverbindung zur Einheit dar. In unserem gesellschaftlichen Leben erfüllt diese Aufgabe die Familie.

Im AuraSoma-System entsprechen die Farben Blau/Grün der Drei. Diese werden mit friedlichem Ausdruck oder dem Ausdruck von Frieden (Blau) und selbstloser, überpersönlicher Liebe (Grün), als die Kommunikation des Herzens beschrieben. Vermischt ergeben Blau und Grün die Farbe Türkis, welche bei manchen Naturvölkern als geistige Schutzfarbe gilt. Im Grün ist aber auch noch Gelb enthalten, welches für Heiterkeit steht und Wissen, das aus dem Bauch kommt.

Hast du in diesem Bereich vielleicht den Essplatz, dann deutet das auf Geselligkeit in der Familie hin oder auf eine solche Gesinnung. Gemeinsamkeitsgefühl, Versorgt-werden in der Familie oder einer Gruppe, sich angenommen und wohlfühlen dabei, sich einig sein (oder darüber debattieren) - je nachdem, wie dieser Platz aussieht. Es bringt auf jeden Fall Identifikation mit einer Gruppe zum Ausdruck und das sich-als-Individuum in eine Gruppe einbringen.

Vier – Reichtum

Die **Vier**, sie steht auf der oberen Zeile im linken Quadrat. Ihr ist der **Südosten** und der **Frühsommer** und im Ba gua der Bereich des **Reichtums** zugeordnet.

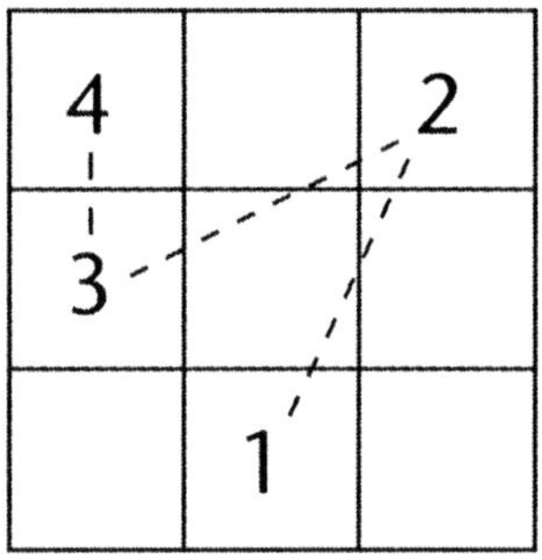

Analoge Symbolik und Deutung

„Die ersten drei Schritte bestanden im Ausgleich (3) zwischen einer vorhandenen Energie (1) und dem ihr entgegengesetzten Widerstand (2) durch Betrachtung aus höherer Sicht (3). Es ist das dynamische Wirken der Drei, ihrer geistigen Funktion, welches die Erlösung von Fixierungen der gegeneinanderstehenden Qualitäten 1 und 2 bringt. Ihr Vorhandensein ist nicht direkt sichtbar und greifbar, aber erfahrbar in ihrem Ausdruck. Mit der VIER wird ihre Qualität manifest und so stellt die Vier das materielle Fundament aller sichtbaren Dinge dar. Insofern ist sie der Beginn eines neuen Zyklus auf einer neuen Ebene. Was im ersten Zyklus mit der Eins begann, wird nun erneut ablaufen mit der Vier beginnend. Die Eins und die Vier sind beides Beginner (1+2+3+4 = 10 = 1), allerdings mit umgekehrten Vorzeichen.“

Im Hebräischen entspricht der 4. Buchstabe der Tür. Ich habe bereits bei der Eins auf diese Parallele mit der Tür, die auch für den Anfang steht, hingewiesen. War die Eins eine Yang-Qualität, so hat die Vier Yin-Qualität. Die neue Ebene ist die der Materie. So steht die Vier für Verdichtung, Verstofflichung, also der Materie - der Körperlichkeit, welcher das Geistige, die Idee vorausging.

Die Vier ist die Zahl des Raumes und der Zeit. Sie stellt die Basis unserer Erlebnisebene dar.

Vier, Fünf und Sechs repräsentieren das formschaffende Prinzip, wo wir das vorgegebene geistige Prinzip erfahren können und müssen. Ihr Symbol ist das Quadrat, das vereinte Wirken der vier Elemente, als rechtmäßige und rechtwinkelige, begrenzte Fläche. Harmonie und eine gewisse Überschaubarkeit und Berechenbarkeit werden sichtbar, etwas Konkretes, Umgrenztes, in dessen Rahmen wir die geistigen Gesetze erfahren können. Ordnung vermittelt uns Sicherheit, Sicherheit erleben wir als Harmonie. Wir streben danach, bauen uns Häuser und fühlen uns wohl in den eigenen vier Wänden ...

Die Dreiheit widerspricht nicht der Vierheit, obwohl sie scheinbar das Gegenteil der Materie ist, erkennen wir sie nun als die Voraussetzung der Materie, so wie die Polarität Voraussetzung für Entwicklung ist. „Die Rechtwinkeligkeit ermöglicht uns eine Ausrichtung im Sinne von Blickrichtung und rechter Haltung. Weltliche Fundamente und Ordnungen beziehen sich deshalb immer auf die Vier: Vier objektive Himmelsrichtungen, vier subjektive natürliche Richtungen (vorne-hinten-links-rechts), vier Elemente (darauf komme ich später noch zurück), vier Phasen des Mondes, vier Tageszeiten, vier Jahreszeiten, vier Extremitäten, vier Räder des Autos, vier Temperamente, die vier Enden des Kreuzes, vier Evangelien, vier Erzengel, vier Veden, vier heilige islamische Bücher, vier indische Kasten, vier chinesische Stände, vier Cherubim, usw."

Die Vier steht für das rationale Prinzip, Logik im Sinne von Kausalität, weltlicher Gesetzgebung und Verantwortungsbewusstsein.

Dan Millman gibt der Vier schlicht und einfach die Lebensthemen Stabilität und Entwicklung.

Im Tarot ist die Vier der Herrscher der Welt, archetypisch der Vater. Als Ankh-Kreuz das Symbol des ewigen Lebens und der zeugenden Kraft

(Kundalini). Im materiellen Sinn ist die Vier das würfelförmige Haus, das als menschliches Königreich beschrieben wird. Das Quadrat steht hier als Symbol für Haus und Ort. Es findet sich in den Bezeichnungen Quartier und Stadtviertel wieder. Bilder dazu sind die erwachte Natur, die Reichtum verspricht und den Himmel auf Erden.

Im praktischen Sinn erleben wir die Vier unter dem Begriff der Geeignetheit. Erst kommen die Pläne (3), dann das konkrete Bauwerk (4). Im philosophischen Sinne ist es die religio, der Blick auf die hinter der Welt stehende Einheit. Die Vier ist also eine Rückverbindung zur Eins. Sie hat insofern doppelte Bedeutung, als sie im neuen Zyklus dieselbe Funktion hat wie die Eins, andererseits basiert sie auf der Zwei, der Polarität und ist deren weiterentwickelte Form. Polarität ist demnach die Voraussetzung für jede Art stofflicher Form.

Die Vierheit (Quadrat) ist eine verwandelte und erhöhte Einheit (Kreis), die Konstanz und Veränderung gleichzeitig offenbart. Sie ist der Ausdruck des größten Verständnisses von Einheit und man bekommt nur Einsicht, wenn man das Gemeinsame beider Welten (4 = Quadrat, 1 = Kreis), die der Getrenntheit und der Einheit (Linearität und Analogie) sucht, das mathematisch die Quadratur des Kreises beschreibt. Ihr Geheimnis liegt in der Symbolik (Analogie) und ist nicht über lineare Berechnungen allein erfahrbar. Anders ausgedrückt: Wir überwinden die scheinbare Getrenntheit voneinander nur durch Liebe, weil wir uns sonst stets selbst verletzen. Als Individuen sind wir zwar verschieden, bilden gemeinsam aber die Einheit von Vielheit - Ganzheit - Fülle. Das sollte uns im Ba gua der Bereich Reichtum deutlich machen. Die Überwindung der scheinbaren Widersprüchlichkeit, des Paradoxen, öffnet uns bewusstseinsmässig die Tür in die vierte Dimension, eine Bewusstseinsebene, welche bekanntlich die Neue Zeit einläuten soll. In okkulten Traditionen spricht man von unserem heutigen Entwicklungsstadium von der 4. Welt.

Zwei Dreiecke ergeben das Viereck und dieses den Würfel.

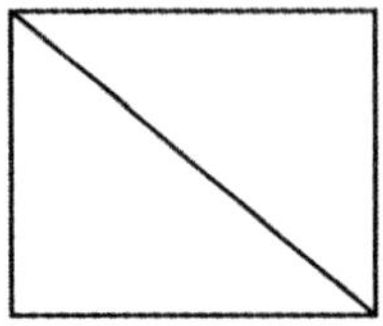

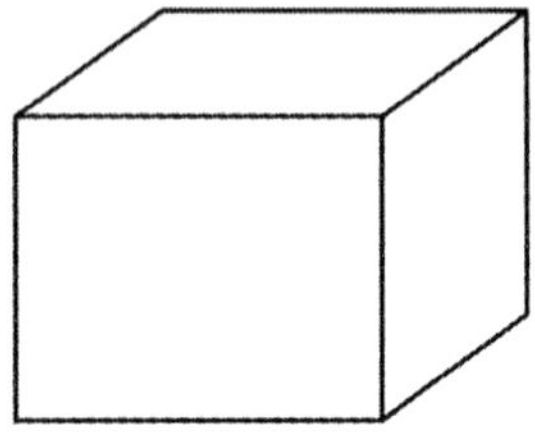

Im Aura Soma System bekommt die Vier die Farben Gelb/Gold. Durch das Mischen wird das Gelb etwas weicher und strahlender. Es wird durch die Beimischung von etwas Rot zu Gold. Wissen (Gelb) wird durch Erleben zu Weisheit (Gold), die wir in uns tragen. Unser Solarplexus (drittes Chakra) erstrahlt bestenfalls in dieser Farbe. Wir drücken das aus mit „Sonne im Bauch haben“ und sind glücklich. Gold symbolisiert sowohl inneren und als auch äußeren Reichtum, worauf das AuraSoma System hinweist und was z.B. auch im Sonnenkult alter Kulturen zum Ausdruck kam. Die Sonne ist neutral. Sie scheint jedem auf dieser Welt, so er sich aus dem Schatten bewegt.

Die Vier steht, obwohl und weil begrenzt, für viele Möglichkeiten und die Hoffnung. Die Zwischenhimmelsrichtung, der SÜDOSTEN ist jahreszeitlich der FRÜHSOMMER, die Zeit, wo sich die Blüten in Früchte verwandeln.

Der Bereich REICHTUM im Ba gua wird wohl am meisten missverstanden und nur mit materiellem Reichtum, respektive Geld, in Verbindung gebracht. Man geht dabei am Wesentlichsten vorbei. Trotzdem, dieser Bereich in unserer Wohnung symbolisiert unsere Einstellung dazu und kann daher sehr aufschluss**reich** sein.

Tatsache ist, dass wir Materielles nur zur Verfügung haben, weil Materie vergänglich ist, bzw. einem steten Wandel unterliegt. Es könnten keine Äpfel nachwachsen, wenn die alten noch am Baum hingen. Die Vier als Stellvertreter der materiellen Welt erinnert somit auch an das Vergängliche, den körperlichen Tod. Im traditionellen Feng Shui wird die Zahl Vier als „schlechte“ Zahl bezeichnet und daher möglichst gemieden, weil mit Unglück in Verbindung gebracht. Obwohl die Vier für ein festes, sicheres Fundament in der konkreten Welt sorgt, ist sie gefürchtet und wird von manchen Menschen, die sich mit Numerologie befassen, als unheilvoll bezeichnet. Das scheint aber nur dann tragisch, wenn man zu höheren geistigen Dimensionen keinen Bezug hat.

Wir assoziieren Reichtum mit dem Besitz materieller Güter und definieren unseren Selbstwert danach. Das macht unsicher, denn die Güter wechseln oft und schnell „ihre" Besitzer (Besetzer) und ihre Wertigkeit, wie wir das beim Geld gut nachvollziehen können. Insofern müssen wir ständig Angst haben, den Besitz und damit unseren Selbstwert zu verlieren. Wir können aber nur verlieren, was wir glauben zu besitzen, aber nicht wirklich haben. Wirklich „haben" können wir uns nur selbst. Auch die Erde haben wir nicht wirklich. Wir haben sie, die Natur und ihren Reichtum nur zur Verfügung gestellt bekommen. Wir besitzen sie nicht. Was nicht heißt, dass wir diesen Reichtum nicht genießen könnten. Ironischerweise wird uns das gerade beim Geld, das wir so gerne besitzen wollen, immer klarer. Würde keiner es hergeben wollen, hörte sich das Wirtschaften schnell auf und es hätte keinen Sinn mehr, es zu „haben", denn es behält nur seinen Wert, solange es kursiert. Das wird im Feng-Shui als fließendes Wasser symbolisiert. Das ist die eine Seite. Die andere, wenn es zu heftig und zu schnell auf dem Weg ist. Wie bei allem kommt es immer auf den Goldenen Mittelweg an. Heute vollzieht sich der Geldfluss z.B. immer schneller und so, dass wir das Geld selbst kaum mehr zu sehen bekommen bzw. (er)greifen können. Jeder genießt es, keiner hat es (wirklich in der Hand). Es existiert bald nur mehr als sich verändernde Zahl auf dem Kontoauszug. Stellt sich die Frage, existiert es überhaupt wirklich noch oder ist es längst zur Fiktion geworden?

Angenommen, du hast das Badezimmer samt WC in diesem Bereich, was im Feng Shui angeblich einer Katastrophe gleichkommt, dann habe keine Angst. Es ist nicht so schlimm wie es scheint. Das haben viele und das ist auch nicht verwunderlich. Immerhin ist das der Raum, in dem Reinigung und Loslassen praktiziert wird. Wir alle wissen, dass wir uns danach wohler fühlen. Du kannst also davon ausgehen, dass bessere Zeiten kommen. Vorausgesetzt du überträgst die äußere Reinigung und das Loslassen auch auf die innere. Überprüfe deine Einstellung zu Reichtum und Geld. Das Bad macht dich darauf aufmerksam, dass alles fließen sollte und zwar regelmäßig.

Allerdings sind wir heute bezüglich Geld stark von „Institutionen“ abhängig, auf die wir keinen Einfluss haben. Bezüglich Wasser ist dies das Wasserwerk. Es könnte also sein, dass wir uns früher oder später etwas anderes einfallen lassen müssen. Die Vier schöpft die materielle Welt und kreiert sie jeden Tag aufs Neue. Reichtum ist daher eine Frage des Bewusstseins. Die Toilette in diesem Bereich könnte man als materiellen Verlust erleben, wenn man das nicht verstanden hat. Vielleicht musst du hier nur innere Widerstände loslassen.

Fünf – Zentrum

Die **Fünf**, sie steht auf der mittleren Zeile im mittleren Quadrat. Ihr ist keine Himmelsrichtung zugeordnet, im Ba gua besetzt sie den Bereich des **Zentrums**.

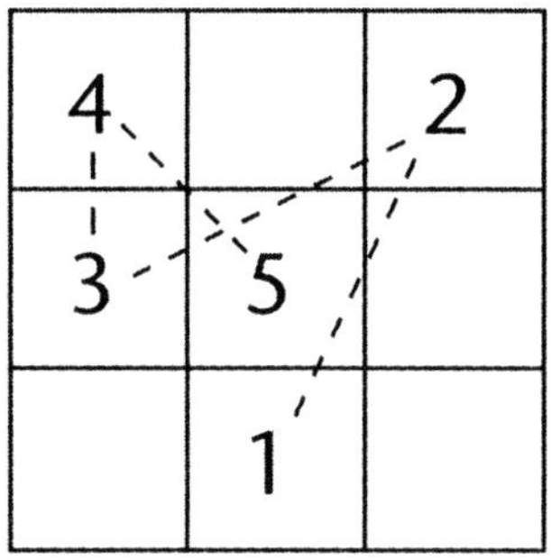

Analoge Symbolik und Deutung

„Nachdem das Quadrat der Träger des Weltgesetzes ist und ein Bild der Natur darstellt, kommen wir mit der FÜNF zum Menschen selbst, der in diese Natur eingebettet ist und dessen perfektes, harmonisches Fundament sie ist. „Naturgemäß", also dem Polaritätsgesetz folgend, entsteht der Natur nun ein Gegenüber - der Mensch, der zugleich aus ihr hervorgegangen ist. Es muss jemand der Natur gegenüber treten, damit sie als solche erkannt werden kann und sie als Wunderwerk in sein Bewusstsein aufgenommen werden kann. Dazu benötigt sie einen Gegenpol, der in der Lage ist, sich dieser Harmonie, der Einheit Göttlichkeit) bewusst zu werden. Diese Betrachtung erfordert Abstand und Unterscheidungsvermögen vom Betrachter zu dem zu Betrachtenden. Als aus dem Konkreten hervorgegangen, ist der Mensch zwar **körperlich**, aber durch seine bewusste Schau auch **wesenhaft**."

„Was die Natur unbewusst tut, tue du bewusst", gilt als Maxime für den Erkenntnisweg des Menschen hin zu Einheit und Harmonie.

Gerade dieses Unterscheidungsvermögen veranlasst den Menschen zu urteilen und die Welt in gut und schlecht zu trennen, wenn er nicht das Paradoxon der Vierheit, wie im Quadrat beschrieben, verstanden hat. Ich zitiere: „Die Fünf steht in der Mitte ZENTRUM des Quadrats. Als fünfter Punkt erhebt sie sich über die Erde (4) und kommt dadurch zur Anschauung. Die Vielheit in der Einheit (1-4) wird durch die Fünfheit fähig, sich selbst zu betrachten und erfährt über sie ihre Vollkommenheit. Der Mensch ist das Erkenntnisorgan Gottes. Das wird symbolisch in der Geometrie der Pyramiden ausgedrückt. Es ist das Großartige bzw. auch das Dilemma des Menschen, je nach seinem Bewusstseinsstand, denn er steht in der Mitte zwischen Himmel und Erde (Geist und Materie), hat beides in sich, und ist damit einer großen Spannung ausgesetzt. Was er sieht ist nur die Hälfte des Vorhandenen. Er sieht nur die äußere Erscheinung, nicht aber den Sinn. Dieser bleibt seiner Erkenntnis- und Erlebensfähigkeit vorbehalten. Man kann sich die Spannung anschaulich machen, in der linearen Zahlenreihe

1-2-3-4 - 5 - 6-7-8-9.

Die Fünf ist also die Zahl des Menschen. Er **ist** die Mitte alles Vorhandenen. Er steht zwischen zwei Welten, 1234 (Erde) und 6789 (Himmel), und ist der Vermittler zwischen den beiden. Wie dies geschehen kann, lernten wir schon bei den Grundregeln des Ausgleichens von Polaritäten, der 3. Die Fünf erfüllt Ihre Aufgabe in der Wiederholung des Prinzips der Drei als bewusste Handlung. Der Mensch ist Licht **und** Schatten, aber Schatten als Abstufung des Lichtes (1) und nicht als Dunkelheit (2), denn Licht ist das Erstgeborene und kann bei allen Entwicklungen nie in Frage gestellt werden. Im Begriff der In-dividualität ist das Un-geteilte deutlich gemacht. Die verbindende Funktion (3) von Gegensätzen ist ohne das Akzeptieren der Gegensätze nicht möglich."

Funktion kommt von Funken. Das ist nicht nur ein physikalisches Phänomen, sondern auf allen Seinsebenen so. Es ist unsere Entscheidung, ob wir wollen, dass uns ein Licht aufgeht. Wenn ja, brauchen wir uns nur uns selbst liebevoller zuwenden. Tatsache ist, dass die Funktion da ist. Physikalisch betrachtet können wir das nachprüfen, denn da funkt es ständig in unseren Zellen und keine könnte ohne diese Funken auskommen. Wir als Ganzes auch nicht, denn Hand aufs Herz: Welcher Mensch könnte schon bestehen, wenn wir ihn ohne Liebe betrachten?

„Die im Zahlengleichnis angestrebte höhere Ebene des ersten Archetyps, der Einheit (1), ist die Zehn. Sie besteht aus **zwei** Fünfheiten. Beide müssen ins rechte Verhältnis zueinander gesetzt werden. Dies wird mit dem Fünfstern im Kreis, dem Pentagramm, das seit jeher symbolisch die göttliche Ordnung darstellt, sichtbar. Die wesentliche Aussage dabei ist die Herkunft des Menschen, das Ganze, Gott, symbolisch mit dem Kreis um das Fünfeck dargestellt.

In ihm liegt das Geheimnis, das rechte **Verhältnis** der Abstufung von Licht und Schatten, der **Goldene Schnitt**. Unser heutiger Begriff des Goldenen Schnitts geht inhaltlich am Wesen der Fünfheit vorbei, weil wir meist nur nach dem quantitativen Verhältnis - Minor verhält sich zu Major wie Major zum Ganzen, also der Summe beider - (1:1,618...) schauen. Der Mensch selbst weist in seinen Körpermaßen immer wieder auf dieses Verhältnis hin. Das Verhältnis des Menschen zu Gott ist das Verhältnis des Ganzen zum Geteilten. Das ist der Kreis um das Fünfeck, an dem es sich orientiert. Das konkrete Größenverhältnis ist erst unter diesem Aspekt, der Ausrichtung am Größeren, Ganzen, richtig zu verstehen.“

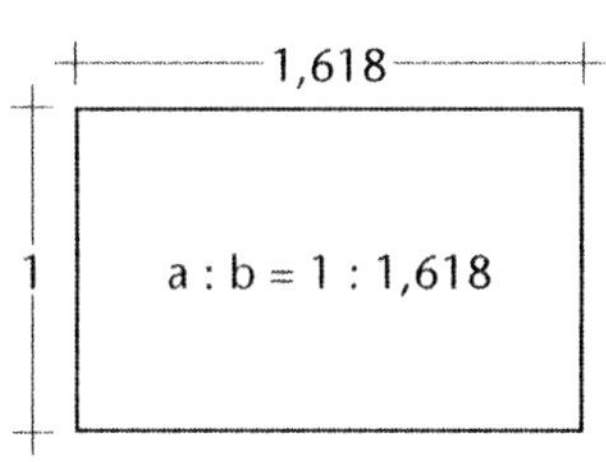

Im selben Verhältnis wie die Einheit im geistigen Sinne über dem Individuum Mensch steht, steht die Erde zum Menschen im körperlichen Sinn. Der Mensch als Fünfheit verkörpert den Archetyp 3, die Zahl, welche aus einer erhobenen Ansicht die Beziehung zwischen 1 und 2 erkennt. In der dreidimensionalen, räumlichen Betrachtungsweise entspricht die Position des Menschen demnach der Spitze einer Pyramide, welche sich als Mittelpunkt aus dem rechtwinkeligen Viereck (Materie) erhebt. Der Mensch (5) ist das Erkenntnisorgan Gottes. Das Übersteigen der Materie ist daher nur möglich, wenn man durch sie hindurchgeht, d.h. sie erlebt und keine Weltflucht begeht.

Dasselbe erfahren wir im Fünfstern. Er kann nur durch das Kreuz (4) des Durchmessers im Kreis konstruiert werden. Im religiösen Sinn bedeutet der rechte Winkel, als auch der Goldene Schnitt, die Rückverbindung zum Ursprung durch rechtes Handeln auf der Welt.

Der wachsende Erkenntnisstand bringt dem Menschen aber nicht nur mehr Macht, sondern auch mehr Freiheit, was ihm die Möglichkeit gibt, seine Freiheit in **zwei** mögliche Richtungen zu nutzen. Wir kennen in der Symbolik des Pentagramms die beiden unterschiedlichen Darstellungen.

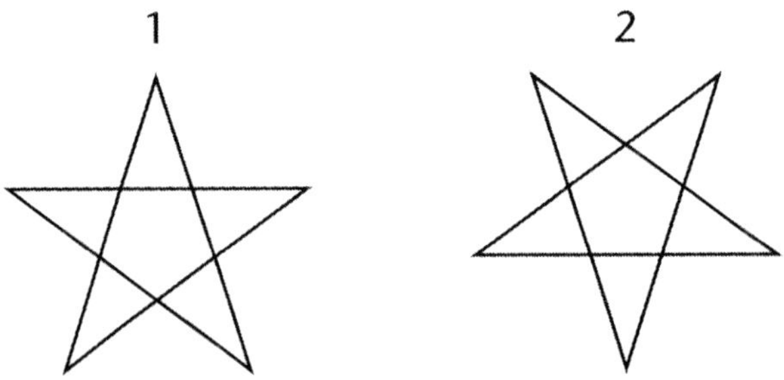

„Die Wirkrichtung und Orientierung nach oben hin zur Einheit oder die Wirkrichtung nach unten, die Glorifizierung des Spaltens und der Zweiheit.

Nur erstere ist in der Lage, Ordnung und Einheit herzustellen, weshalb die Pythagoreer den nach oben gerichteten Fünfstern „Hygieia“ (Gesundheit) nannten. Durch die rechte Verhaltensweise wird der Mensch in die Lage versetzt, die vorher erlebte Zwiespältigkeit (Polarität) mit der Einheit zu einem größeren Ganzen zu verbinden. Das Ergebnis ist die Zwölf, wie wir später noch sehen werden, wo die 2 ordnungsgemäß der 1 folgt.

Der Begriff Freiheit und Verantwortung ist von der Fünf nicht zu trennen. Der Mensch hat immer die Möglichkeit der freien Entscheidung, wofür er sein Wissen und seine Kraft einsetzt. Es ist wie mit dem 5. Rad am Wagen, das Steuerrad, das eine höchst verantwortliche, übergeordnete Funktion einnimmt und letztendlich verantwortlich ist für das Schicksal des ganzen Dinges, obwohl die Sinnhaftigkeit des Autos selbst in den vier Rädern liegt."

Wenn wir uns als „das fünfte Rad am Wagen", als bedeutungslos oder nutzlos empfinden, sollten wir die Frage nach Eigenverantwortung stellen und wenn wir Probleme mit der Freiheit haben, könnte uns folgende Überlegung helfen: „Frei sein von..." beinhaltet Ablehnung von dem, was uns vermeintlich nicht frei sein lässt und verursacht Leid. „Frei sein für ..." impliziert ebenfalls, dass wir an etwas gebunden sind, das uns als Glück vorschwebt. Lenken wir jedoch die Gedanken und Gefühle auf „frei sein mit .....", werden wir unabhängig und können glücklich **sein**, weil eine freiwillige Bindung keine Bindung ist.

Die Fünf spricht unsere Verantwortung an. Das hat mit Antworten zu tun und dieses bedingt eine Frage. Zum Beispiel: Wie wirkt sich das aus, was ich tue? Es ist wie mit Freiheit und Bindung. Sie sind die ständige Herausforderung des Menschen. Die Fragen sind der Motor, der uns antreibt. Im Sinne des Resonanzgesetzes muss es immer die entsprechende Antwort geben. Eine unklare Frage bringt eine unklare Antwort, auf eine Vielleicht-Frage kommt eine Vielleicht-Antwort, etc. Wenn wir nicht fragen, bekommen wir auch Antworten in Form von Ereignissen, die uns dann zu Fragen zwingen und zwar so lange, bis wir sie endlich stellen.

Im Aura Soma Farbsystem hat die Fünf die Farben Gelb und Rot. Wenn wir sie vermischen, entsteht Orange. Gelb und Rot (Wissen und Tun) lassen Freude aufkommen. Sie erinnern an den Sonnenaufgang und

Sonnenuntergang, den Anfang und das Ende eines jeden Tages, an dem wir die Chance haben, auf neue Weise mit etwas umzugehen.

„Das Abenteuer des Lebens ist nicht da draußen, sondern in dir drinnen," beschreibt Dan Millman die Fünf und gibt ihr die Lebensthemen Freiheit und Disziplin.

In den östlichen Traditionen wird das Zentrum als Tao beschrieben und mit dem bekannten Symbol Yin/Yang dargestellt. Es steht für Ausgewogenheit und Stille.

Tao heißt Weg oder Bewegung der Seele und meint die Hinwendung zu sich selbst, die in der Stille liegt. Deshalb wird Tao auch als Zustand in der Meditation beschrieben, und mit Ruhe und „in sich gekehrt" sein. Im Tarot ist die Fünf der Hohepriester, archetypisch der Heilige.

Das Zentrum deiner Wohnung kann dir zeigen, wie du dich selbst zur Zeit wahrnimmst und erlebst. Scharfe Mauerkante und scharfkantige Möbel können auf tiefe Verletzungen und Selbstkritik, klobige Schränke auf belastende Bewusstseinsinhalte hinweisen, welche deine Bewegungsfreiheit und Freude am Leben einschränken. Gibt es hier einen Stauraum, ist die Selbstwahrnehmung blockiert und es könnte sein, dass du dich in eine bestimmte Meinung über dich selbst verrannt hast. Hast du dagegen hier einen geschützten Freiraum, deutet das auf Offenheit und eine flexible innere Haltung hin, und auf Selbstvertrauen und ein ausgeprägtes Selbstwertgefühl. Meistens kommt von allem etwas vor. Manchmal ist das Zentrum ein Vorraum, von dem viele Türen in andere Zimmer (Bereiche) führen. Das weist dich auf deine Vielseitigkeit hin, zeigt, dass es viele Möglichkeiten gibt, was dir aber auch das Gefühl einer Zerreißprobe geben kann und dich kaum zur Ruhe kommen lässt. Ist hingegen hier ein schmaler, enger Flur, könnte deine Selbstwahrnehmung und Entfaltung eingeengt oder einseitig ausgerichtet sein.

Sechs – Hilfreiche Menschen

Die **Sechs**, sie steht auf der unteren Zeile im rechten Quadrat im **Nordwesten**, ihr kommt der **Spätherbst** zu und im Ba gua der Bereich **Hilfreiche Menschen**.

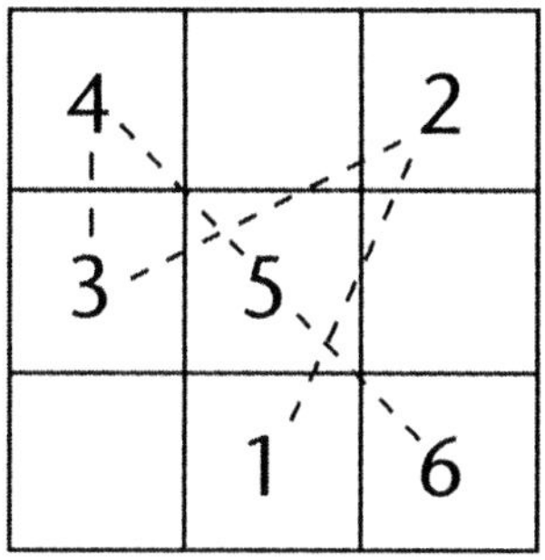

Analoge Symbolik und Deutung

„Das subjektiv erfahrende Individuum (5) steht also der materiellen, konkreten Welt (4) gegenüber. Es kommt zur Interaktion zwischen beiden. Wenn sie sich gegenüberstehen, dann muss das verbindende Prinzip einen Ebenenwechsel vollziehen, um in der gleichen Art und Weise, wie bei der Drei schon beschrieben, die gegensätzlichen Pole zu verbinden und das betrifft aufgrund der vollzogenen Individuation unsere Welt und unser Leben. Die Sechs steht daher für die Mitte des Lebens, die Funktion der Verbindung (3) im Lebendigen, das Lebensprinzip selbst, das wir zum Beispiel im Sex am eindrücklichsten erleben. Es ist der zwingende Austausch mit anderen Individuen, mit denen wir in Verbindung treten.

Warum im Ba gua der Bereich Partnerschaft der Zwei zugeordnet wird und nicht der SECHS, mag uns unverständlich erscheinen. Hier müssen wir differenzieren. Die Zahlen des Magischen Quadrats stellen nur die Grundprinzipien der Entwicklung dar. Die Zyklen von 1-9 haben wir schon x-mal erlebt und uns dabei jedes Mal ein Stückchen weiterentwickelt und unser Bewusstsein dabei für die einzelnen Bereiche in unterschiedlicher Weise transformiert. Unter dieser Voraussetzung interpretieren wir heute die Bereiche des Ba gua. Irgendwann haben wir die Qualität der Sechs in eine Zweierbeziehung eingebunden, so wie jede Entwicklung der einzelnen Bereiche sich auf die anderen auswirkt. Gerade dieses Thema ist kulturell recht unterschiedlich moralisch geprägt und ist außerdem - auch bei uns - lange sehr wirksam tabuisiert worden. Sex hat nicht zwangsläufig mit Ehe zu tun, schließt sie aber nicht aus und umgekehrt. Das wäre kein Problem, wären da nicht die Eifersucht, unser Besitzanspruch und unsere Moral. Wir besprachen schon bei der Fünf das Thema der Freiwilligkeit in der Verbindung mit Freiheit.

Wir haben bei der Fünf auch von Selbstliebe gesprochen, Aufgabe und Verantwortung. Sie sind die Voraussetzung (das Vorangegangene) für die Sechs (Sex), wo wir jetzt diese Qualitäten praktizieren und erfahren sollen. Ihr Vorhandensein ist ganz wesentlich für die Qualität der Zuwendung (nicht nur sexueller Art) zum anderen. Wir sprechen von erfülltem Sex, wenn Liebe, Hingabe und Orgasmus zusammen vorkommen. Wer sich selbst nicht liebt, kann keinen anderen lieben. In der Auf-gabe seines Egos (die unerlöste Form der Selbstliebe) liegt die Hingabe, das Opfer des Einzelnen zugunsten der Verschmelzung zum Einen. Die Sechs wird daher auch heilige Zahl genannt und der Sex wird im Tantra, der indischen Liebeskunst, zur spirituellen Reifung praktiziert.

Der Sex steht im Sinne der Sechs für Freude und Erfüllung. Auch die Befriedigung des Künstlers in der Schaffung seiner Werke und das Rechnen des Mathematikers sind Ausdrucksformen des Prinzips der Sechs. Es umfasst alles, was wir gerne und mit Liebe tun. Damit werden alle Fragen nach dem Sinn des Lebens auf **ein**fache Weise beantwortet, denn sie sind unsere religio. Sie verlangt die **freiwillige** Auf-gabe, das Opfer seines subjektiven Selbst, um nach der Erfahrung der Verschmelzung zu Einem wie neugeboren in dieselbe Welt zurückzukehren, die dann nicht mehr dieselbe ist, weil um die **Erfahrung** des Göttlichen (Vollkommenen) reicher. Diese Erfahrung wird auch als der kleine Tod bezeichnet und ist oft mit Angst verbunden, da wir uns die „neue" Welt danach vorher nicht vorstellen können. Die Sechs gehört der Vollkommenheit an, da sie Vollkommenheit erstellt. Sie wird auch immer mit Grenze und Abgrenzung in Verbindung gebracht, da sie die Tür zu der nichtstofflichen, nichtkonkreten Welt darstellt, die mit der Sieben beginnt.

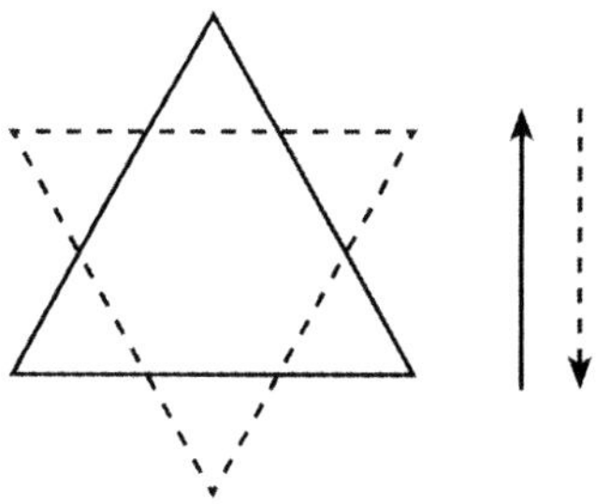

Im Davidstern wird das dynamische Prinzip der Drei in beiden Richtungen durch das gegenseitige Durchdringen optisch nachvollziehbar. Die arabische Ziffer 6 ist ein Spiegelbild der Ziffer 2 und stellt den Bezug der Sechs zur Zwei dar. Die Voraussetzung, dass Sex entstehen kann, beruht auf Polarität, durch die Reibung entstehen kann. Doch das Prinzip der Sechs drückt sich grundsätzlich in jeder Beziehung aus, die wir mit anderen Menschen eingehen, dann zum Beispiel, wenn wir aufmerksam zuhören. Im Austausch miteinander lernen wir das Geben und Nehmen. In diesem Sinne ist der Bereich HILFREICHE MENSCHEN zu verstehen.

Sowohl die Fünf als auch die Sechs sind Vertreter der Mitte. In der Mitte des magischen Quadrats steht die Fünfheit, das erfahrende Subjekt. Doch alle Quersummen ergeben die Fünfzehn, d.h. das Durchschreiten (1-5) ist ein Prinzip der 15 = 6, die Mitte von 12.

Aus den früher noch üblichen Zwölferzahlensystemen - heute nur mehr das Zeitsystem - ist das noch ersichtlich. Mit den Zahlen 10-11-12 kommen wir in den spirituellen Bereich der Archetypen, zu deren Auswirkung mit 13-14-15.

Die Drei **beschreibt** die Funktion der Schöpfung, aber nur durch die Sechs **erfahren** wir sie. Stelzner bringt hierfür seitenlange Beweise in der Signatur der Schöpfung, wo die Sechs in vielfacher Weise die Lebensbasis darstellt und ihre Vollkommenheit zum Ausdruck kommt. Wenn z.B.

Wasser kristallisiert, schweben -zig Trillionen Schneeflocken als Sechssterne vom Himmel, doch ist keine ganz gleich wie die andere.

Am besten stellt das indogermanische Ursymbol der Sechs diese Selbstbegegnung der Einheit dar. Der **eine** Sinn der Funktion > bleibt erhalten, trotz zwischenzeitlicher, doppelter Umkehr auf einer um 90 Grad gedrehten Erlebnisebene.

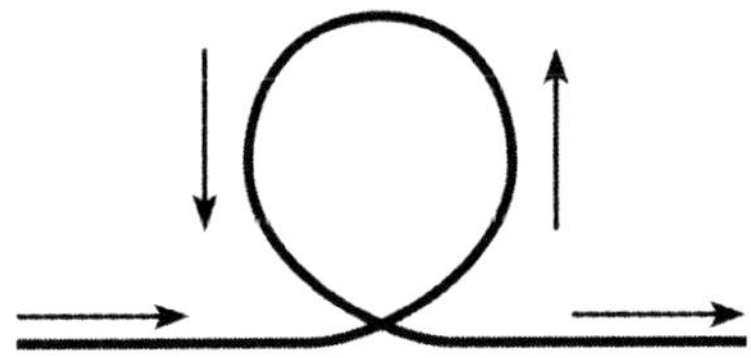

Pythagoras nennt die Drei die erste reale Zahl und die Sechs die erste vollkommene Zahl: 1+2+3 = 6 und 1 x 2 x 3 = 6. Sie ist sowohl die Summe, als auch das Produkt ihrer Teile. Sie ist auch die Zahl der Schöpfung nach der biblischen Schöpfungsgeschichte und die Zahl Gottes in der **Welt**, denn zwei Dreiecke (2x3 = 6) ergeben das Quadrat (Welt).

In der Kabbala trägt der 6. Sephirot den Namen „Schönheit" und nimmt die verbindende Mitte des kabbalistischen Lebensbaumes ein. Im Tarot bezeichnet sie die „Liebenden" und die „Entscheidung". Dan Millman gibt der Sechs die Lebensthemen Vision und Annehmen.

Im AuraSoma Farbsystem entspricht der Sechs die Farbe Rot, unserem Wurzelchakra. Rot steht für Selbsterhaltungstrieb und damit für die Durchsetzung des elementaren Weltgesetzes der Sechs. Sie steht im Magischen Quadrat im NW (hilfreiche Menschen), jahreszeitlich ist dies der Spätherbst, die Zeit der Reife und Weisheit.

Oftmals wird das Thema „Hilfreiche Menschen" im Feng Shui auf großzügige Onkeln und Tanten oder Kunden reduziert. Diese einseitige Sichtweise im Bezug auf Austausch wird dir auf die Dauer ganz sicher kein Glück bringen.

Angenommen du hast deine Eingangstür in diesem Bereich, dann würde besagtes Thema besonders bedeutungsvoll für dich sein. Das Schlafzimmer in diesem Bereich könnte zum Beispiel die Ausgewogenheit von Geben und Nehmen als Lernthema in die Partnerschaft bringen, schönen Sex und auch Themen wie Verlässlichkeit, Freundschaft und Opferbereitschaft.

Sieben – Kinder

Die **Sieben**, sie steht auf der rechten Zeile im mittleren Quadrat. Ihr ist der **Westen** und der **Herbst** zugeordnet und im Ba gua der Bereich **Kinder**.

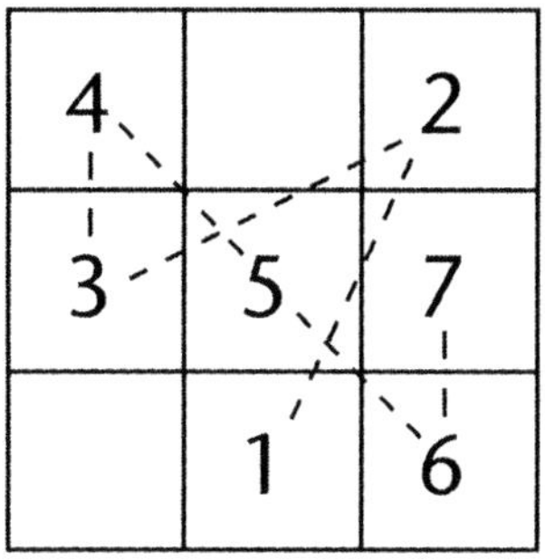

Analoge Symbolik und Deutung

Wie wir bereits beim Vollzug der Sechs (Sex) erfahren haben, eröffnet uns dieser einen Blick in die Welt des Unkonkreten und stellt die Grenze zwischen Körperlichkeit und Wesenhaftigkeit dar. Mit der SIEBEN verlassen wir das körperliche, konkrete **sichtbare** Erscheinungsbild der Welt und begeben uns in das unbegrenzte Seelische. Begann die erste Hälfte unserer Reise (1-6) mit der Yang-Energie der Eins, so beginnt nun die zweite Hälfte mit der Yin-Energie der Sieben.

Die SIEBEN ist die Zahl der Zeitzyklen. Im Tarot wird sie als der „Wagen" beschrieben und als der Aufbruch des siegreichen Helden, des jungen Königs, der neue Kraft und neue Ideen bringt. Er wird in der Analogie der siegreichen Sonne des Frühjahrs zugeordnet. Platon beschreibt den Wagen, der von zwei Sphinxen gezogen wird, als Sinnbild für die menschliche Seele.

Die Karte Sieben des Tarot beschreibt den Aufbruch der Kräfte als Yang-Energie und meint damit die seelische Kraft (König = Yang). Es ist die Flucht nach vorn, der Wagenlenker ist bereit Schützendes (Materielles) hinter sich zu lassen, um neue Erfahrungen zu machen. Das Bild symbolisiert daher Mut, Zuversicht, Begeisterung, Tatendrang und Initiative, aber auch die Geschicklichkeit des Wagenlenkers, das Halten des Gleichgewichts beim Lenken des **zwei**rädrigen Wagens. Die Sieben steht für das Voranschreiten (Bewegung) und gleichzeitig das Halten des inneren und äußeren Gleichgewichts. Der Held erlernt dabei die Fähigkeit, Wollen und Fühlen (2 Pferde) in eine Richtung zu lenken, d.h. Widersprüchlichkeiten zu meistern. Das ihm Begegnende ist für ihn eine Hilfe, um sich selbst und das ihm noch Fehlende zu erkennen. Die Sieben wirkt wie ein Spiegel zur Selbsterkenntnis, der uns lehrt Ungleichgewichtigkeiten auszubalancieren und Harmonie herzustellen.

Er-fahrung bedingt, im wahrsten Sinn des Wortes, die Zeit. Nach C.G. Jung: „Was wir in uns selbst nicht akzeptieren können, kehrt als Schicksal zu uns zurück." Es ist das, was dem Lenker des Wagens wider-fährt. Mit der Sieben begegnet uns das, wie wir in der konkreten Welt (1 - 6) gehandelt haben. Jetzt haben wir die Möglichkeit der Korrektur. Dieses Thema finden wir in vielen Märchen, wie zum Beispiel den 7 Geißlein, 7 Raben, 7 Schwaben, 7 Meilenstiefel, 7 Zwergen, etc.

Im AuraSoma Farbsystem kommt der Sieben Gelb und Grün zu und wird beschrieben als die Weisheit, dem Lebensfluß zu vertrauen. Gelb und Grün vermischt, lassen ein helles Lindgrün entstehen. Nicht zufällig eignen sich zum Beispiel Zimmerlinden gut für Kranken- und Schlafzimmer.

Dan Millman gibt der Sieben die Lebensthemen Vertrauen und Offenheit.

Da wir mit der Sieben die Welt des Konkreten verlassen, finden wir in Stelzners Erklärungen mehr symbolische, philosophische Beispiele als mathematische. Sie ist eine Primzahl und geometrisch nicht konstruierbar wie zum Beispiel das Drei-, Vier-, Fünf- und Sechseck, die mit Lineal und Zirkel konstruierbar sind. Der Siebenstern dagegen nicht. Er ist nicht so konkret, ähnlich wie die Zeitzyklen, die wir mal langsam, mal schnell verstreichend erleben. Alles verändert sich - auch in Bezug auf die Zeitqualität - und kehrt immer wieder, jedes Mal neu. Wir wissen, dass der Körper 7 Jahre braucht, um sich völlig zu erneuern, wir kennen die 7 Hauptchakras mit dem Entwicklungsrhythmus von jeweils 7 Jahren, 7 Halswirbel, 7 Meere, 7 Wochentage und 7 Weltwunder und dergleichen. Die Sieben steht über der Polarität der Welt, obwohl sie daraus hervorgegangen ist und wird daher die göttliche Zahl genannt. Sie spielt in der Symbolik der Religionen eine bedeutungsvolle Rolle. So gibt es da die 7 Sakramente, 7 Tugenden, 7 Schöpfungstage, die 7 Stockwerke des Tempels von Babylon und in der Offenbarung wird die Sieben genau vierzehn Mal (2x7) angeführt: 7 Engel, 7 Siegel, 7 Gemeinden, 7 Geister, 7 goldene Leuchter, usw. Die 14 (2x7) ist ein Aspekt Jesus, und bezeichnet das Lehren durch Vorbild.

Wie wir aus dem vorherigen Beispiel des Tarot entnehmen, hat die Sieben eine die **Ein**igkeit herstellende Qualität, die uns Freude bringt. Wir erleben sie in den Kindern, aber auch dann, wenn wir Wollen und Können vereint haben. Wenn uns etwas gut gelungen ist, erleichtert uns das und wir würden am liebsten die Welt umarmen. Zuviel Euphorie könnte uns aber aus der Balance bringen und in ein Loch stürzen lassen. Die Energie der Sieben hilft uns, die nächste Sache anzugehen, uns auf etwas Neues einzulassen oder überhaupt wieder neu anzufangen, wenn wir uns gerade in einem Tief befinden. Sie lehrt uns den Unterschied zwischen dem Leichtsinn und der Leichtigkeit des Seins.

Wir können die Sieben ihrem Prinzip nach nun gut mit der Bezeichnung „KINDER“ im Ba gua in Beziehung bringen, nämlich mit Vertrauen, Offenheit, Unschuld, Mut, Begeisterung, etc. Auch heißt es immer, die Jugend habe ein Recht darauf, Fehler zu machen. Das sollten wir uns ein ganzes Leben lang zugestehen.

Auch mit der Himmelsrichtung WESTEN, die im Tageszyklus dem Abend entspricht und dafür steht, was wir aus dem Tag (Jahr) gemacht haben. Am Abend wird uns der Begriff Zeit bewusst, in der Quantität, als auch Qualität. Hier verschwindet die Sonne nach des Tages Reise hinter dem Horizont und lässt alles hinter sich. Wir schließen den Tag mehr oder weniger erfolgreich ab, reihen ihn an die vorherigen und beginnen morgen von neuem. Analog dazu wird der Westen dem HERBST zugeordnet, wo eine aktive Phase zu Ende geht, wir ihre Früchte ernten und gleichzeitig neue Samen säen, und wo eine neue Qualität im Jahreszyklus beginnt. Es geht auf den Winter zu, einer Zeit der Besinnung und Mystik. Jetzt werden unsere Qualitäten von Vertrauen und Zuversicht angesprochen, denn der Winter ist oft lang und beschwerlich, aber er enthält auch die Gewissheit, dass ihm unweigerlich der Frühling folgt.

Hast du in deiner Wohnung zum Beispiel dein Arbeitszimmer in diesem Bereich, macht dir deine Arbeit bestimmt Spaß. Oder du kommst gerade drauf, dass dem nicht so ist und bist dabei in ihr mehr Freude zu suchen/finden, oder eben in einer neuen Arbeit. Hast du das Schlafzimmer in dem Bereich, deutet es darauf hin, dass es um die Freude in der Erfüllung der Zweisamkeit geht, was oft mit einem Kinderwunsch einhergeht. Es könnte aber auch sein, dass eigene kindliche Vorstellungen (Vater- oder Mutterkomplex) in der Partnerschaft kompensiert werden. Ich halte meine Interpretationen absichtlich sehr kurz, um deine eigenen nicht einzuschränken, sondern anzuregen.

Jeder Mensch versucht sein Bestes zu geben. Wir können gar nicht anders. Das Prinzip der Sieben, auch Gnade genannt, gibt uns immer die Zeit und die Möglichkeit der Korrektur. Anders formuliert: Die Fünf zwingt uns zu Eigenverantwortung und wir haben grundsätzlich zwei mögliche Richtungen der Entscheidung, die Sechs lässt uns das erleben und die Sieben korrigieren.

Acht – Persönlichkeitsentwicklung

Die **Acht**, sie steht auf der unteren Zeile im linken Quadrat und im **Nordosten**, dem Winterende bzw. **Frühlingsanfang** und im Ba gua im Bereich **Lernen**.

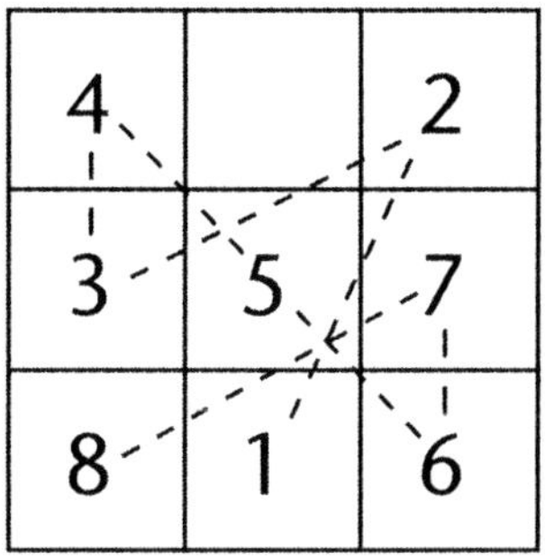

Analoge Symbolik und Deutung

„Wie die Sieben gehört auch die ACHT nicht zur Welt der Erscheinungen, sondern ist immaterieller Natur. Wirkte die Sieben nach außen bzw. nach unten schöpferisch in die Welt zurück, um die Einheit zu manifestieren, so ist es mit der Acht umgekehrt, sie wirkt nach innen bzw. oben. Sie vertreten beide ein dynamisches Prinzip, nur ihre Wirkrichtungen unterscheiden sich. Die innere Gerichtetheit (nach oben) ist schon in jeder Materie vorhanden, wenn auch noch nicht offenbart. Dieses zu erkennen und sich dem Gesetz zu unterstellen, d.h. sein Erfüller zu werden, ist die Aufgabe des Menschen".

„Die Körperlichkeit dient schlussendlich „nur" der Entwicklung der Seele und hat sonst keinen Sinn. Der Mensch, der in seinen Handlungen dieses, das Ganze be**achtet**, bringt die vorher noch unoffenbarte Gerichtetheit (Sinn) des Materiellen ans Tageslicht. Er übt **Macht** aus. Sie wird von der Materie, ihrer Gerichtetheit wegen, ohnehin ausgeübt. Bei der Acht geht es deshalb um die bewusste Ausübung der Macht. Ausschlaggebend dabei ist, die Richtung, nämlich die der Acht innewohnenden Lichtorientierung, zu beachten."

Zur Acht (Macht) gehört auch die Abgrenzung. Sie ist keine Angelegenheit der anderen, sondern eine Frage der Selbstwahrnehmung und Selbst(be)achtung, wie auch der Achtung vor dem Sosein des anderen. Wir erleben den ganzen Tag irgendwelche Ereignisse, die uns mehr oder weniger angenehm oder unangenehm berühren. Es ist müßig darüber nachzugrübeln, warum wir ein bestimmtes Schicksal erleiden müssen, oder andere Menschen uns „das antun". Je mehr wir gedanklich der Sache nachhängen, desto mehr entfernen wir uns von uns und geben dadurch an den Verursacher Macht ab. Lenken wir jedoch die Aufmerksamkeit auf uns selbst und darauf, was das Ereignis bewirkt hat, erfahren wir schnell, was uns das verursachte Gefühl zu sagen hat und wir können das Ereignis selbst vergessen. Jedes Ereignis beinhaltet Information. Verursacht es Wut oder Schmerz, könnte man sich fragen, wo genau auf der körperlichen Ebene er spürbar ist: In der Bauchgegend oder eher im Herzen, Hals oder Kopf oder Rücken, etc.? Löst etwas Angst aus, dann lähmt sie das Herz oder presst den Brustkorb oder kribbelt im Bauch. Angst und Schuldgefühle können bedrückend im Magen liegen. Die Be**achtung** dessen was **ist**, löst solche Gefühle oft schon von alleine auf. Zumindest lassen sie auf die Art unserer Resonanz schließen und es wird uns dadurch möglich, mit der Sache konstruktiv umzugehen. Schlussendlich beruhen alle unguten Gefühle auf Angst. Im Gegensatz zur Urangst der Eins, bezieht sich diese Angst eher auf die persönliche, existenzielle Ebene. Wir könnten uns fragen, was genau uns Angst macht und kommen vielleicht drauf, dass diese Angst unnötig ist. Dadurch werden wir in unserer Gemütsverfassung immer unabhängiger von äußeren Einwirkungen und erreichen auf natürliche Weise Abgrenzung. Einfach deswegen, weil wir damit Resonanzen in uns auflösen und solche Ereignisse immer weniger anziehen. Die Entscheidung trifft jeder selbst. Das ist zum Beispiel einer der Aspekte der Macht.

„Die Acht ist das Ziel der Zweiheit und endet da. Sie ist eine Verfeinerung. Die Veränderung über die Fünf betrifft nicht das Wesen der Polarität, sondern nur ihren Grad der Feinstofflichkeit. Was vorher sichtbar konkret war, wird nun geistig konkret und äußert sich in unserer inneren Haltung. Was vorher die materielle Basis des Menschen war, wird nun eine seelisch-geistige Basis. Die Manifestation, Stabilität und Fixierung ist nun auf das Geistige bezogen."

Die ursprünglich grobstoffliche Verdichtung, die bei der Vier zu konkreter Manifestation führte, wird auf dem Weg der Wandlungen zur inneren, geistigen Konzentration. Diese geistige Fixierung erleben wir zwar oft als Fehlentwicklung (Machtmissbrauch), aber nur dann, wenn sie auf die Zweiheit (Getrenntheit), anstatt auf die ihr zugrundeliegende Einheit gerichtet wird. Mit der Acht muss man verstehen lernen, wie Stabilität (Festigkeit) und Wandel (Funktion) in Verbindung stehen. Erst durch innere Festigkeit und Stärke kann man die äußere Form wechseln, ohne sich zu verlieren.

Richtungsweisende Orakel, die dieses Prinzip vertreten, sind zum Beispiel das I-Ging oder das germanische Runenalphabet. Beide bauen auf der Acht auf und nennen sich Weisungen der Wandlungsfähigkeit, die zum Beispiel auch in der Form des Achtecks ausgedrückt wird. Das Achteck ist der Übergang vom Quadrat zum Kreis und steht damit als Mittler zwischen der göttlichen und der irdischen Ebene.

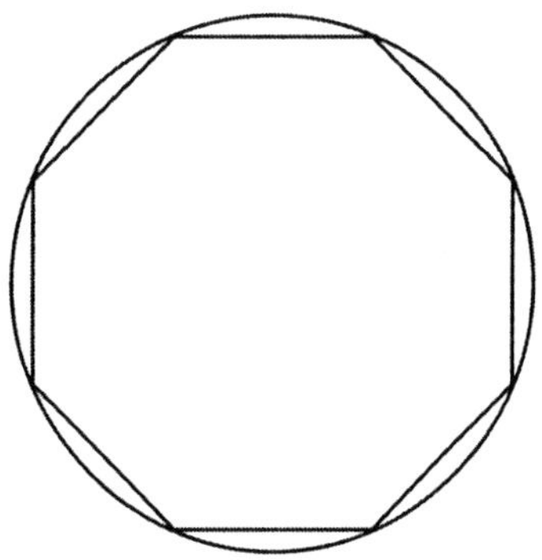

Bei Dan Millman betrifft das sinnigerweise die Lebensthemen Überfluß und Macht.

Im Tarot ist die achte Karte die Gerechtigkeit, archetypisch der Richter. Er hält in seiner rechten Hand das Schwert (männliches Symbol) und in seiner linken die Waage (weibliches Symbol). Das Schwert wird weder zum Angriff noch zur Verteidigung gehalten, sondern dient zur Unterscheidung und steht für Ent-scheidung, das heißt, die Scheidung (Trennung) aufheben und Ursache und Wirkung nicht mehr getrennt sehen. Das Paradoxon hebt sich auf.

Damit wird angedeutet, dass Recht und Rechtssprechung kein allein formal logischer Vorgang sind, sondern gleichfalls eines guten Gespürs bedürfen. Gerechtigkeit als Prinzip erfahren wir auch durch das Karma. Es besagt, dass wir erleben, was wir ausgesendet und verursacht haben, was in der liegenden Acht, der Lemniskate symbolisch zum Ausdruck kommt. Die Waage ist das Symbol des Ausgleichs und der Gerechtigkeit (Justitia). Die Acht kann in zwei gleiche ganze Zahlen (4) geteilt werden, die weitergeteilt, wiederum zwei gleiche Zahlen (2) ergeben.

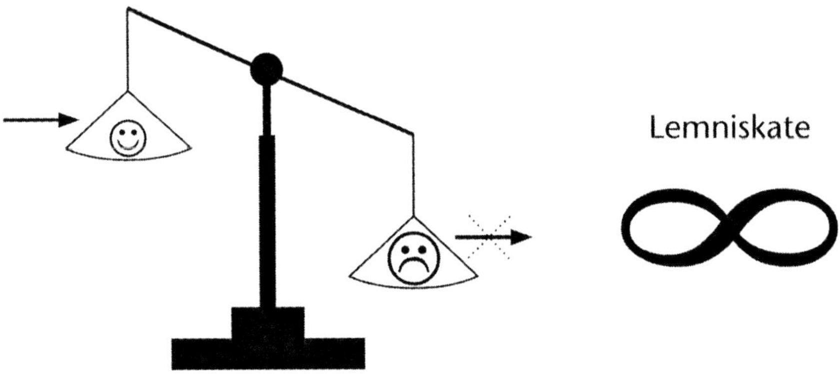

Nach der AuraSoma Farbenlehre hat die Acht die Farben Gelb und Blau, die zusammen Grün ergeben und die Weisheit durch Kommunikation mit dem Inneren bezeichnen. Hier wird auf die spirituelle Qualität der Acht hingewiesen: Wenn wir unterscheiden (Gelb) ohne zu urteilen (Grün), bringen wir Frieden (Blau) in die Welt. Dann gehen wir im „erlösten" Sinn mit Macht um. Mit der Erkenntnis der Acht sind wir leidvollem Karma nicht mehr hilflos ausgesetzt, sondern können es Hier und Jetzt durch Einsicht wandeln. Es ist kein Zufall, dass wir die Erde als den blauen Planeten bezeichnen. Ich erinnere an den berühmten Ausruf von Nil Armstrong: „Die Erde ist ja tatsächlich blau ...". In okkulten Wissenschaften wird sie der Lernplanet für Frieden genannt. Die Acht ist das Prinzip der Macht. Wir können Frieden machen oder Krieg, das entscheiden wir mit der Fünf. Die Tatsache, dass wir aber dauernd Kriege erleben, mag ein Hinweis sein, wo wir in unserer Entwicklung stehen.

Das Ba gua LERNEN steht denn auch für Persönlichkeitsentwicklung und Macht. Hier kommt innere Entwicklung zum Ausdruck, wie im

FRÜHLING, wenn alles zu sprießen beginnt. Der Frühlingsbeginn hat Macht, er schmilzt den Schnee des Winters, ohne Macht gewaltsam auszuüben. Das ist die Qualität des Nordostens: Bestimmtheit, Sanftheit, Klarheit und Licht, als Boten des neuen Morgens. Astrologisch die Venus des Morgens, die im Zeichen des Stiers steht.

Die Acht im Bereich Lernen des Ba gua zeigt also, dass es hier um die Persönlichkeitsentwicklung geht. Sehr oft leben wir das beruflich als Lehrende. Es gilt auch als „günstig", wenn sich hier das Zimmer Jugendlicher befindet. Aber genauso könntest du das Schlafzimmer hier haben oder die Küche, etc. Dann spielt dieses Thema in der Partnerschaft eine große Rolle und das Kreativ-versorgende würde bedeuten: Learning by doing und du lernst in dieser Lebensphase nicht aus Büchern, sondern sollst Wissen umsetzen.

Neun – Erfolg

Die **Neun**, sie steht auf der oberen Zeile im mittleren Quadrat. Ihr ist der **Süden** und der **Sommer**, im Oktagramm der Bereich **Erfolg** zugeordnet.

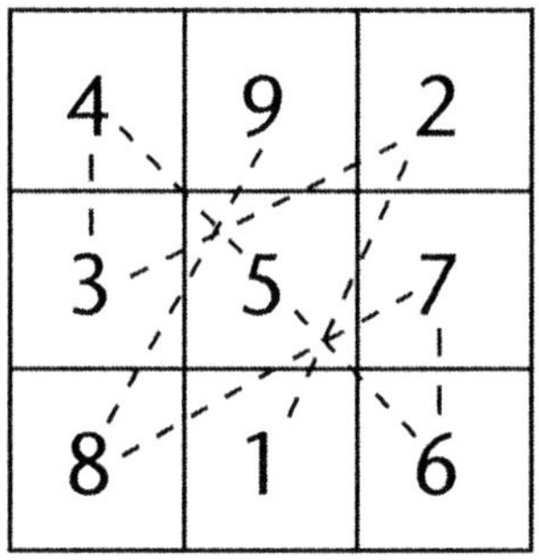

Analoge Symbolik und Deutung

Die NEUN steht für das Ende und zugleich für Neuanfang. Alle Entwicklungsstufen, von der Eins bis zur Neun mit dem Ziel der Mündung in die Zehn, sind in ihr enthalten.

So wie der Norden für den Eingang und Anfang steht, steht der SÜDEN, ihm gegenüber, für Ausgang und Ende, in ewiger Wiederholung. Im Tageszyklus stellen diese Qualitäten der Osten und der Westen dar. Im Lebenszyklus sind es der Norden und der Süden. Im Tageszyklus erfahren wir den Wechsel von Morgen und Abend (3 + 7 = 10) als Teil des übergeordneten Lebenszyklus (1 + 9 = 10) von Geburt und Tod. Sie sind im Prinzip das gleiche. Haben wir mit der Fünf verstanden, dass wir einen Körper **haben** - der vergeht, wie bei der Vier besprochen -, aber nicht der Körper **sind**, dann macht uns der Wechsel von der Grobstofflichkeit zur Feinstofflichkeit - d e m Ende, das wir als Tod bezeichnen - keine Angst. Dass dem bei den meisten Menschen nicht so ist, ist ganz natürlich, weil die Feinstofflichkeit für uns nicht begreif-bar ist und wir sie uns nicht vorstellen können. Das ist übrigens umgekehrt genau so, wenn wir Inkarnieren, doch daran können wir uns nicht mehr erinnern.

„Jedes Ende ist zugleich der Anfang von etwas Neuem und bringt das Erfahrene in das Neue mit ein - so wie die Neun in die Zehn mündet, der Eins mit Null, die alles vorherige enthält und damit den weiteren Verlauf bestimmt oder die Blüte, die in die Frucht hineinstirbt.

Je nach Bewusstheit erlebt man die Neun als positiv, wenn eine Gefangenschaft oder Leidphase zu Ende geht, oder als bedrohlich, wenn man an alten, überholten Formen festhalten will. Das Ausgleichen der Widersprüche steht aber immer unter der Priorität der Fortentwicklung, Addition und Bejahung."

Stelzner schreibt weiter dazu: „ Die Neun sollte eigentlich im Anschluß an die Eins besprochen werden, wegen ihrer beider Sonderstellungen. Beide rahmen das Zahlensystem ein wie zwei Klammern der Erscheinungsformen. Anfang und Ende sind die beiden Seiten ein und derselben Sache. Zwischen ihnen spielt sich das Leben ab. Sie sind das A (Alpha) und O (Omega) der Welt."

Wo wir vorher die Eins (Karriere) nur als Energie erfuhren, wurde nun bei der Neun (Erfolg) der Sinn der Energie im Ausgleichen von Spannungen durch Zusammenführen und Einheitsfindung offensichtlich.

„Damit ist Energie nicht bloß Energie. Ihr ist ein tiefer zu enthüllender und nachzuvollziehender Sinn innewohnend. Die Neun ist demnach die Eins plus Dimension. Nach Durchlaufen des Zyklus 1-9 finden wir zur Urenergie (Gott/10) zurück. Aber auf einer höheren Ebene, eben angereichert mit Erfahrungen. Es ist ein scheinbar banales Grundgesetz, das Gesetz der Addition: Alles Folgende ist das Ergebnis des Vorhergehenden, und das Vorhergehende ist in seiner Gänzlichkeit im Folgenden enthalten. Es geht in seiner Essenz also nicht verloren. Der Baum enthält den Samen latent in sich. Auch wenn ein Phänomen äußerlich etwas ganz anderes darstellt als sein Vorgänger bzw. seine Eltern, so sind in ihm die Eltern in ihrer Ganzheit enthalten."

Insofern gehört zur Neun nicht nur der Tod, sondern auch die Verbindung mit den Verstorbenen. Manche Völker sind sich dessen noch bewusst und praktizieren ihren Ahnenkult in traditionellen Ritualen.

In unserer modernen Gesellschaft haben wir vielfach den Bezug zu unseren Vorfahren verloren. Erst mit Bert Hellinger´s[7] systemischen Familienaufstellen bekommt dieses Thema wieder Bedeutung, da wir in einer solchen Aufstellung die enge Beziehung zu unseren Ahnen definitiv erfahren können. Das bewirkt einerseits großen Respekt und Dankbarkeit, weil jede Generation vor uns das ihre zur Weiterentwicklung beigetragen hat, und anderseits verursacht es unbewusst Angst vor den Auswirkungen der Dinge, die nicht erlöst worden sind. Es nimmt daher nicht Wunder, dass in vielen Kulturen der Ahnenkult eine große Rolle spielt. Mit den verschiedensten Ritualen und Begräbniszeremonien will man daher die Geister der Ahnen gnädig stimmen, auf dass sie einen in Ruhe lassen. Erst heute lernen wir bewusster damit umzugehen. Dazu ist das Familienaufstellen nach Bert Helliger eine gute Erfahrungsmöglichkeit.

In okkulter Literatur wird beschrieben, dass wir uns als Seelengruppe inkarnieren, die gemeinsam an vorbestimmten Lernthemen arbeitet. Dies macht jede Schuldzuweisung überflüssig. Zwangsläufig werden wir auf uns selbst geworfen und müssen einlösen, wozu wir uns als Seele bereit erklärt haben. Was immer wir sowohl gemeinsam als auch individuell erfahren mögen, es dient der persönlichen Weiterentwicklung ebenso, wie der Weiterentwicklung der gesamten Gruppe, im weiteren Sinne der eines Volkes und letztlich der gesamten Menschheit. Schuldzuweisungen an vorangegangene Generationen sind dabei nicht die Lösung, wenn man bedenkt, dass wir Leid nur erleben, um zu lernen zu verstehen, zu lieben und zu verzeihen.

Nicht umsonst ist der Umgang mit dem Karma von Angst beherrscht, wird es doch mit Recht als unausweichliches Schicksal gesehen. Die Qualität der neuen Zeit und der damit verbundene Quantensprung unseres Bewusstseins machen es erst möglich, dass der Mensch bewusst diese Dinge auflöst und alle möglichen Hilfen dazu erhält. Das dunkle Zeitalter neigt sich seinem Ende zu. Von nun an geht´s bergauf. Alles wird heller und freundlicher - auch in unseren Wohnungen. Für mich ist spirituelles Feng-Shui eine sehr praktikable Unterstützung auf dem Weg

[7] Bert Hellinger: Anerkennen was ist, München 1996

in diese Richtung, weil wir damit lernen können unsere Entwicklung bewusst zu steuern.

Viel mehr als wir denken, gehen die unterschiedlichen Seinsebenen ineinander über. Weil uns das nicht bewusst ist und wir uns - meist aus Angst - allzu sehr auf die Wahrnehmung unserer derzeitigen Bewusstseinsebene begrenzen, werden wir von Wesenheiten aus anderen Dimensionen behandelt. Natürlich müssen wir uns abgrenzen, aber ohne andere Realitäten zu negieren. Abgrenzen können wir uns ja erst dann, wenn wir wissen wovon. Dabei ist es hilfreich, wenn man sich die eigenen Schatten vornimmt. Mit deren Auflösung ergeben sich auch hier die Grenzen von selbst.

Jedem Geschehen wohnt eine Wandlung inne, die unserer Entwicklung dient. Haben wir sie verinnerlicht, können wir die äußeren Ereignisse gehen lassen, um offen zu sein für Neues. Ihr Sinn ist erfüllt und etwas ist beendet. Wenn wir ein bestimmtes leidvolles Ereignis nicht loslassen können, weil wir nicht verzeihen können, haben wir keine Erkenntnis daraus gezogen. Und wenn wir diesen Zustand des „Nicht-verarbeitet-haben“ auch noch in einem Denkmal als Mahnmal manifestieren, bleibt es dabei. Der Schmerz lässt uns nicht los, denn er will umgewandelt werden. Die Neun, das Feuer, der Süden, steht also für Beenden und Gehen-lassen. Das ist ohne Verzeihung nicht wirklich möglich. Dem Prinzip des Loslassens wird übrigens das Element Feuer zugeordnet und das steht für die Liebesfähigkeit. Im Zyklus der Fünf-Elementelehre beschrieben als Feuer, welches Holz zu sauberer Erde (Asche) verbrennt. In östlichen Traditionen spricht man von der „sauberen“ Asche oder es wird „Asche auf das Haupt gestreut“ und soll auf diese Weise symbolisch reinigen. In der christlichen Religion übernimmt diese Aufgabe das Fegefeuer. Biologisch betrachtet ist Asche praktisch keimfrei. Leichen zu verbrennen entspricht ebenfalls diesem Prinzip und ist zudem hygienischer, als sie im Boden verfaulen zu lassen.

Im Tarot ist es der Eremit, der weise alte Mann, welcher der Neun zugeschrieben wird. Seine Qualität ist Selbsterkenntnis, Weisheit, Erleuchtung, Klugheit. Seine Botschaft: Das Bergwerk ist immer größer als der Edelstein. Es ist leichter, ein großartiger und verehrter Guru zu sein als ein fröhlicher und zufriedener Straßenfeger. Das Ziel ist Zufriedenheit,

Unterwegssein und lernen allein zu sein. Äußere Ruhe, Rückzug und Introvertiertheit gelten als Voraussetzung, um sich auf Wesentliches zu konzentrieren und die eigenen Prioritäten herauszukristallisieren.

Die Erkenntnis: Die wichtigsten Dinge muss jeder für sich selbst tun.

Obwohl eigentlich der Norden für Rückzug und Ruhe steht und der SÜDEN für nach außen gehen und Ausdruck, so ist mit dem Sinnbild des Eremiten gemeint, Äußerliches hinter sich zu lassen, und bedeutet die Offenbarung seiner selbst.

„Das Ziel des individuellen Menschen ist seine errungene Wahrhaftigkeit, die Identität von innen und außen, von Körper und Seele, Inhalt und Form. Wer diese, seine Uridentität, gefunden hat, wird durch Äußerlichkeiten nicht mehr verfälscht werden können. Die Offenbarung seiner selbst ist der Dimensionsgewinn“, schreibt Stelzner.

Und weiter: „Die Mathematik verrät das gleiche Geheimnis auf ihre Art. Addiert man zu irgendeiner Zahl, die ja selbst durch theosophische Reduktion auf eine der neun Zahlenarchetypen zurückgeführt werden kann, die Neun, so ergibt sich immer wieder der gleiche, unveränderte Archetypenwert“.

12 (=3) + 9 = 21 (=3)
25 (=7) + 9 = 34 (=7)
42 (=6) + 9 = 51 (=6)
etc.

Nach der AuraSoma Farbenlehre erhält die Neun die Farben Türkis und Grün. Ihre Botschaft ist das transzendierte Herz, das emotionale und spirituelle Wachstum. Das Rot, welches im Oktagramm den Bereich Süden und den Erfolg repräsentiert, ist die Komplementärfarbe zu Grün. Solange wir Rot sehen, haben wir also nichts begriffen. Türkis, die Mischung von Grün und Blau, steht für Liebe und Frieden.

Dan Millman beschreibt die Aufgabe der Lebenszahl Neun ebenfalls mit Integrität und Weisheit.

Wir haben in unseren Wohnungen sehr oft das Wohnzimmer im Bereich Erfolg. Das Wohnzimmer ist der Raum für das gesellige Zusammensein in der Familie bzw. mit Gästen. Da wir Erfolg mit gesellschaftlichem Ansehen definieren, ist das Wohnzimmer meist auch repräsentativ eingerichtet und wir geben ihm den größten Raum, d.h. diesem Anliegen die größte Bedeutung. Doch oft war früher, in gutbürgerlichen Familien, das Wohnzimmer den Kindern nicht zugänglich. Diese Zeiten sind wohl vorbei. Auch kollektives Denken wandelt sich. Heute spielt sich meist das Familienleben darin ab. Die neuen Einstellungen zu Familie und Gesellschaft zeigen sich in unserem Wohnverhalten.

Hast du zum Beispiel das Wohnzimmer im Bereich Erfolg als Arbeitszimmer umfunktioniert, lebst du dieses Thema mit deiner Arbeit, vielleicht über den Computer, mit dem du nach außen wirkst und Verbindung hast zur Welt der anderen oder wo du deine reale Welt hinter dir lässt und in eine andere, virtuelle Welt eintauchst.

Die Räumlichkeiten in diesem Bereich geben jedenfalls Aufschluss, wie wir von anderen gesehen werden, oder auch, wie wir gesehen werden wollen. Aber sie repräsentieren vor allem das Prinzip der Neun und spiegeln daher sehr deutlich, wie wir mit dem Leben als solches umgehen.

Die Beschreibung der Zahlenqualitäten bereichern nicht nur das Verständnis der einzelnen Ba gua, sondern erklären in ihrer Reihenfolge das Magischen Quadrat im Sinne der Entwicklung des Menschen. Als Lebensbereich im Oktagramm steht symbolisch:

Karriere für den Beginn, ein Ziel haben, Sinnfindung (1),
Partnerschaft für Polarität, Getrenntheit, Unterscheidungsvermögen (2),
Familie für das die Verbundenheit herstellende Prinzip (3),

Reichtum für die Manifestation, umschlossenen Raum, Ordnung, Gesetz, Harmonie (4),
Zentrum für den Menschen als individuelle, schöpferische Bewusstseinsform (5),
Hilfreiche Menschen für Gegensatzvereinigung, Austausch, Kommunikation, Handel (6),

Kinder für die Verwirklichung von Ideen, entspricht der Wirkrichtung geistiger Energie von oben nach unten, Kreativität und Freude (7),
Lernen für Persönlichkeitsentwicklung, entspricht der Wirkrichtung materieller Energie von unten nach oben, geistige Orientierung, innere Kraft und Geschlossenheit (8),
Erfolg für das Stirb- und Werdeprinzip als zyklische Transformation auf die nächsthöhere Ebene, es wird der Sinn von Energie offenbar (9).

Die Fünfzehn – das Ziel

Wir haben uns nun die neun Bereiche (Archetypen) des Oktagramms erarbeitet. Die Anordnung der Lebensbereiche zeigt die Entwicklung des Menschen in einer bestimmten Sequenz der uns übergeordneten Zeitqualität. Es gibt mehrere magische Quadrate, aber mit den Grundzahlen 1-9 nur dieses eine.

Spätestens bei der Sieben wird uns verständlich, warum die Zuordnungen der Yin- oder Yang-Qualitäten oft so unterschiedlich ausfallen. Bei jedem Ebenenwechsel erfolgt eine Umkehrung und so kommt es immer darauf an, von welchem Standpunkt aus wir eine Sache oder ein Ereignis betrachten und in welchem Zusammenhang. Ihre Definition über das Geschlecht ist zwar anschaulich, birgt aber die Gefahr der Fixierung in sich. Kein Mann könnte ohne weibliche Qualitäten auskommen, wie keine Frau ohne die männlichen auskommt, aber sie leben sie unterschiedlich. Darüber hinaus sind die Begriffe je nach Bewusstseinsstand und moralischem Empfinden wertend besetzt. Wohin das führt, zeigt uns die Fünfzehn.

Vorausgesetzt, dass wir unter den vorhin beschriebenen Aspekten das Zentrum im Ba gua betrachten, sollte uns dessen Bedeutung und das Tao (der Weg) verständlicher werden und damit die dem magischen Quadrat innenliegende Information. Wenn wir nämlich die theosophische Addition, ein Verfahren, um den inneren Wert einer Zahlenqualität zu erfahren, bei der Fünfzahl anwenden, dann führt uns das zur Fünfzehn, den Additionssummen des Magischen Quadrats.

$$1+2+3+4+5 = 15 \ (1 - 5)$$

„Die Fünfzehn repräsentiert die religio (Rückverbindung) der Fünf. Sie weist uns den Weg von der Einheit (Gott) zur Fünfheit (Menschen), d.h. sie ist der Schritt von der Einheit zu der sich **bewusst** werdenden Einheit und ist die der Individuation inneliegende Aufforderung. Die Fünfzehn ist wiederum eine theosophische Sechs (1 + 5 = 6), das Ziel der Fünf. Diese Gewissheit entsteht nur über Erfahrung.“ Man könnte das Geheimnis des Magischen Quadrats vereinfacht auch so ausdrücken Das A und O liegt im Mut, das Leben zu leben. Es beinhaltet Aufgabe und Opfer zugleich, d.h. sich und das Leben so anzunehmen, wie es ist. Alles andere ergibt sich von selbst. Aber Mut brauchen wir, denn ständig müssen wir unsere Ängste besiegen. Dabei hilft uns der in uns leuchtende Funke, der göttliche Kern, die Liebe. Angst ist ihr Gegenpol. Wir erleben sie, wenn wir ein Defizit in der Wahrnehmung von Liebe haben.

Die nachfolgend zitierte Beschreibung der **Fünfzehn** im Tarot möge das verdeutlichen, denn hier wird sie als Teufel dargestellt. Wir wollen uns daher auch mit den Schattenseiten unseres Lebens beschäftigen. Es sind **nicht** die Schattenseiten der Zahlen oder Prinzipien, wie das oft gedeutet wird, sondern es sind dies die Schattenseiten unserer Sichtweise.

Das im Tarot überlieferte Bild des Teufels, der diese Schattenseiten repräsentiert (wie mit der Fünf schon angedeutet), stammt aus einer Weltsicht, die wir heute belächeln oder angesichts ihrer üblen Auswirkungen verurteilen. Archetypisch stellt das Bild des Teufels die Angst dar (das Böse) und das Gefangensein in ihr. Die Angst ist nicht das Böse selbst, aber verursacht es im Sinne von Leid. Wir freuen uns ja auch nicht über die Angst, sondern leiden unter ihr. Je mehr wir innerlich darunter leiden, desto mehr verursachen wir Leid im Außen und die Angst wird uns leibhaftig begegnen. Das heißt: Wir müssen uns ihr stellen.

Gefühle sind nicht rational und daher mit dem Verstand nicht begreifbar. Da Frauen geschlechtlich dieses Prinzip vertreten, wurde der Teufel im Mittelalter als weibliches Wesen dargestellt. Man wollte das Böse besiegen, indem man die Frauen (Hexen) haufenweise verbrannte. Aus ähnlichem Grund werden Frauen zum Teil heute noch weggesperrt, verhüllt und von der Gesellschaft der Männer ausgeschlossen. Man(n) will sich nicht mit seinen Gefühlen auseinandersetzen und sie konstruktiv leben, sondern versucht sie durch Aggressionen jeder Art loszuwerden oder zu verdrängen.

Jedenfalls heizte man(n) mit der Erfindung des Teufels der Angst erst richtig ein. Damit gemeint war eigentlich das weibliche Prinzip, die nicht greifbare, erklärbare Wesenheit des Menschen, die der Ratio zuwiderlief. Im Grunde tun wir das heute noch, wenn wir Gefühle wie Haß, Neid, Gier, etc. verteufeln oder umgekehrt, Liebe erzwingen wollen (Ego), in „Liebe“ abhängig werden, in Leidenschaften und schicksalhaften Verstrickungen gefangen sind, uns selbst oder andere zerstören, oder Oberflächlichkeit und Trägheit unser Dasein bestimmen. Obwohl durch uns selbst bedingt und hervorgerufen, verleitet uns die überwiegend nach außen gerichtete Aufmerksamkeit zu meinen, dass alles Üble außerhalb von uns liegt und sehen es nur bei den anderen. Es ist aber unser eigener Schatten, und auch der kollektive Schatten unserer Gesellschaft, dem wir außerhalb begegnen.

Richten wir unsere Aufmerksamkeit nach innen, erkennen wir, dass es unmöglich ist, das Licht richtig zu würdigen, ohne das Dunkle zu kennen, weil das das Gesetz der Polarität ist. Es nützt kein Sträuben, da müssen wir alle durch. Man könnte sagen, wir sind zur Freiheit verdammt. Da wir in die Menschen nicht hineinschauen können, mögen wir uns grundsätzlich hüten den ersten Stein zu werfen. Er wirft uns selbst einige Schritte zurück.

Nach der Chakren-Farbenlehre erhält die **Fünf** die Farbe Gelb und Rot, welche Sonnenaufgang und Sonnenuntergang repräsentieren und vermischt Orange (6) ergeben. Das ist die Farbe des Sexualchakras. Die Fünfzehn ist in ihrer Urqualität eigentlich eine **Sechs**. Orange steht für Lebensfreude und ist die Farbe, die uns hilft Ängste, Schocks und Traumata aufzulösen. Die **Eins** ist Blau und Tiefmagenta, die uns helfen uns selbst gegenüber aufrichtiger zu werden und uns anzunehmen wie wir sind. Wenn wir sie vermischen entsteht Violett, die Farbe der Transformation. Die **Fünfzehn** mit den Farben Klar (wie sauberes Wasser) und Violett stehen für Heilung im Neuen Zeitalter. Beim Vermischen wird das Violett noch klarer, aber es ergibt sich keine neue Farbe.

Wie uns die Endsummen (15) im magischen Quadrat beweisen, ist es egal auf welchem Weg wir es durchschreiten, er bezieht zwangsläufig unsere Selbstwahrnehmung, die Fünf in der Mitte, mit ein. Dies ist nicht sofort ersichtlich, denn wenn wir das Quadrat in der aufsteigenden Reihefolge der Zahlen durchschreiten, geht die Zahlenfolge 1-2-3 und

7-8-9 scheinbar an der Mitte vorbei. Das scheint nur so, denn gemeinsam markieren sie die Mitte und grenzen sie ein und zwar so, dass die Quadrate 4-5-6 eine Sonderstellung bekommen.

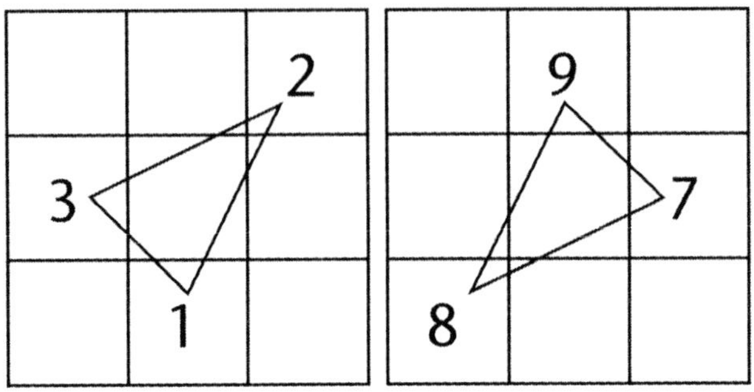

Sie bilden ein nach oben und ein nach unten führendes Dreieck.

Nur die Erlebnisebene 4-5-6 weist deutlicher darauf hin, dass der Weg der Erkenntnis nur über das Leben selbst führt.

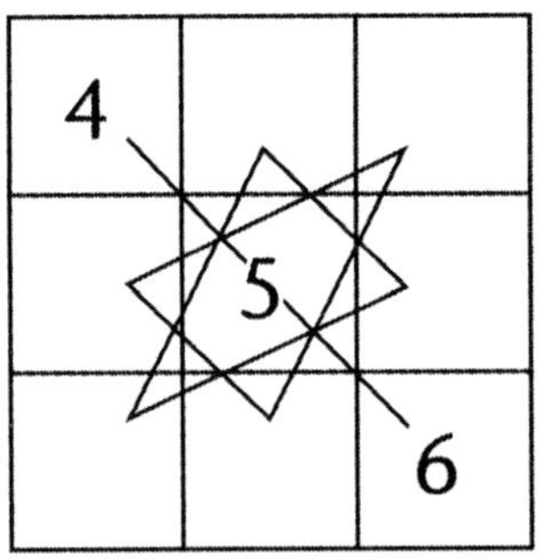

Dass der Weg immer über unsere Mitte führt, ist ebenfalls im Ba gua und im magischen Quadrat ersichtlich. Die beiden einander gegenüberliegenden Bereiche, die einander bedingen und kreieren, führen zwangsläufig immer über die Fünf in der Mitte und bilden dabei ein Kreuz.

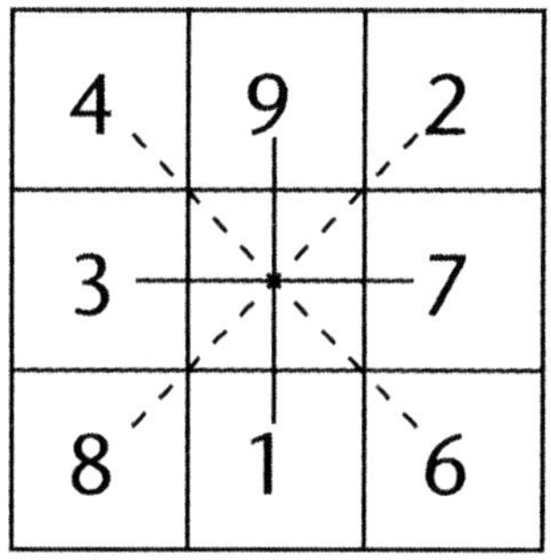

Karriere (1) und Erfolg (9), Familie (3) und Kinder (7) - senkrechte und waagrechte Linien, das irdische Kreuz genannt. Es bezeichnet mit den ungeraden Zahlen (1-9 und 3-7) Bereiche, welche uns am meisten beschäftigen. Diese Zahlen markieren gleichzeitig ein auf der Spitze stehendes Quadrat, eines, das als Weisung sozusagen von oben kommt. Es handelt sich um die dynamischen Zahlen der Funktion von Verbindungen. Sie unterteilen sich in diesem Zusammenhang in Yangzahlen (1 + 3) und Yinzahlen (7 + 9).

Wir kennen dieses Kreuz auch als Symbol der Analogie von Himmel und Erde oder Geist und Materie: Wie im Himmel (senkrechte Linie), also auch auf Erden (waagrechte Linie). In manchen alten Mysterienschulen durften nur die Erleuchteten, welche die Polarität gemeistert hatten, ihren Schlafplatz exakt N-S ausrichten. Sie beherrschten das Prinzip der Verbindung von Gegensätzlichkeiten. Auch die Pyramiden sind immer exakt N-S ausgerichtet und galten in allen Kulturen als die Tempel der Götter und der Vollkommenheit.

Um 45 Grad gedreht ergibt das Erdenkreuz das himmlische Kreuz, welches einem x gleicht.

Reichtum (4) und Hilfreiche Menschen (6), Persönlichkeitsentwicklung (8) und Partnerschaft (2) - diagonale Linien, das himmlische Kreuz genannt. Es bezeichnet mit den geraden Zahlen (4-6 und 2-8) Bereiche, welche uns inhaltlich in ihrer spirituellen Qualität weniger bewusst sind. Diese Zahlen markieren gleichzeitig ein liegendes Quadrat, die Basis, um unsere Aufgabe hier zu erfüllen. Es sind die Zahlen der Polarität.

Sie „tun“ nichts, bewirken aber etwas. Auch sie teilen sich in diesem Zusammenhang in Yinzahlen (2 + 4) und Yangzahlen (6 + 8).

Diese Achse bringt sich im Leben zum Ausdruck, wenn wir etwas ankreuzen, beispielsweise ein Zahl im Lotto, oder auskreuzen, wenn wir etwas ausschließen wollen.

In den Himmelsrichtungen drückt sich die „irdische“ Achse mit den ungeraden Zahlen konkret aus (N-S und O-W), die „himmlische“ Achse mit den geraden Zahlen eher ungenau (SO - NW und SW - NO).

Die Zwischen-Himmelsrichtungen stellen die Spannung zwischen den Polaritäten dar, aus der heraus Neues entsteht. Jahreszeitlich bezeichnen sie jeweils nicht nur das Ende der vorhergehenden Zeitqualität, sondern gleichzeitig den Anfang der neuen, haben also aufsteigende, als auch absteigende Qualität. Sie zeigen außerdem an, dass die Polarität im übergeordneten Sinn nur als ein „Zwischenstadium“ in unserem Lernprozess gesehen werden kann.

Die Fünf im Zentrum hat eine Sonderstellung. Sie ist zwar Mittelpunkt der quadratischen Betrachtung, aber nicht Bestandteil der beiden beschriebenen Quadrate. Erst bei der Verbindung der sich gegenüberliegenden Bereiche wird sie viermal durchkreuzt, was eine Achtteilung ergibt. Sie ist also von den acht Qualitäten betroffen und hat sie alle in sich. Archetypisch gehört die Fünf (der Mensch) zwar den neun Bereichen an, doch ist sie selbst kein Bestandteil im Sinne eines Prinzips. In der Archetypenlehre spricht man daher nicht von neun, sondern nur von acht Archetypen.

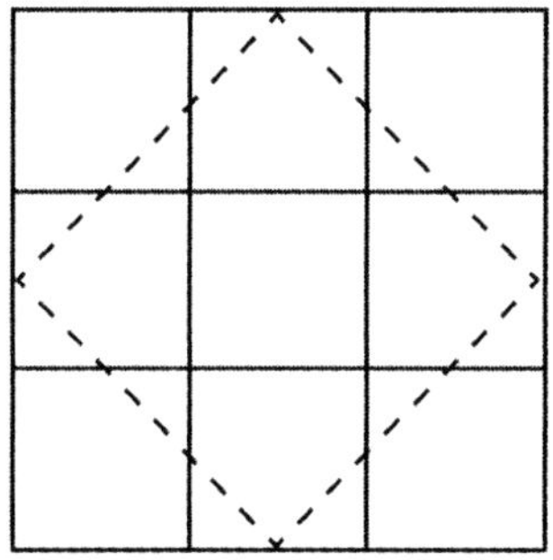

Geometrisch betrachtet ergeben die übereinander liegenden Quadrate einen Achtstern. Die Acht ergibt sich auch durch die 2 x 4-Teilung der Kreuze. Sie symbolisiert geistige Orientierung, innere Kraft und Entschlossenheit und steht daher für Macht. Sie lässt uns die Dinge wandeln. Im positiven Sinne erleben wir das, wenn wir in unserer Mitte sind. Im Spirituellen Feng-Shui arbeiten wir deshalb mit dem Oktagramm als Sinnbild für Wandlung.

Die Summe der Zahlen der beiden Quadrate sind gleich groß: 1+3+7+9 = 20 und 2+4+6+8 = 20. **Zwanzig** ist die mit Dimension (0) erfüllte Polarität (2) und steht für bedingungslose Annahme. Bei den Zahlen 2 und 3 haben wir den Sinn der Polarität in der Welt der Formen bereits besprochen. Da wir innerhalb der Materie die Pole nur einseitig sehen, geht uns der Überblick verloren. Auf der höheren Ebene der Zwanzig können wir diesen Überblick wieder bekommen. In der theosophischen Addition der Zwanzig

1+2+3+4+5+6+7+8+9+10+11+12+13+14+15+16+17+18+19+20 = 210

liegt diese Information verborgen, denn diese ergibt 210 (= 30). Das heißt, Zweiheit (2) und Einheit (1) in einem Zyklus (0) zu vereinen.

Die Farben der Zwanzig nach Aura Soma sind **Blau - Rosa**, das ergibt vermischt Violett. Dieses ist die Farbe unseres Chronenchakras. Im **Tarot** wird die 20 mit **Erlösung** bezeichnet. Die beiden Summen von 20 ergeben die 40 und alle zusammen (inklusive der 5 im Zentrum) die 45, die in der Reduktion wieder die 9 ergibt. Die Neun steht für Auflösung von Altem und trägt den Neubeginn in sich. Das heißt aber auch: Lass die

Vergangenheit los und wende dich der Zukunft zu. Oder umgekehrt: Du kannst dich nur der Zukunft zuwenden, wenn du die Vergangenheit los lässt. Immer geht es um das Annehmen - Loslassen und das Dazwischen. Die 40, wir kennen sie auch aus der Bibel (Jesus war 40 Tage in der Wüste), könnte man als die mit Bewusstheit erfüllte Einheit bezeichnen. Die theosophische Addition der 40 ergibt 820 = 100. Der Eremit, der sich in vollkommener Zurückgezogenheit auf sich selbst besinnt (9) und dadurch die nächste Entwicklungsstufe (10) einleitet, möge uns ein Hinweis sein, welche Absicht mit dem Ba gua im Feng-Shui verbunden ist. Nämlich die bewusste Auflösung alter Denkmuster, verhärteter Strukturen, Blockaden und Energieverluste durch Bewusstmachung derselben.

Der nächste Schritt in der Betrachtung deiner Wohnung gilt deshalb nicht nur ***einem*** *Bereich, sondern gleichzeitig immer auch dem ihm gegenüberliegenden. Hat jemand zum Beispiel Schwierigkeiten in der Partnerschaft, sehe er sich den Bereich Persönlichkeitsentwicklung an. Betrifft es die Kinder, dann ist der Bereich Familie dran, betreffen die Schwierigkeiten das Geld, dann kann der Bereich Hilfreiche Menschen viele Informationen liefern, hapert es am Erfolg, dann ist der Bereich Karriere auch sehr aufschlussreich und jeweils natürlich umgekehrt.*

Nun kannst du noch beobachten, wie deine Wohnung/Haus ausgerichtet ist. In welcher Himmelsrichtung befindet sich der Eingang, wohin orientiert sich die Aufteilung der Räumlichkeiten und welche liegen im Schattenbereich? Das gibt dir Auskunft, welche Themen im Bezug zur derzeitigen Lebenssituation eher unbewusst sind und von welchen „himmlischen" Qualitäten du bei ihrer Bewusstmachung unterstützt wirst (Lichteinfall). Die Schattenbereiche in der Wohnung sind die, an denen wir arbeiten sollen und wo wir im Leben meistens Schwierigkeiten haben. Manche Wohnungen haben kaum direkte Sonneneinstrahlung. Solche Menschen können das ausgleichen, indem sie sich viel im Freien aufhalten, wie z.B. die Naturvölker.

Die Ausrichtung, der Grundriss, die Sonnen- und Schattenseiten (Himmels-richtungen) und die Aufteilung der Räumlichkeiten lassen dich das Thema erkennen, an dem du arbeitest, so lange du in dieser Wohnung/Haus bist. Wie du damit umgehst, zeigt die Einrichtung, der Stil, die Farben und die Ordnung, die du darin hältst.

Die Erscheinung der Archetypen von 1-9 in unserer Welt wiederholen sich im Folgenden vom Prinzip her, bekommen aber mit der Null eine weitere Dimension der Entwicklung. Die Null steht vor der Eins und hat den höchsten „Wert", denn aus ihr ist mit der Eins die konkrete Welt hervorgegangen.

Die Null gab es in früheren Zahlensystemen nicht. Die Inder haben sie „erfunden". Von da kam sie über Persien zu den Arabern und über die Kreuzfahrer zu uns. Ohne sie gäbe es heute unsere Computertechnologie nicht. Die **Null** (das Numinose) gilt als das Nichts, die Raum- und Zeitlosigkeit und entzieht sich deshalb unserem Vorstellungsvermögen. Im strengen naturwissenschaftlichen Sinn gibt es das Nichts in der konkreten Welt der Polarität daher nicht. Die Null ist aber gleichzeitig nicht das Nichts, wenn wir sie als geschlossenen Kreis darstellen. Ein Kreis ist Dimension und beinhaltet daher Raum und Zeit, d.h. Kausalität. Wir versuchen mit ihm etwas einzugrenzen, um es benennen zu können, wissen aber nicht konkret was es ist. Wir wissen nur, dass **Es** irgendwie da ist. In der Mythologie wird die Null als die jenseitige Welt bezeichnet und hat den Zahlenwert 400. Mathematisch gesehen bezeichnet die Null aus sich selbst heraus nichts, erhöht aber jeden Zahlenwert (1-10-100-etc.). Vicky Wall (AuraSoma) bezeichnet die 0 als spirituelle Rückzentrierung und den vollständigen Kreis, aus dem alles kommt. Dan Millman schreibt ihr die inneren Gaben zu und zitiert: „Was wir sind, ist Gottes Geschenk an uns, was wir werden, ist unser Geschenk an Gott". Im Tarot wird die 0 mit dem Narr symbolisiert, dem Joker im Kartenspiel. Waite bezeichnet die Null als den Geist auf der Suche nach Erfahrung.

Unsere Archetypen bekommen mit der Null einen höheren Wert und das könnte man als Bewusstsein betrachten - das sich mehr oder weniger als Chaos äußert. Die Archetypen werden damit sozusagen lebendig und „menschlich". Die Zehn (1+0) ist der Anfang davon. 10 - 11 - 12 symbolisieren einen Quantensprung und heben unser Bewusstsein auf die spirituelle Ebene, die Bewusstheit der Verantwortlichkeit. Die Prinzipien wiederholen sich, aber jetzt geht es darum, wie wir sie persönlich umsetzen und leben. Abschließend möchte ich deshalb noch kurz auf die Zahlenfolge bis Fünfzehn eingehen. Die **Zehn** repräsentiert das Gesetz. In ihm ist Raum und Zeit enthalten. Der Zeitgeist und seine Bedingungen sind für den Menschen zwingend. Er hat nur die Wahl, die Herausforderung weise anzunehmen oder die Erfüllung des Gesetzes (zehn Gebote) als Leid und Schicksal zu erfahren. Die **Elf**, das Zwillingspaar, repräsentiert die Symmetrie und bewusste Schöpferkraft, die **Zwölf** das Verständnis von Hierarchie, das Verhältnis von Mensch zu Gott, die **Dreizehn** Verantwortung, die **Vierzehn** das Lehren durch Vorbild, und die **Fünfzehn** die Erfüllung der Einheit.

Die sogenannte Neue Zeit entspräche demnach vom Prinzip her (4. - 5. - 6. Dimension) den Bewusstseinsstufen der Zahlenqualitäten 13 (=4), 14 (=5), **15 (=6)**. Wie gesagt, Vicky Wall bezeichnet die Fünfzehn als **die Heilung im Neuen Zeitalter**.

In der Null liegt also der wesentliche Unterschied:

VERANTWORTUNG ohne Liebe macht rücksichtslos
FREUNDLICHKEIT ohne Liebe macht heuchlerisch
ERZIEHUNG ohne Liebe macht widerspruchsvoll
WAHRHEIT ohne Liebe macht kritiksüchtig
WISSEN ohne Liebe macht rechthaberisch
GERECHTIGKEIT ohne Liebe macht hart
PFLICHT ohne Liebe macht verdrießlich
KLUGHEIT ohne Liebe macht gerissen
ORDNUNG ohne Liebe macht kleinlich
MACHT ohne Liebe macht gewalttätig
EHRE ohne Liebe macht hochmütig
BESITZ ohne Liebe macht geizig
usw.

Spiritualität bezeichnet die ausdrückliche Selbstverantwortung in Rückkoppelung zu unserem göttlichen Kern, der Liebe. Sie ist ein transformierter Seins-Zustand innerer Freiheit, der sich im bewussten, eigenverantwortlichen, liebevollen Denken, Fühlen und Handeln des Ich-bin auf dieser Welt ausdrückt und zwar im ganz normalen Leben. Sie ist Ausdruck unserer Haltung und natürlichen Intelligenz und bezieht sich auf das Sein und nicht auf das Tun. Im Tun drückt sie sich nur aus.

So gesehen ist nicht ***das*** was wir tun spirituell, sondern wie wir etwas tun. Das heißt, mit welcher Haltung und Intension, eben mit welchem Bewusstsein wir das tun, was wir tun. Es ist nicht unbedingt gesichert, dass spirituelles Wissen zum Wohle anderer eingesetzt wird. Viele östliche Lehren assoziieren wir mit Spiritualität, eher seltener eine westliche. Vielleicht nur, weil sie sich Weisheitslehren nennen und lebensbezogener sind, während die Weisheiten unserer Kultur entstammender großer Denker eher abstrakt und theoretisch anmuten, weshalb wir nicht auf die Idee kommen, sie in unser Leben zu integrieren. Das wäre dann Spiritualität, nämlich spirituelles Wissen leben.

Machtgelüste, Kontrollbedürfnis, Ehrgeiz, Egoismus, Stolz, Gier, usw. sind sehr mächtige Gefühle. Sie resultieren aus der Angst, nicht gut genug zu sein, und entwickeln sich aus einem kollektiven Werteschema von Leistung und Erfolg, das vorgibt, wie der Mensch, respektive in seinem Geschlecht, zu sein hat, damit er geliebt und respektiert werden kann. Als Antrieb des Handelns sind sie aber wenig geeignet Vernünftiges hervor zu bringen. Spirituelle Qualitäten dagegen schon. Es sind dies Liebe, Wahrheit, Schönheit, Vertrauen, Harmonie, Frieden, Mitgefühl, Demut, Weisheit und Einheit.

Viele Ängste aus der Zeit der Macht der Kirchen haben wir heute abgestreift, viele wirken noch nach und neue Angstmacher kamen dazu. Doch nun kommt die Zeit, da der Mensch sich endgültig davon befreien und immer selbstverantwortlicher und glücklicher sein Leben gestalten wird. Wenn wir lernen uns selbst mehr zu vertrauen, dann kann jeder aus seiner gegebenen Lebenssituation das Beste machen und das wäre genug. In diesem Zusammenhang empfiehlt es sich die übernommenen Methoden und üblichen Interpretationen im Feng Shui zu überdenken. Das Ba gua verliert dadurch nicht seine Gültigkeit, es erweitert sich nur unsere Betrachtungsweise.

Das Oktagramm mit den Ba gua, und auch das Magische Quadrat sind strukturierte, also nachvollziehbare Orientierungshilfen. Bleibt die Frage wie man auf die Idee gekommen ist, sie auf das Bauen und Wohnen zu übertragen. Es ist ähnlich wie beim Goldenen Schnitt. Man kannte ihn bereits in der Formenlehre der Antike. Die Griechen entdeckten seine besondere Bedeutung in den Proportionen des menschlichen Körpers. Sie übertrugen das harmonische Größenverhältnis zum Bau ihrer Tempel und über Jahrhunderte wurden danach Säulenhallen entworfen und Kirchen geplant, Türme errichtet und Bogenreihen konstruiert. Das Magische Quadrat mit seinen Zahlen dagegen stellt den kontinuierlichen Ablauf einer Entwicklung dar, den man zur Orientierung auf jede Grundfläche übertragen kann. Die Zahlen dienten uns bislang als Werkzeuge, als Maß und als Mittel. Mit ihrer Hilfe suchen wir die Gesetzmäßigkeit der Welt zu messen. Zahlen waren da, lange bevor wir sie inhaltlich als Symbole erkannt haben. Mit ihren qualitativen Inhalten können wir die Welt zudem nicht nur messen, sondern auch verstehen lernen. Doch reichen weder die Zahlen und Maßeinheiten, noch allein der Goldenen Schnitt aus, um etwas zu schaffen, worin wir Schönheit, Harmonie, Geborgenheit und Selbstverwirklichung finden. Leonardo da Vincis Kunstwerken liegt der Goldene Schnitt zugrunde, aber allein deswegen sind es keine Kunstwerke. Ebenso macht eine akkurate Berechnung aus einem Haus noch kein Heim. Mit den erkannten äußeren und inneren Gesetzmäßigkeiten können wir zwar die konkrete Welt erfassen, doch bleibt noch offen, wie wir dieses Wissen umsetzen. Eine korrekt berechnete Feng-Shui-Analyse stellt deshalb noch lange keine Hilfe für den Betroffenen dar. Das Zählen, Rechnen und Messen geht ins Unendliche. Wenn wir wollten, bräuchten wir nie aufhören zu zählen, wobei uns aber die Unsinnigkeit schnell klar würde. Ab bestimmten Größenordnungen und Kompliziertheiten besteht die Gefahr, dass wir dabei die Orientierung am Einen, dem Wesentlichen, verlieren. Zwangsläufig müssen wir uns dann zurück zum Einfachen, dem Göttlichen, auch Liebe genannt, bewegen, wo wir mit dem Vielfachen wirklich etwas anfangen können.

Die Fünf-Elemente-Lehre und das sechste Element

Solange es sich bei den Wandlungsphasen, auch Elemente genannt, um die ersten vier handelt, Feuer - Erde - Luft - Wasser, die gegenständlichen Charakter haben, mag die Bezeichnung Elemente verständlich sein. Das fünfte Element, der Äther, ist nicht mehr ganz so gegenständlicher Natur und das sechste überhaupt nicht. Die Alchemisten der Antike kannten sechs geometrische Formen, denen jeweils ein bestimmter Elementaspekt zugeschrieben wurde: Die fünf Platonischen Festkörper **und** die Kugel, aus welcher sie hervorgegangen sind und in welcher sie sich zwecks Wandel auflösen. Die Kugel stellt ihren Bezug zur Einheit dar. Dieser Bezug ist wesentlich, denn er führt über die „Unverträglichkeit" von zwei sich dual gegenüberstehenden Elementen hinaus.

Kugel (Leere)
Tetraeder (Feuer) besteht aus 4 Dreiecken
Würfel (Erde) besteht aus 6 Vierecken
Oktaeder (Luft) besteht aus 8 Dreiecken
Ikosaeder (Wasser) besteht aus 20 Dreiecken
Dodekaeder (Äther) besteht aus 12 Fünfecken

Inklusive der Kugel als sechstes Element, beschreibt sie Melchizedek[8] in seinen Büchern über die Heilige Geometrie als die sechs Grundbausteine des Universums.

---

[8] Drunvalo Melchizedek: Die Blume des Lebens, Koha-Verlag

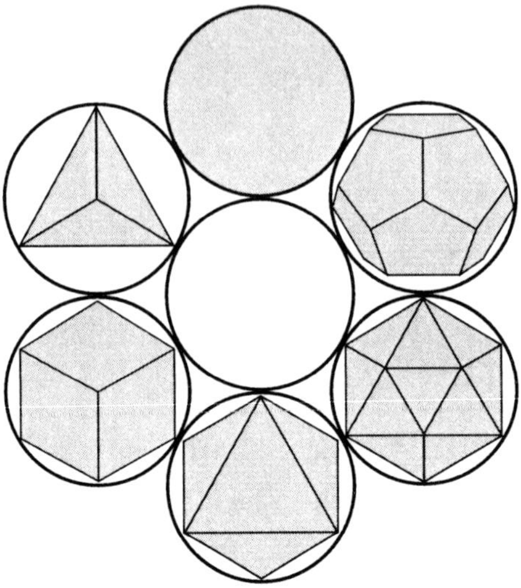

Das „fünfte" Element, der Dodekaeder mit seinen zwölf Fünfecken (12 x 5 = **60**), entspricht demnach dem Äther, auch kosmische Energie genannt, Atem Gottes, Prana, Tachyonenenergie oder Quintessenz, wird als die Voraussetzung für alles Leben beschrieben und als die höchste Form des Bewusstseins.

Das sechste Element, welches zugleich das erste ist, geht noch eine Stufe höher, denn es stellt das Nichts dar, naturwissenschaftlich die Leere. Sie wird als höchste, göttliche Quelle mit einem Kreis dargestellt, bzw. mit einer leeren Kugel. Wir haben bei der Beschreibung der Zahlen von der Bedeutung der Null bereits gesprochen. In ihr löst sich alles auf, um verwandelt aufs Neue aus ihr hervorzugehen. Aus ihr geht alles hervor und löst sich auch alles wieder auf. Die Kugel ist als **Ein**flächner die **ein**fachste Form, die es gibt und sie gehört ebenfalls zu den Grundkörpern.

Im klassischen Altertum, zu Zeiten der Pythagoreer, durfte die fünfte und sechste Wandlungsphase nicht erwähnt werden. Die Form des Dodekaeder war so heilig, dass die Philosophen der Antike Kopf und Kragen riskiert hätten, dieses Wort auszusprechen. Andererseits wurde das Dodekaeder als Geheimnis der Alchemie gehütet, und die Kugel als Sinnbild der Leere, war leicht zu verschweigen. Es gab diese beiden Elemente also nicht. Sie wurden durch Dogmen ersetzt und die vier

Elemente Feuer und Wasser, Erde und Luft wurden das Symbol für unvereinbare Gegensätze. Dies entsprach der objektiven Logik, die seit damals das Weltbild beherrscht. Ähnlich war es in China. Man bezog zwar das fünfte Element mit ein, hat aber den Äther als Holz (Raum) vergegenständlicht. Der Raum gilt als Symbol des unsichtbaren Potentials. Das Element Luft wurde als Metall bezeichnet und die Weisheiten des I Ging blieben den Eingeweihten vorbehalten. Betrachten wir umgekehrt gegenständliche Begrifflichkeiten als Analoge zu geistigen Inhalten, dann bleiben wir nicht bezugslos auf sie beschränkt.

Die Fünf-Elemente-Lehre findet ohne diesem sechsten Element eine eher profane Erklärung und Anwendung im Feng-Shui. Die üblichen Beschreibungen sind leicht nachvollziehbar, aber es fehlt ihnen etwas Wesentliches: Das sechste Element - die Gottverbundenheit, d.h. die Ausrichtung auf Einheit. Man könnte auch sagen die Analogie, als weibliche Komponente der Schöpfung. Symbolisch übernimmt das fünfte Element zwar diese Aufgabe, das wird aber in deren Bezeichnung nicht offensichtlich. Der Wandlungszyklus in der Welt der Erscheinungen wurde zeitlich (linear) als eine Einheit dargestellt und im Sinne der Dualität wurden davon zwei Möglichkeiten angeboten. Diesen Umständen verdanken wir unser Dilemma - im wahrsten Sinn des Wortes, denn wir erleben überwiegend den Zerstörungszyklus: Feuer schmilzt Metall und Metall zerschneidet das Holz. Der Rest ist leicht hinzugefügt, nämlich, dass das Holz zu Erde verfault, die Erde das Wasser verschmutzt und das Wasser das Feuer löscht. Umgekehrt soll im konstruktiven Zyklus das Feuer das Holz zu Asche (Salz) verbrennen und damit der Erde dienen, die Erde das Metall hüten bzw. durch Verdichtung hervorbringen, das Metall das Wasser entstehen lassen und mit lebensnotwendigen Mineralien anreichern, das Wasser das Holz nähren und das Holz das Feuer. In diesem Fall läuft es rund. Das sechste Element (höheres Bewusstsein) kommt damit zum Ausdruck. Der konstruktive Zyklus kann im Kreis dargestellt werden, der destruktive Zyklus dagegen nicht. Es ist kein Zufall, dass der destruktive Zyklus oft als Pentagramm dargestellt wird, was auf die grundsätzliche Wahlfreiheit des Menschen hindeutet. Immerhin war es bisher so, dass der Weg in den Himmel durch die Hölle führte. In Zukunft ist es vielleicht nicht mehr so schlimm, denn Polarität lässt sich auch anders leben.

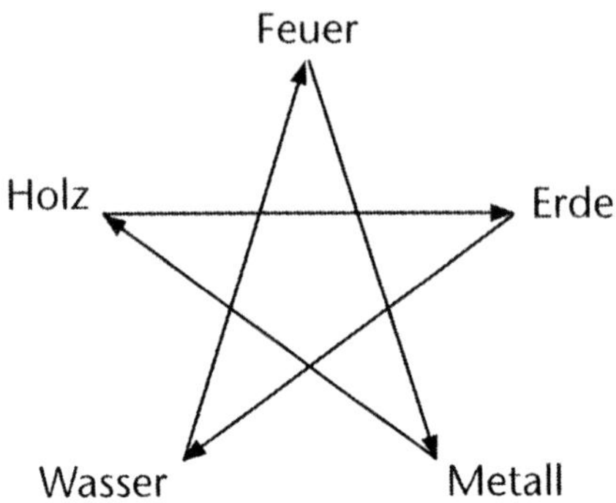

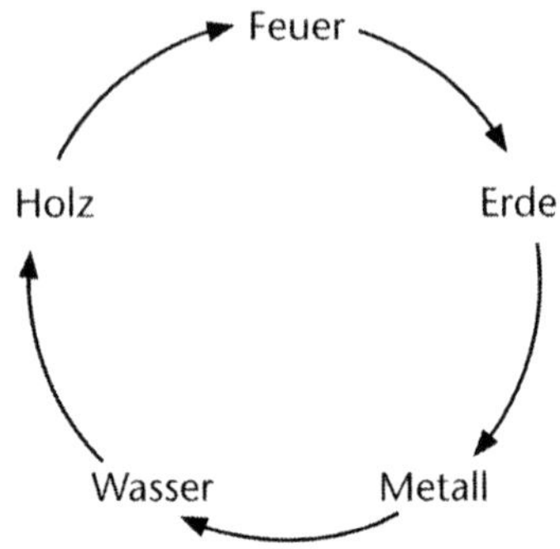

Der auf die Eliminierung unerwünschter Umstände ausgerichtete Zerstörungszyklus wirkt äußerst destruktiv. Da daraus nichts Neues entstehen kann, ist keine Regeneration möglich. Im menschlichen Entwicklungsprozess bedeutet dies, dass aus Erfahrungen keine Lehre gezogen wird. Jeder Zyklus besteht aus der Auflösung alter (gelebter) Formen und einem Neubeginn und stellt einen Wandel dar, denn Energie lässt sich nicht vernichten, sondern nur umwandeln. Auch im Wandel der Erde, die ein sich selbst regenerierendes System[9] darstellt, spielt Auflösung eine wichtige Rolle und ist zum Zwecke der Umwandlung ein ganz natürlicher Prozess der Erneuerung. Jedoch befindet sich die Natur im Zustand der vierten Dimension und die ist eine, die Einheit einschließende Bewusstseinsebene. Der Mensch dagegen denkt nur von A nach B, wenn ihm der Sinn nach Vernichtung steht und bewegt sich damit nicht über die Zweidimensionalität der Fläche, dem berühmten Tellerrand, hinaus. Im Ayurveda und der TCM (traditionelle chinesische Medizin) wird der Zerstörungszyklus jedoch als Kontrollzyklus praktiziert, um Einheit, d.h. Ausgewogenheit herzustellen. Diese Praktik bezieht zwar auch nicht zwingend die schöpferische, geistige Kraft des Patienten und damit seine Eigenverantwortlichkeit in die Therapie mit ein, doch verlangt eine solche Heilbehandlung vom Therapeuten viel Zuwendung und Hingabe. Hier geht man davon aus, dass bei einer Krankheit ein großes, inneres Ungleichgewicht der fünf Elemente in ihren körperlichen Entsprechungen vorhanden ist. Mittels verschiedener Heilbehandlungen, ausgleichender Ernährung und Lebensführung ver-

[9] James Lovelock: Gaia, die Erde ist ein Lebewesen, Heyne-Verlag

sucht man die Elemente auszubalancieren, wodurch der Mensch wieder gesundet. Dagegen kommt das lieblose Verschreiben und Verschlucken von Medikamenten in der Absicht dem Zerstörungszyklus gleich. Der Unterschied liegt im Bewusstsein.

In der Homöopathie zum Beispiel gleichen wir Gleiches mit Gleichem aus. Man erkennt das der Disharmonie zugrunde liegende geistige Prinzip. Dieses Prinzip wird in seiner heilen Struktur (Information) eingebracht und so die destruktiv veränderte Information gewandelt. Auch dieser Vorgang gründet auf Polarität, doch bezieht man dabei einen dritten Faktor mit ein, das Prinzip.

Aus der Zahlenlehre wissen wir um die dualistische Sicht der Polarität in der Linearität und die verbindende Funktion der Drei. Und auch, dass Energie (1) nicht zerstört werden kann, sondern nur gewandelt. Finden wir in unserem Wohnbereich eine große Unausgewogenheit vor, so müssen wir uns fragen, welchen Sinn sie hat, d.h. ihre Information erkennen. Ist zum Beispiel das Element Feuer „übermächtig" und wir bekämpfen es mit einem Wasserfallposter, dann ist das vergleichbar mit einer kalten Dusche bei einem Wutausbruch. Unser Feuer ist nur übermächtig, wenn wir mit ihm nichts anzufangen wissen. Wir könnten es auch als Tatendrang und Begeisterung sehr konstruktiv leben. Also müssen wir erst einmal herausfinden, wozu das Feuer „gedacht" ist, d.h. welchen Sinn es hat und in welchem Zusammenhang wir es als übermächtig erleben, dass es in dieser Form in unserem Umfeld erscheint. Dann könnten wir das Erdelement als ausgleichende Maßnahme einsetzen, weil dieses symbolisch die konstruktive Umsetzung der Feuerenergie darstellt.

Unser Bewusstsein ist die dritte Kraft - die Drei - welche über das sechste Element Ausdruck findet. Die Summen des Magischen Quadrats ergeben die 15 = 6. Wir können die Fünf-Elemente-Lehre mit ihren Wandlungsphasen gut in der Natur nachvollziehen. Doch, wie schon bei der Beschreibung der Fünf erwähnt, heißt es für den Menschen: Was die Natur unbewusst tut, tue du bewusst! Die Weiterentwicklung zu einer neuen Stufe bedeutet, dass wir zu erkennen beginnen, dass im „Schlechten" immer etwas Gutes steckt, nämlich ein Sinn, den es zu finden gilt und im Guten etwas „Schlechtes", weil wir diesen Sinn, den

Schöpfungsgedanken, nie ganz begreifen werden, was sich in mangelnder Demut und Dankbarkeit ausdrückt. Dies ist in dem alten Tai-Chi-Symbol dargestellt. Dieses Symbol der Vollkommenheit drückt die Unvollkommenheit als Vollkommenheit aus und gibt uns damit zu verstehen, dass Entwicklung, d.h. Schöpfung, ein vollkommener Prozess ist.

Aus dem quantitativen und qualitativen Verständnis der Zahlen zeigt sich, dass sich bei den Zuordnungen der Elemente zu den Grundzahlen, Lebensbereichen, Himmelsrichtungen, Farben und dem Magischen Quadrat zwangsläufig scheinbare Widersprüche ergeben, da solche Beziehungen sowohl objektiven, als auch subjektiven Charakter haben und von der Bewusstheit abhängen. Wir müssen die fünf Elemente ja auch nicht unbedingt fix zuordnen wollen, sondern können uns den nötigen Spielraum lassen. Dann beziehen wir ein Ungleichgewicht der Elemente nicht nur auf zwei gegensätzliche Elemente, sondern berücksichtigen auch einen dritten Wert und stellen das Ungleichgewicht wiederum in Bezug zu etwas. Was ich damit sagen will ist, dass ein Ungleichgewicht, in einem größeren Zusammenhang gesehen, nicht unter allen Umständen ausgeglichen werden muss, weil es in Bezug auf gegebene Umstände manchmal sinnvoll und für den Menschen förderlich ist.

Die uns bekannte Fünf-Elemente-Lehre spiegelt nur deren zweidimensionale Qualität. Stellen wir uns jedoch die Elemente in ihrer dreidimensionalen geometrischen Form vor, so gehen sie über die Grundzahlen hinaus und ihr Zusammenwirken im Sinne von Transformationsphasen kann inhaltlich nicht mehr nur linear, d.h. in ihrer zeitlichen Abfolge, betrachtet werden. Die Transformationsphasen werden deshalb im I Ging als die Entfaltung des Göttlichen beschrieben, aber auch zeitlich nach ihrer Erscheinung in der Natur. Um die ganzheitlichen Analogien im I Ging zu erfassen, müssen wir den sicheren Pfad der linearen Paradigmen verlassen[10]. Entsprechend unterscheiden sich die Zuordnungen, wobei sich auch die „Geschlechter“ (+/-) wandeln, was wahrscheinlich oft zu Missverständnissen führt. In ihrer Darstellung als Gegensatzpaare (vorweltliche Darstellung) werden diese nicht als unversöhnliche Gegensätze beschrieben, sondern als ein Zusammenwirken derselben. Ein scharfer

---

[10] Katya Walter: Chaosforschung, I Ging und Genetischer Code, Diederichs-Verlag

Verstand (Feuer) geht mit tiefen Gefühlen (Wasser) bezogen auf „etwas" eine Symbiose ein. Zum Beispiel: Der Regen (Wasser) befeuchtet die Samen, so dass sie keimen können und sein Gegenstück, die Sonne (Feuer), gibt die nötige Wärme dazu. Wasser und Feuer halten sich im Gleichgewicht und schließen einander nicht aus, sondern ein. Nach dem Prinzip des positiven Ausgleichs wird unter Bezug auf das Dritte, den Samen, mehr gegossen, wenn es zu wenig regnet.

In der Beschreibung über die Entstehung der Blume des Lebens (Heilige Geometrie), welche als geometrisches Muster der Schöpfungsgesetze überall auf der Welt in allen Kulturen zu finden ist, findet sich die 6-Elemente-Lehre. Allein die sechs Elemente stellen schon eine solche, wenn auch einfache, harmonische Blume dar. Sie enthält bereits alles in sich: Von den Grundformen- und körpern, der Vesica piscis (Fischblase) über den Goldenen Schnitt bis hin zur Spirale, dem Labyrinth, den sieben Chakren- oder Regenbogenfarben und dem sogenannten Ei des Lebens.

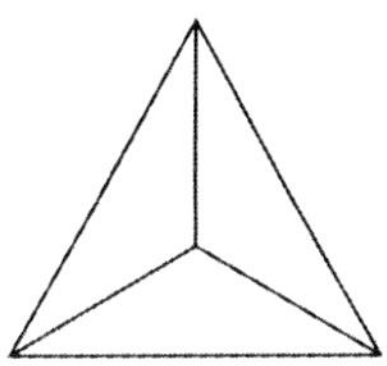
Tetraeder

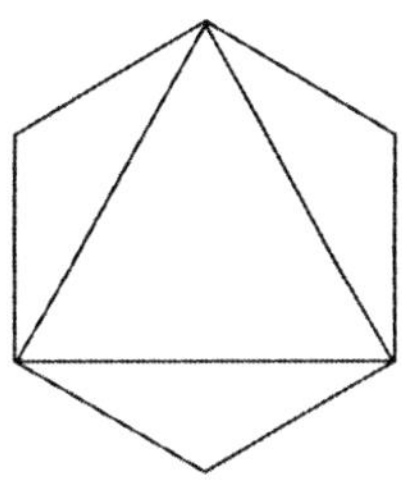
Oktaeder

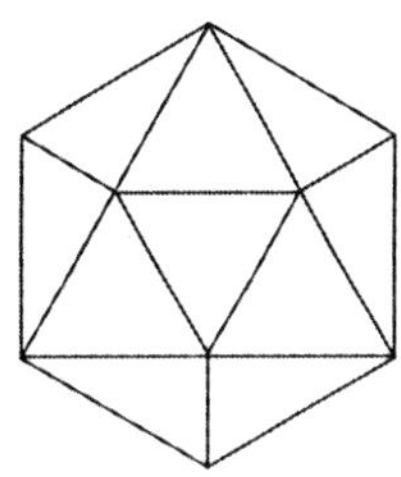
Ikosaeder

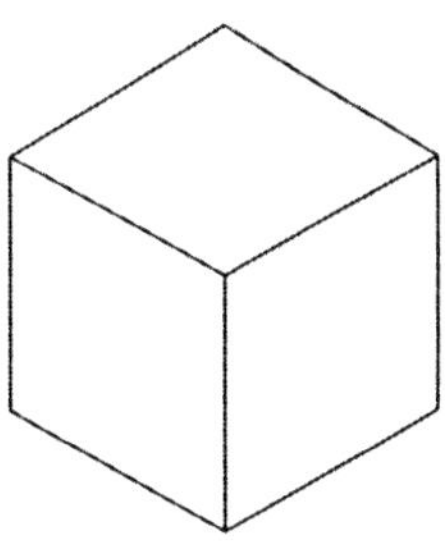
Würfel

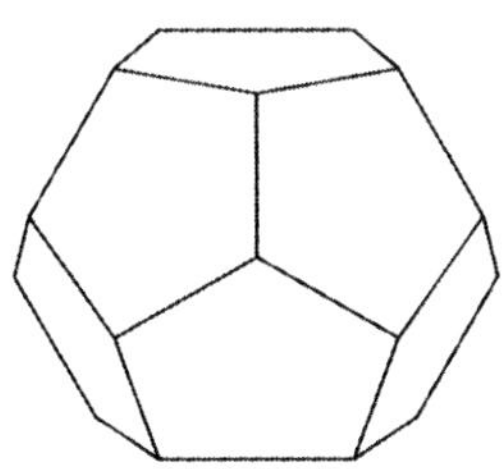
Dodekaeder

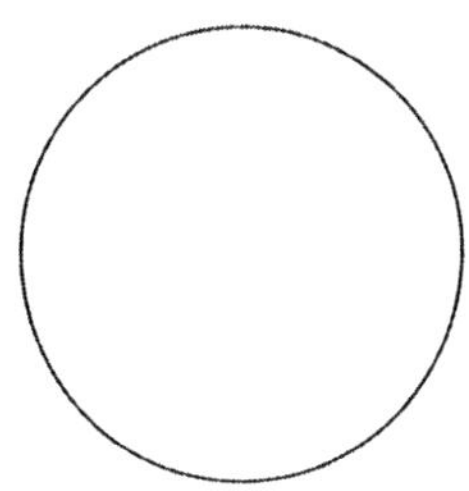
Kugel

Stelzner beschreibt die Platonischen Körper paarweise und teilt sie in drei Paare: „Das Grundprinzip der Schöpfung ist im ersten Polpaar der Platonischen Körper, **Kugel** und **Tetraeder**, enthalten.“ Ich erinnere an die Zahl 3, wo wir bereits festgestellt haben, dass sie die Funktion der Verbindung der Polaritäten als Grundprinzip enthält. Die Zahlen Eins, Zwei und Drei sind Eins und finden sich zweidimensional als Trinität (Kreis, Quadrat und Dreieck = zweidimensionale Grundformen) in der Einheitskugel.

Das aus der Einheitskugel heraustretende Tetraeder (dreidimensional) stellt den Baustein des Materiellen dar, d.h. die Dreiheit in Funktion, die in vierfacher Weise auftritt (4 x 3 = 12). In ihm sind die Drei und die Vier zu finden (4 Dreiecke), also der dem Materiellen inne wohnende Geist. Alle platonischen Körper setzen sich aus Vielflächnern zusammen und entwickeln sich aus dem Tetraeder. „Materie ist Vierheit, doch ihre Grundlage ist die Dreiheit und beide sind unter Würdigung der Hierarchie vereint. Hier liegt bereits das Geheimnis der materiellen und kosmischen Ordnung, der Zwölf.“ Feuer entspricht dem geistigen Prinzip. Analog dazu steht das Denken des Menschen und seine Handlungs- und Entscheidungsfähigkeit, während die Einheitskugel das Allwissen darstellt. Das **Tetraeder** können wir demnach dem Element **Feuer** zuordnen. Es stellt die geistige Einheit (3) dar, die sich im Wesen der Natur (4) ausdrückt.

Das zweite Polpaar stellen der **Würfel** und der **Oktaeder** dar. Sie sind Körper, die zueinander dual sind. „Aber sie stehen nicht nur dual zueinander, sondern setzen sich beide aus jeweils zwei Tetraedern zusammen und zeichnen sich beide durch ihre fundamentale Rechtwinkeligkeit aus. Sie stehen in der Mitte zwischen dem Basisprinzip und dem geistigen, kosmischen Prinzip, dem die Individualität und Subjektivität unterstellt ist. Diese Spannung wird durch Einsicht und rechtes Handeln (Rechtwinkeligkeit) erfüllt und erlöst. Sie sind die beiden Erscheinungsformen eines Prinzips und vertreten damit beide etwas Gemeinsames. Dieses Umkehrprinzip tritt jedoch nur innerhalb eines Paares auf, denn die Einordnung des Paares in das Große und Ganze ist immer eindeutig. Dualität ist daher, im umfassenden Sinn, ein Ausdruck von Symmetrie.“ Allegorisch können wir den Würfel und den Oktaeder der Erde und dem/den Menschen zuordnen. Der aufrecht gehende Mensch steht im rechten Winkel zur Erde.

Der Würfel, das Symbol der materiellen Welt, ist der einzige Platonische Körper, der sich auf der Rationalität der Ganzzahligkeit aufbaut. Als Vertreter der konkreten Polarität ist er auch wissenschaftlich und rational greifbar. Der **Würfel** symbolisiert (als Sechsflächner) das Element **Erde** im Konkreten. Er macht erst eine objektive Mitte erfahrbar. Das alles läuft zwar automatisch ab, und das Leben steuert sich selbst, doch liegt hier die Chance des Menschen zur Bewusstwerdung der Vorgänge. Es ist kein Erkennen zum Selbstzweck, sondern zieht Handlung und damit Wirkung nach sich. „Unsere Suche nach den Gesetzen der Vollkommenheit bedient sich zwangsläufig der Formen, und jene gehören der Welt der Halbheit, Vielheit und Wandlung an. Wir müssen uns ihrer bedienen, sie abstrahieren und die Form wieder verlassen. Wir dürfen nicht an ihnen haften bleiben. Sie sind nur das Vehikel zum Ziel. Obwohl mit dem Erscheinen der Vier die Körper entstehen, sind diese nicht das Entscheidende. Sie transportieren nur eine Information und offenbaren das Gesetz von 1-4".

Wenn wir die Form über den Inhalt stellen, werden wir zum Besessenen. Diese Gefahr besteht, denn der Würfel in seiner ausgeprägten Polarität und 24fachen Rechtwinkeligkeit ist quasi das formhafteste und konkreteste Gebilde überhaupt und es geht dabei leicht der Blick für das Ganze verloren. Doch Rechtwinkeligkeit ist die bewusste Unterscheidung: „Obwohl wir zwecks Erkenntnis in den Würfel hinein müssen, lernen wir über ihn, der Gefahr, von ihm Besessene zu sein, zu widerstehen. Seine Lehre macht uns den Sinn von Polarität und Form begreifbar. Die in ihm liegende Eindeutigkeit findet man schon in der ersten Schöpfungsgeschichte der Genesis. Sie enthält keine einzige Verneinung. Im Gegenteil: Der 6. Tag wird als einziger mit sehr gut bezeichnet - welch bedeutsames Symbol!"

Ist dem Tetraeder noch die objektive, materielle Welt zugeordnet, so wird sie mit dem Oktaeder zur subjektiven Existenz. Der Oktaeder steht für das rechte Handeln des Menschen, die Sprache und Wahrhaftigkeit (5 und 6). Wie wir wissen, ist die Fünf die Zahl des sich bewusst werdenden

Individuums und damit die Zahl des Menschen, der zwei Anteile in sich konkretisieren kann: Das Körperliche und das Wesenhafte. Der Oktaeder stellt eine Doppelpyramide dar. Die Pyramide ist also ein halber Oktaeder, und Halbheit bedeutet hier Subjektivität. Auch die Objektivität ist naturgemäß eine solche. „Eine Fünfheit setzt aufgrund ihres formellen Anteils eine Gegenfünf voraus, so wie eine Individualität eine Gegenindividualität mit entsprechender Gegenperspektive. Doch mit der Fünf wird alles umfassender und symbolischer, und ist nicht mehr in allen Details durch Messen verifizierbar. Den **Oktaeder** können wir demnach dem Element **Luft** zuordnen. Das Verstehen der Individualität erfordert mehr als Nachmessbarkeit, denn sie ist Subjektivität. Ihr kann man nur mit ihren eigenen Gesetzen folgen, und das sind die Gesetze der Religion." Also der religio, d.h. der Rückverbindung zum Einen. Die Religionen lehren grundsätzlich alle dasselbe: Liebe. Allerdings nicht als umfassende Liebe im Sinne eines Zustandes, sondern als einseitige, nach außen gerichtete Handlung, wodurch sie pervertiert. Ziel ist es, über rechtes Handeln die beiden Fünfheiten in Verbindung (Verschmelzung zur Einheit) zu bringen. „Die Subjektivität ist die unbedingte Voraussetzung dafür, weil über sie erst Handlungsfähigkeit (Kreativität) erreicht wird. Funktion (3) und Polarität (2) erhalten im Oktaeder eine tiefe und weitreichende Bedeutung."

Das dritte Polpaar der Platonischen Körper finden wir im **Ikosaeder** und **Dodekaeder**. Mit ihnen verlassen wir die Linearität. Sie lassen sich daher den einfachen Begrifflichkeiten nicht mehr zuordnen. Es findet ein Paradigmenwechsel in Bezug auf Rechtwinkeligkeit, Mittigkeit und Projektionsart statt. Die 12 Segmente sind keine regelmäßigen Tetraeder mehr. Obwohl alle Außenkanten gleich lang sind und im Äußeren die Harmonie sichtbar wird, sind die zur Mitte führenden Seiten der Vierflächner kürzer als die Außenkanten. Die alte Vorgabe (Parameter) der Projektion wird zu einer vielfachen Projektion, die eher einer Rotation gleicht und das dynamische Prinzip vertritt, anstatt das „nur statische", obwohl es diese als Mittelpunkt und Ausgangsbasis in sich hat. Das führt zu neuen Erscheinungsformen. Dreht man einen Würfel nach einem bestimmten Muster um 72 Grad, so entsteht ein Ikosaeder, der wiederum ein Doppel des Dodekaeders darstellt. (6 x 12 = 72). Aus dem Konstrukt der konkreten Welt des Würfels tritt als neues der **Ikosaeder** hervor, welcher nicht linear ist und dem Element **Wasser** entspricht und dem Gefühl. Er steht für den tätigen Vollzug des Bewusstgewordenen. Ihm wäre die Zahl Sieben zuzuordnen, welche irrealen Charakter hat. In seiner höheren Qualität entspricht der Ikosaeder jedoch der Dreizehn und damit der Verantwortung, die uns ja auch nicht ganz geheuer ist. Dieser Paradigmenwechsel ist nur mehr im Zusammenhang mit dem Dodekaeder erklärbar, obwohl Ikosaeder und Dodekaeder, trotz ihrer Dualität, als 12- und 20-Kugler in keinem rationalen Verhältnis zueinander stehen. Kein Polpaar ist so offensichtlich eines und dennoch so getrennt wie dieses. Wenn man die jeweilige Mitte der Flächen eines Dodekaeders durch gerade Linien verbindet, bekommt man einen Ikosaeder; und wenn man die jeweilige Mitte der Flächen eines Ikosaeders verbindet, ergibt sich ein Dodekaeder. Sie kreieren und bedingen einander, wie andere Vielecke auch, doch ist dies hier nicht mehr wirklich fassbar. Drückt sich die Qualität des Ikosaeders noch einigermaßen fassbar aus, so ist das beim Dodekaeder nicht mehr der Fall. Seine Qualität ist nur mehr subjektiv erfahrbar. Es ist als 20-Kugler die Grundform des Christusbewusstseins-Gitternetzes, das sich seit geraumer Zeit wieder um die Erde spannt.

Melchizedek schreibt dazu: „Der Dodekaeder befindet sich in der Nähe der äußeren Grenze eures Energiefeldes und stellt die höchste Form des Bewusstseins dar. Außerhalb dieser Grenze ist das Energiefeld eine Kugel. Außerdem leben wir in einem großen, von einer Kugel umschlossenen Dodekaeder, welches das ganze Universum einschließt. Der menschliche Körper ist ein Hologramm des Universums und enthält die gleichen Prinzipien.“

Der Dodekaeder ist der Endpunkt der geometrischen Formen und der letzte Platonische Körper. Mikroskopisch betrachtet sind Dodekaeder und Ikosaeder die Beziehungsparameter der DNA, der Blaupause allen Lebens. Als letzter platonischer Körper entsteht also der **Dodekaeder**, welcher denn auch für die Vervollkommnung steht und dem **Äther** zugeordnet wird. Man könnte ihm das Prinzip der Zahl Acht zuordnen, obwohl es inhaltlich weit darüber hinausgeht und als bedingungslose Liebe in der Zwanzig zum Ausdruck kommt.

Das Nachvollziehen der Evolutionsschritte endet in der uns eigenen Begrenzung in unserer Raumwelt. Danach geht es um das Loslassen (9) der uns bekannten Formen. Sie lösen sich auf in das scheinbare Nichts, das uns Angst macht, obwohl es schon wieder mit Neuanfang gefüllt ist, den wir aber noch nicht kennen, weil noch nicht durchlebt haben. Das Leben ist lebendig, veränderlich und ist, so gesehen, kein Risiko, denn unsere Welt ist in das Göttliche eingeschlossen und wir auch und umgekehrt. Das heißt, dass wir und die Welt göttlich sind. Das ist keine Anmaßung, sondern Verantwortung. Ikosaeder und Dodekaeder, als Elemente Wasser und Äther stellen den Sprung zur Eigenverantwortung des Menschen dar. Sie sind inhaltlich nicht direkt fassbar, praktisch erst im Ergebnis sichtbar und in der Konsequenz fühlbar. Metaphorisch betrachtet stehen sie für die Intelligenz des Herzens, die sich in den göttlichen Eigenschaften der Weisheit und Liebe ausdrückt. Unter dieser Voraussetzung ist der Zerstörungszyklus im vernichtenden Sinn nicht nur nicht möglich, sondern würde uns erst gar nicht einfallen. Jedenfalls erscheint er in der Neuen Zeit als überholt.

Sehen wir uns unter diesem Gesichtspunkt den Zerstörungszyklus nochmals an, dann verstehen wir, warum das so ist. Man kann das auf vielerlei Art beschreiben. Zum Beispiel so: Aufgrund mangelnden Bewusstseins (**Feuer**) mit der Polarität richtig umzugehen, werden Freude, Phantasie und Kreativität (**Metall**) des Menschen beeinträchtigt, dies wirkt sich ungünstig auf die Bewusstseinsentwicklung (**Holz**) aus, weshalb der Mensch dem Materiellen (**Erde**) anhaftet, was Depression und Angst (verschmutztes **Wasser**) verursacht, die ihn nicht entsprechend der kosmischen Gesetze handeln lassen (geschwächtes Feuer), worauf er wiederum mit Polarität nicht richtig umgeht. Es wird ein Kreislauf der Schwächung geschaffen, der in absoluter Zerstörung enden würde, gäbe es keine höhere Instanz, die ordnend eingreift.

Das Stärkere kann das Schwächere kontrollieren oder es scheinbar vernichten. Das Stärkere könnte dem Schwächeren aber auch dienen und es dadurch stärken. Dies liegt in der freien Entscheidung des Menschen und seiner ethischen Eigenkompetenz.

Im konstruktiven Zyklus würde das bedeuten, dass wir Entscheidungen treffen (Feuer), welche der materiellen, existenziellen Geborgenheit (Erde) des Einzelnen dienlich sind. Daraus kann sich freudvolles Tun entwickeln, welches produktive Ideen (Metall) verwirklichen lässt, die tief in das Gemüt wirken und auch andere beseelt (Wasser), was deren Bewusstseinsentwicklung inspiriert und das allgemeine Wachstum (Holz) fördert. Dieses lässt wiederum fruchtbare Entscheidungen treffen usw. Alles eine Frage des auf Einheit gerichteten Bewusstseins (Kugel).

Der Ikosaeder (Wasser) und der Dodekaeder (Äther) entsprechen der rechten, **weiblichen Gehirnhälfte** und repräsentieren das **Elektron**, während sich die linke, **männliche Gehirnhälfte** im Tetraeder (Feuer) und Hexaeder (Würfel = Erde) ausdrückt und im **Proton** seine Entsprechung findet. Das **Neutron** entspricht dem Oktaeder (Luft). Sie alle umfasst die Begrenzung der **Kugel**, aus der sie hervorgehen. Die Ergänzung der 5-Elemente-Lehre mit dem rechten Verständnis der fünften und sechsten Wandlungsphase (Verstehen, Verzeihen und Lieben) würde das gewohnte Weltbild deutlich verändern. Es bedeutet äußerlich das Einbinden der verlorengegangenen weiblichen Qualität in das Weltgeschehen und innerlich bedeutet es für den Menschen die Synchronisation der beiden Gehirnhälften.

Das, was wir als Dimensionen bezeichnen, sind verschiedene Bewusstseinsstufen, die auch verschiedene Wahrnehmungen mit sich ziehen. Wenn wir von einer Transformation in die vierte, fünfte und sechste Dimension sprechen, so ist damit gemeint, dass wir immer mehr etwas wahrnehmen, das wir **so** bisher noch nicht gesehen und er- bzw. gelebt haben. Nicht nur unsere Sichtweise (Weltbild) ändert sich, sondern auch tatsächlich das, was wir sehen - die Erde. In diesem Wandlungsprozess befinden wir uns derzeit. Doch nur das, was wir wahrnehmen existiert für uns, weil wir das andere ja nicht sehen. Das heißt: Wir werden die Wandlung des Planeten Erde überstehen, wenn wir mit der erhöhten Schwingung der Erde und den Anforderungen der Neuen Zeit konform gehen.

So, wie eine erweiterte Sichtweise der 5 Elemente uns anspruchsvoller mit ihnen umgehen lässt, ist das auch beim Ba gua der Fall. Das Oktagramm dient dann nur als Schablone, die differenzierte, auf den jeweiligen Menschen bezogene Interpretationen zulässt. Die Wohnung spiegelt dein Thema, deine Sichtweise, dein Denken und dein Fühlen. Es gilt, dein Umfeld wahrzunehmen wie es ist und zu unterscheiden, ohne zu werten. Wo ist es deiner Meinung nach korrekturbedürftig? In welchen Lebensbereichen und in welchen Wohnbereichen fühlst du dich wohl, und in welchen nicht? Was genau stört dich wirklich? Und was bedeutet dies in Bezug auf deine Entwicklung? Warum hemmt es das Wohlbefinden und wie wirkt sich das im Leben aus? Im Kontext mit der gesamten Situation ergibt sich dann die Art und Weise der individuellen, harmonisierenden Maßnahmen.

Hast du zum Beispiel eine Verstärkung im Bereich Hilfreiche Menschen, bedeutet das grundsätzlich nur eines, nämlich, dass du diesem Thema in deinem Leben mehr Raum gibst und es daher mehr Bedeutung für dich haben wird. Umgekehrt, fehlt dir dieser Bereich, so ist das wie ein weißer Fleck auf der Landkarte, den es zu erobern gilt. Maßnahmen zur Integration bewirken dann, dass diesbezüglich völlig neue Inhalte in dein Leben kommen und zwar im Kontext zur gesamten Themenkonstellation, d.h. der derzeitigen Lebenssituation. Vielleicht hast du eine Verstärkung, weil du gerade mehr Hilfe gebrauchen kannst, oder eine solche geben sollst, oder es weist einfach auf deine großzügige Einstellung hin. Es kann auch sein, dass du dazu neigst deine Freunde und Bekannten diesbezüglich eher zu überfordern und du merkst das gar nicht, weil sich dieser Bereich hinter der Eingangstür befindet oder an ihr vorbeiführt.

Auf welches Thema sich ein Zusatz- oder Fehlbereich im Besonderen auswirkt hängt davon ab, welche Räumlichkeit er beinhaltet und/oder welchen Teil des Ba gua es betrifft und wie der Bereich aussieht der ihm gegenüberliegt. Das Thema Hilfreiche Menschen z.B. umfasst den Austausch mit anderen Menschen. Also Kommunikation, Geben-Nehmen, Handeln, Helfen und entspricht im spirituellen Sinne dem Prinzip des Dienens und der Liebe. Ihm gegenüber liegt der Bereich Reichtum, der wie ein Spiegel die Qualität des Bereichs Hilfreiche Menschen ergänzt. Wenn wir erkannt haben, dass das Verbundensein und die Wechselwirkung mit anderen grundsätzliche Voraussetzung für unsere Entwicklung sind und so gesehen, jeder Austausch jedem dienlich ist, dann haben wir das göttliche Prinzip des Dienens verstanden. Dieser Bereich ist ja auch mit der Erkenntnis verbunden, dass wir unangenehme Erfahrungen mit anderen umwandeln können, wenn wir fähig sind, zu verzeihen. Wir unterbrechen damit den karmischen Kreislauf - nicht nur für uns, sondern auch für die anderen.

Siehst du die Sache nur im materialistischen Sinn, könntest du eine Verstärkung - gerade in diesem Bereich oder auch dem des Wohlstands - natürlich als großen Vorteil deuten. Du meinst vielleicht Verstärkungen gelten als sehr gut und Fehlbereiche als schlecht.

Wenn du die Bereiche einzeln betrachtest, mag es so erscheinen, im Kontext der gesamten Wohnsituation erkennst du erst ihre wirkliche Bedeutung für dich.

Das Umfeld, der Grundriss, die Einrichtung, Gestaltung, Farben und Sauberkeit, die persönlichen Daten und deren Farben- und Zahlenqualitäten, der Einfluss der Himmelsrichtungen und die Hausnummer zeigen dir ziemlich genau nicht nur das Thema, sondern auch deine Stärken und deine subjektive Befindlichkeit.

Was ist Schicksal und was kreieren wir uns selbst?

Wir bezeichnen das was wir erleben als unser Schicksal. Ob selbst im Sinne des Karmas verursacht oder nicht, es scheint determiniert zu sein. Was reden wir aber dann immer vom Mitgestalten, wenn sowieso alles so kommt wie es kommen soll? Also, entweder steht es fest, oder es lässt sich frei gestalten, denken viele. Beides. Wir lösen dieses Paradoxon, wenn wir akzeptieren, dass ziemlich genau feststeht, was unsere Seele erfahren will und wir also erleben werden, dass wir aber beeinflussen können, wie die Ereignisse verlaufen, je nach dem, wie wir sie wahrnehmen und damit umgehen. Das obliegt unserer Verantwortung und wird durch die Zahl 13 symbolisiert.

Überwiegend ist es doch so, dass wir irgendwo wohnen und arbeiten, wie und was sich halt gerade so ergeben hat, ohne zu wissen, warum. Es ist eben so und wir machen uns gar keine Gedanken darüber. Wenn es aber keine Zufälle gibt, sondern alles geplant ist, dann hat alles auch einen bestimmten Sinn. Wahrscheinlich kann sich nur unter bestimmten Umständen, zu einer bestimmten Zeit unser Schicksal erfüllen. Aber vorgezeichnet ist es wohl schon, wenn wir auf die Welt kommen. Ich glaube nicht, dass unsere Seele sich planlos inkarniert. Das würde den kosmischen Gesetzen widersprechen und Kosmos bedeutet Ordnung.

Das deutet darauf hin, dass unser Schicksal von Anfang an auf verschlüsselte Weise schon vorliegt. Zu allen Zeiten haben die Menschen nach dem Geheimnis des Schicksals gesucht, um ihm zu entfliehen, es zu ändern bevor es eingetreten ist, oder zumindest nicht von Ungemach überrascht zu werden. Zumindest wollte man sich darauf einstellen können. Schon die Orakel früherer Zeiten dienten dem Zweck der Vorhersage. Heute betreiben wir Astrologie, legen Karten, Channeln, befragen Seher, und so weiter. Auch herrscht nach wie vor die Meinung, man könnte noch rechtzeitig etwas gegen das Schicksal tun, wenn einem nicht gefiel, was da kommen sollte. Dazu kommt, dass wir unter Schicksal ein Unheil oder eine schwere Prüfung verstehen. Wenn das Schicksal uns einen Lottogewinn beschert, dann sagen wir nicht Schicksal dazu, sondern Glück.

Bei den Voraussagen geht es also hauptsächlich um Neugierde oder Angst. Dieser Blick kann insofern folgenschwer werden, als wir damit etwas in die Gegenwart holen, das vielleicht gar nie **so** eintreten würde, die Gegenwart aber trotzdem schon verändert, weil es unser Denken beeinflusst. Wir erleben die Gegenwart dann nicht mehr unbefangen und offen für alle Möglichkeiten, sondern schränken sie auf das Vorausgesagte ein, malen uns dieses aus und sehen ihm ungeduldig oder ängstlich entgegen. Währenddessen versäumen wir die Chancen der Gegenwart zu nutzen. Es kann auch sein, dass das, was wir im Sinne der Voraussage gerne erleben würden, in der Zukunft bleibt - also nie eintrifft, weil wir uns vielleicht unbewusst davor fürchten oder es aus bestimmten Gründen innerlich ablehnen. Man sagt, das Schicksal habe zwei Gesichter. Es wendet uns das zu, welches wir sehen wollen. Emotionen haben viel Kraft, besonders die der Angst und besonders wenn sie unbewusst sind. Wenn wir mit Voraussagen unser Leben „konstruieren" möchten, übersehen wir diesen Einfluss der Emotionen leicht und spielen deshalb ein unheilvolles Spiel. Alle Bemühungen die Zukunft vorauszusehen gründen auf der Angst vor ihr und entspringen dem Kontrollbedürfnis der Unsicherheit. Je unerlässlicher es uns scheint unbedingt in die Zukunft zu sehen, desto mehr schwindet das natürliche Vertrauen in den Fluss des Lebens, deshalb bringen uns Voraussagen nach meiner Erfahrung nicht wirklich weiter. Anders ist es natürlich mit Wahrheitsträumen oder Visionen, die eine wertvolle Warnung sein können oder wieder Hoffnung geben. Die fallen uns dann nicht zufällig zu, sondern mit der Absicht ernst genommen zu werden.

Mit unserem persönlichen Schicksal sind wir in ein bestimmtes Umfeld eingebunden, das energetisch zu uns „passt". Wenn wir es für sich betrachten, ist es immer aus einem noch größeren Zusammenhang gestellt. So wie wir nicht zufällig einen bestimmten Partner wählen, so werden wir auch nicht zufällig in einem bestimmten Land geboren, leben nicht zufällig in einer bestimmten Stadt, an einem Ort oder in einem bestimmten Haus oder einer Wohnung. Jedes Umfeld hat ein einzigartiges, energetisches Muster, wie wir selbst auch, innerhalb dem wir miteinander korrespondieren und ein Hologramm bilden.

Nachdem wir uns heute überwiegend nur in Gebäuden aufhalten, spielt die Wechselbeziehung zwischen uns und den von uns geschaffenen oder gewählten baulichen Gegebenheiten eine besonders große Rolle in unserem Leben. Gebäude sind von uns erschaffene Körper, also Ideen, die Gestalt angenommen haben und real geworden sind. Man könnte sagen, es sind Formen, die uns formen, weil wir uns in ihnen aufhalten und uns unbewusst ihnen anpassen. Sie repräsentieren daher die Qualität unserer Lebensform.

Der Architekt, der ein Haus plant und baut, setzt mehr oder weniger neue Akzente in die Welt, deren Auswirkungen er kaum übersehen kann. Er bringt nicht nur mehr oder weniger Ästhetik zum Ausdruck, sondern auch seine persönliche und die kollektive Ethik. Er setzt mit jedem Gebäude Parameter für unsere Zukunft. So wie der Stein, den man ins Wasser wirft, Wellen schlägt und die äußersten, kaum noch sichtbaren, scheinbar keine Verbindung mehr zur Ursache haben, so wirken auch wir mit dem was wir tun ziemlich weit - nicht nur ins Umfeld, sondern auch in die Zukunft, ohne dass ein direkter Zusammenhang zu bestehen scheint.

Zum Beispiel bestimmt die Lage und Fläche eines Grundstücks schon weitgehend die Situierung, Ausrichtung und Form des Baukörpers, dieser bestimmt mehr oder weniger den Grundriss und die Aufteilung der einzelnen Räumlichkeiten, diese bestimmen die Einrichtung, Licht und Schatten beeinflussen die Farbenwahl und alles zusammen die Atmosphäre. Die Atmosphäre bestimmt das Wohlgefühl, das Wohlgefühl die seelische, geistige und körperliche Gesundheit und diese die Freude am Leben. Das nur allgemein betrachtet ...

Das Grundstück stellt metaphorisch den Lebensraum dar, den wir innerhalb der Gesellschaft einnehmen oder den sie uns zugesteht. Wir bekommen genau das, was wir bereit sind zu nehmen. Das Grundstück spiegelt daher unseren Platz (Standpunkt) innerhalb der Gemeinschaft (Öffentlichkeit) wieder. Manche beharren unter allen Umständen auf einen bestimmten Platz (Etablierung) in der Gesellschaft, obwohl sie mit ihr vielleicht gar nicht einverstanden sind. Das entspricht einer „schrägen" Sichtweise. Wenn wir mit dem, was wir oder die anderen tun, nicht einverstanden sind, es aber trotzdem tun oder mitspielen, weil wir vielleicht keine andere Möglichkeit sehen, oder weil wir einfach gewohnt sind zu viele Kompromisse einzugehen, dann wird das auf die Dauer nicht gut gehen. Schon die Form des gewählten Grundstücks kann das zum Ausdruck bringen.

Im Anschluß an einen Vortrag zeigte mir jemand die Pläne eines Hauses, das von einem deutschen Bauherrn in der Schweiz gebaut werden sollte. Ich sah mir die Pläne an und sagte dem Bauherrn auf Anhieb zu, dass es da existenziell und finanziell nicht mit rechten Dingen zugehe. Er sah mich verdutzt mit staunenden Augen an und sein Blick verriet mir, dass es stimmte was ich sagte. Das Grundstück war in den Bereichen Hilfreiche Menschen und Reichtum total aus dem rechten Winkel und so klein, dass es hier gar keine Möglichkeit gab, ein Haus mit einem rechtwinkeligen Grundriss aufzustellen. Zufall?

Ein symmetrisches Viereck (mit rechten Winkeln von 90°) gilt seit je her als Symbol der Manifestation im rechten Sinn. Wenn es einseitig verzogen ist, entspricht das einer verzerrten Sichtweise der Realität. Ich erinnere an die Besprechung der Zahl Vier.

Eine solche Qualität trotzdem mit einem Haus für sich zu manifestieren, würde über kurz oder lang Disharmonien ins Leben bringen, die sich auf ein grundsätzliches Rechtsverständnis beziehen. Latent sind sie natürlich schon vorhanden, sonst gäbe es keine Resonanz zu solch einer Situation. Nur, wenn man sie als Wohnhaus manifestiert und dann unmittelbar erlebt, wird man sich gezwungenermaßen damit auseinandersetzen ***müssen****. Wenn das bewusst wird, bevor man sich so ein Haus baut, könnte man sich noch rechtzeitig Gedanken darüber machen und zu neuen Einsichten kommen. Es geht immer nur um das Erkennen dessen was ist, um bewusstere Entscheidungen treffen zu können. Das ist so, als wenn man glaubt, man könne mit Geld, das unlauter erworben wurde, in Frieden leben. Ich sage nicht, man könnte damit nicht „gut“ leben, aber in Frieden nicht.*

Ich habe nie wieder von dem Geschäftsmann gehört, aber ich denke, er hat dieses Haus nicht gebaut. Oft genügt ein kleiner Anstoß und dann gibt es schon im Vorfeld so viele Schwierigkeiten, dass es erst gar nicht mehr zum

Hausbau kommt. Die Zeit- und Geldverschwendung waren dann Lehre genug.

In einem ähnlichen Fall wurde mir der Grundriss eines neu zu bauenden Hauses zugeschickt, mit der Bitte, es auf „Feng-Shui-Tauglichkeit" zu überprüfen. Allerdings wurde gleichzeitig festgestellt, dass es im wesentlichen ohnehin nicht mehr zu ändern sei, weil die Grundmauern bereits stünden. Ich kannte das Vorhaben schon, doch damals kam es nicht zu einer Beratung.

Das Grundstück wies von der Zufahrt aus gesehen in den Bereichen Partnerschaft, Erfolg und Wohlstand eine stark nach rechts oben verlaufende Schräge auf. Da das Grundstück außerdem sehr klein war, passte man sich mit dem Grundriss des Hauses dieser Schräge an. Geometrisch stellte die Form des Hauses dann ein stark verzerrtes Viereck dar. In diesem Fall betraf das die oben genannten Lebensbereiche. Die Eingangstür im geplanten Wohnungsgrundriss lag im Lernbereich (Zahl Acht), die Diele war verzwickt und klein und hier befand sich auch noch eine Wendeltreppe nach unten. Die Erfahrungen (der Lernprozess) würden also sehr beengend sein und es drohte unmittelbar eine erhöhte „Unfallgefahr". Umgekehrt, weil man bezüglich seiner Persönlichkeitsentwicklung sehr unsicher war, ließ man nur wenig Offenheit dem Lernprozess des Lebens gegenüber zu und ließ neues Wissen und neue Erfahrungen nur zögerlich in sein Leben. Im Zusammenhang mit den anderen Themen, die sich stellten, war diese Situation gar nicht erfreulich.

Offensichtlich war sich der Bauherr der groben Disharmonie bewusst, denn er hatte mich schon lange zuvor kontaktiert, wo wir über das aktuelle Thema sprachen. Ich machte einen groben Vorschlag, wie man ein Haus mit einem rechtwinkligen Grundriss in das kleine, schräge Grundstück stellen könnte, doch hätte man dabei auf ein paar Quadratmeter Wohnfläche verzichten müssen. Manchmal genügt ein kleines freiwilliges Opfer, um sich manches Leid zu ersparen.

Er hatte mir jedoch zu verstehen gegeben, dass dieser Grundriss nicht in Frage käme. Als ich wieder von ihm hörte, standen bereits die Grundmauern und der Keller war fertig. Es war, als ob er auf jeden Fall verhindern wollte, dass verändert wird, was nicht verändert werden sollte. Jedem sei das Recht auf seine Entscheidungen belassen und man möge sich hüten, ungebeten darauf einwirken zu wollen. Insofern erstaunte mich der neuerliche Kontakt. Mir schien, als sollte Feng-Shui nun zurechtbiegen, was nicht in Ordnung schien. Der schräge Winkel zeigte also ziemlich schnell seine Wirkung ...

Viele entnehmen der Literatur über Feig Shui oder den verschiedenen Zeitschriften die Meinung, dass es sich bei Feng Shui um eine Art mystische Zauberkraft handelt, derer wir uns nur zu bedienen brauchen. Mit einem Neubau hat man die Chance, vorherige ungünstige, störende Energiemuster zu bereinigen und dem Geschehen eine neue Richtung zu geben. Ich lasse mir im Fall eines Neubaus oder eines Umzugs immer den zur Zeit aktuellen Grundriss der Wohnsituation zeigen, um Nachvollziehen zu können, wie es zu bestimmten Resonanzen kommt. Das eine ist immer eine Folge des Vorhergehenden und man sieht dann, ob sich die Lebenssituation günstig oder eher ungünstiger weiter entwickelt. Im obigen Beispiel war letzteres der Fall. Manchmal ist es so, dass wir bestimmte Erfahrungen „unbedingt" brauchen, weil sie wertvolle Erkenntnisse mit sich bringen.

Ansonsten bewirkt eine Beratung in der **Planungs**phase auf leichte Art einen Wandel der Sichtweise, die manches bewusst anders gestalten lässt. Ist jedoch bereits die **Bau**phase eingetreten und sollten sich bei der Beratung größere Änderungen als sinnvoll erweisen, die baulich nicht mehr berücksichtigt werden können, dann könnte es sein, dass man schon ans Ausziehen denkt, obwohl das Haus noch nicht einmal bezugsfertig ist. Einfach weil neue Einsichten andere Vorstellungen mit sich gebracht haben.

Etwas anderes ist es, wenn man schon längere Zeit in einem Haus wohnt und da auch bleiben will.

„Ja, tatsächlich", sagte einmal die Besitzerin eines Miethauses erstaunt zu mir, die ein ähnliches Haus gebaut hatte. „Das Grundstück wurde mir unrechtmäßig zugesprochen - zu Lasten meiner Schwester, wie ich heute weiß. Ich wollte das Haus so groß wie möglich bauen und habe mich daher der

schrägen Grundstückslinie angepasst." Sie hatte mit dem Haus viele Schwierigkeiten und wusste nicht warum. In diesem Fall halfen Steinsetzungen.

Es freut mich ganz besonders, wenn es das Schicksal eines Menschen will, dass ihm größeres Leid erspart bleibt.

Eine liebe Bekannte zeigte mir, gerade noch rechtzeitig - nämlich einen Tag vor Unterzeichnung des Kaufvertrages - die Wohnung, die sie zu erwerben gedachte. Sie besorgte die Schlüssel, damit wir uns ohne Beisein des Maklers ungestört unterhalten konnten. Wir verabredeten uns vor dem Haus und sie sagte mir, wo ich klingeln müsste. Als ich kam, stand sie auf der Straße vor dem Haus, weil sie bemerkt hatte, dass die Klingel nicht funktionierte. In der Wohnung sah es so aus, als wäre sie absichtlich demoliert worden.

Das Haus befand sich inmitten einer Häuserzeile am Stadtrand, die Wohnung im obersten Stockwerk des neu renovierten Wohnhauses, sehr sonnig, weil nach Süden ausgerichtet, mit einer kleinen Dachterrasse im Bereich Familie und sah auf den ersten Blick sehr einladend aus. Links hinter der Eingangstür (sie öffnete sich links herum) lag in einem Erker, der eine kleine Verstärkung im Grundriss darstellte, eine hübsche kleine, helle Küche und der Essplatz im Lernbereich. Meine Bekannte arbeitet in einer Klinik als Ernährungsberaterin, befasst sich mit speziellen Diäten und hält darüber auch Seminare. Zufall?

Der Wohnungseingang lag im Osten, die Eingangstür befand sich zwischen Lernen und Karriere und führte direkt in den großen hellen Raum vor der Dachterrasse und sollte wohl als Ess-und Wohnraum dienen. Fehlt in einer Wohnung die Diele, das Vorzimmer oder der Empfangsraum, deutet das darauf hin, dass man von dem, was ins Leben kommt, sehr direkt betroffen wird. Man könnte leicht zu vertrauensvoll und zu offenherzig sein, und ist daher leicht verletzbar.

Ein Stück rechts vom Eingang begann ein Flur in Querrichtung zum Bad, das im Bereich Hilfreiche Menschen lag. Die Eingangstür befand sich auf einer kaum bemerkbar schrägen Grundrisslinie. Die Schräge verstärkte sich in Richtung Bad. Im Bad selbst kam das besonders drastisch zur Wirkung, weil die Badewanne dadurch ganz schief im Raum stand. Das

Bad war sehr eng und klein und ohne Fenster. Auch die Tür zum Bad lag auf einer schrägen Linie. Die Schrägen in diesen Bereichen, betont noch durch die Türen, brachten in diesem Fall zum Ausdruck, dass man etwas will oder tut oder einem geschieht, von dem man genau weiß, dass es nicht gut oder richtig ist. Badezimmer mit Toilette steht für Be-reinigung und Loslassen, was man nicht mehr braucht. In Anbetracht der Schrägen könnte das aber eher bedeuten, was man vermeintlich nicht mehr braucht.

Da jedoch die Tür zum Bad das erste war, was man wahrnahm, wenn man die Eingangstür öffnete, hatten diese Gegebenheiten für meine Bekannte primären Charakter. Dagegen war das Thema Küche hinter der Eingangstür für sie sekundär.

Hinter der Wand des Flurs war der Rest des Wohnzimmers, ein Platz mit dem man nicht viel anfangen konnte, weil er zur Hälfte durch eine steile, offene Treppe, die nach oben zum Schlafzimmer führte, besetzt war. Sie begann im Bereich Partnerschaft und erstreckte sich an der Wand entlang bis hin zum Bereich Erfolg.

Die beiden Ebenen waren versetzt. Der obere Raum lag über der Nachbarswohnung, sodass man, oben angekommen, sich jetzt im Bereich Familie des Schlafraumes befand. Man betrat durch eine relativ kleine Öffnung in der Decke einen großen Raum unter dem Dach mit dicken Querbalken. Die Raumhöhe betrug hier mindestens 4m und ging dann rechter Hand seitwärts steil nach unten. In der Mitte befand sich ein viereckig gemauerter Schacht von mindestens 1 ½ m^2, in dem die Kamine des Hauses nach oben aus dem Dach führten. In der Ecke im Bereich Hilfreiche Menschen befand sich in der Dachschräge ein Abstellraum (Stauraum) mit einer schräg geschnittenen Tür, die sich nach außen öffnete und in Richtung Bett zeigte. Obwohl der Raum mindestens 30 m^2 hatte, wusste man nicht wohin mit dem Bett. Entweder man stand unter der Dachschräge oder vor den Kanten des Kamins.

Meine Bekannte meinte, das die schöne sonnige Dachterrasse, die hübsche Küche und der helle, geräumige Eß- und Wohnraum sie sehr anspreche, weswegen sie die Wohnung gerne nehmen würde. Andererseits hätte sie aber im oberen Raum ein so mulmiges Gefühl empfunden, dass sie meinte, *da würde sie sich niemals wohl und geborgen fühlen. „Und außerdem stimmt mit dem Eingangsbereich etwas nicht", sagte sie, „aber ich weiß nicht was ... ?"*

Ich erklärte ihr die Bedeutung der schrägen Eingangslinie im Grundriss und deren Bezug zum Bereich Karriere und Hilfreiche Menschen. Es hieß einfach, dass bezüglich dessen, was man will und dem Austausch mit anderen Menschen, etwas gewaltig schief läuft. Ich sagte, dass ich mir aber nicht vorstellen könne, wie man die Themen „Be-reinigen und Loslassen", verbunden mit einer Schräge im Eingangsbereich, erleben könnte. „Bestimmt nicht sehr angenehm", dachte ich und wollte es mir gar nicht näher ausmalen.

Hier bestand ja auch noch eine Verschärfung, weil man es in der oberen Etage (sie betrifft die Zukunft, also das was auf die Gegenwart folgt oder das Über-Ich) ebenfalls mit einer Schräge im Bereich Hilfreiche Menschen zu tun hatte: Die schräggeschnittene Tür des Stauraumes bezieht sich auf eine schräge Absicht, während die schräge Grundrisslinie im Bad sich auf ein unrechtes Tun bezieht und die Dachschräge auf ein zwingendes „sich den Umständen beugen müssen".

Meine Bekannte nahm jedenfalls Abstand von dieser Wohnung. Es ließ ihr aber keine Ruhe und so stellte sie Nachforschungen an. Der Besitzer der Wohnung gestand ihr dann, dass der vorherige Bewohner vor kurzem Selbstmord darin begangen hatte. Das ließ ihr erst recht keine Ruhe und sie fragte sich, in welcher Resonanz sie dazu stand. Über ein Medium erfuhr sie, dass ein naher Verwandter von ihr in den Dreißiger-Vierzigerjahren als leitender, verantwortlicher Arzt in einer Versuchsklinik, die als Irrenhaus bezeichnet war, mit Euthanasie und anderen unschönen Dingen zu tun hatte und dass es für sie sehr wichtig war, das jetzt zu wissen. „Es war ganz schrecklich für mich das alles zu erfahren, aber es hat mir viel geholfen, denn irgendwie wusste ich, dass es etwas gab, worüber in der Familie geschwiegen wurde", erzählte sie mir am Telefon.. „Außerdem stehen für mich in der Klinik, in der ich arbeite, gerade unausweichliche berufliche Veränderungen an, wobei mir die Kenntnis über diese Begebenheiten jetzt eine sehr große Entscheidungshilfe ist". Sie kaufte sich eine andere Wohnung, gemütlich und nett, mit einem ausgeglichenen Grundriss und einer sehr klaren, übersichtlichen Raumaufteilung.

Nicht immer bringen Schrägen so drastische Sicht- und Handlungsweisen zum Ausdruck.

Wie sehr aber schräge Winkel irritieren können, noch dazu, wenn sie durch Spiegel verstärkt werden, zeigt ein signifikanter Fall in einem Friseurladen.

Er befand sich in guter Lage in einem Vorort einer Großstadt. Das Geschäft lief über viele Jahre bestens. Nun war aber eine Renovierung fällig. Alles war gut geplant, die Inhaberin hielt für ein paar Wochen den Laden geschlossen, währenddessen das Personal Urlaub machte. Alles alte kam raus und wurde von einer Innenarchitektin komplett neu gestaltet. Der Verlauf der Umbauarbeiten verlief nicht ganz problemlos, aber zur Neueröffnung erstrahlte das Geschäft in neuem Glanz und wurde gebührend gefeiert. Meine Beratung erfolgte ein halbes Jahr später. Inzwischen hatten sämtliche, zum Teil schon langjährige Mitarbeiterinnen die Stelle gekündigt und die Stammkunden fielen mehr und mehr weg. Die Geschäftsinhaberin war nahe daran, den Laden schließen zu müssen.

Mein erster Eindruck beim Betreten des Geschäftes war, dass die Energien blitzartig in Zick-Zacklinien umherschossen. Obwohl die Gestaltung und Farbgebung auf den ersten Blick sehr gefällig waren, gab es etwas, das derart irritierte und nervös machte, dass man sich da nicht länger aufhalten wollte, ohne aber genau zu wissen warum. Der Grund dafür waren die Spiegel, die sich in so einem Geschäft wohl nicht vermeiden lassen. Aber man kann alles, im wahrsten Sinn des Wortes, auf die Spitze treiben.

An jedem Sitzplatz, es waren mindestens zehn, war der Spiegel an der Wand in einem schrägen Winkel angebracht. Da war eine schöne, in Naturholz verkleidete, komplizierte Wandkonstruktion, in der die Spiegel so integriert waren, dass sie an einer Seite ca. 10 cm von der Wand abstanden und das in unterschiedliche Richtungen. Da man in dem großen, in kleine Nischen unterteilten Raum nicht nur einen einzelnen Spiegel wahrnahm, sondern alle gleichzeitig, ergab das eine phänomenale Wirkung. Sie erinnerte mich an ein Spiegelkabinett im Vergnügungspark. Aber wer will sich da schon länger aufhalten?

Da half nichts anderes, als sich von der neuen Einrichtung zu trennen. Was die Finanzierung dessen anbelangte, hatte die Frau Glück im Unglück. Sie erzählte mir dazu, dass sie sich in dieser Angelegenheit wegen technischer Mängel ohnehin in einem Gerichtsprozess befände. Sie war sich jedoch bezüglich ihres Standpunktes etwas unsicher und fürchtete schon den Prozess zu verlieren. Als ihr jedoch nun das ganze Ausmaß der Bescherung bewusst wurde, schwor sie überzeugt: „Nun erst recht ...!" Sie gewann den Prozess. Nachdem alle Spiegel gerade angebracht und Nischen geschaffen waren, so wie früher, lief alles bald wieder so gut wie zuvor.

Spiegel werden im Feng-Shui oft eingesetzt, um Energien dahin zu lenken, wo sie gebraucht werden. Ihr Einsatz will aber gut überlegt sein, vor allem dann, wenn man Spiegel großflächig einsetzt.

Ebenfalls in einem Friseurgeschäft - das im ersten Stockwert eines Neubaus lag, gab es ein Problem, das durch Spiegel ausgelöst wurde. Im Erdgeschoss war der Empfang und ein Ladengeschäft mit Kosmetikartikeln. In der Mitte führte eine breite Treppe nach oben in einen großen Raum mit den Behandlungsplätzen und noch eine Etage höher, unter Dach, war ein Gemeinschafts- und Ruheraum für das Personal eingerichtet worden. „Komisch", sagten die Besitzer, „alle Kunden gehen, wenn sie heraufkommen, auf die linke Seite des Raumes und lassen sich da nieder. Die rechte Seite wird gemieden". Es war Samstag, kurz vor Geschäftsschluss. Die linke Seite war voll Kunden, die rechte total leer. „Wir haben den Teil gerade neu renoviert. Jetzt bräuchten wir ihn gar nicht mehr, weil er einfach nicht angenommen wird", meinten sie: „Es ist wie verhext. Wenn der Laden auf der linken Seite voll ist, sagen die Kunden sogar per Telefon den Termin ab."

Ich stellte fest, dass es in dem gemiedenen Bereich einen ziemlich störenden Einfluss gab.

Da war gleich zu Anfang der Sitzreihen im rechten Raumabschnitt eine Wasserader. Die würde an sich keine so drastische Auswirkung haben, dachte ich. Hatte sie ja vor der Renovierung auch nicht. Aber da kam noch eine Strahlung von oben. Sie musste von einer Antenne stammen. „Da ist aber keine Antenne", sagten sie. Wir gingen trotzdem nach oben und siehe da, fast genau an dem Platz ragte eine nagelneue Superantenne aus dem Nach-

bardach. Ungefähr einen Meter vor dem Spiegel war der kritische Punkt. Die Wand war hier komplett verspiegelt, verdoppelte optisch die Größe des Raumes, aber auch das von der Antenne verursachte elektromagnetische Feld und verstrahlte so den ganzen Raum. Keiner wollte sich da aufhalten, die Besitzer selber ja auch nicht, gestanden sie.

Im Erdgeschoss betraf sie das nicht, denn da war an dieser Stelle ein anderes Geschäft (der Bereich fehlte in ihrem Grundriss). Nicht so oben. Der Gemeinschaftsraum, welcher im Zuge der Renovierung adaptiert wurde, wurde vom Personal ebenfalls gemieden.

Ich fahre oft hunderte von Kilometern um eine Beratung zu machen und nehme das Reisen gerne in Kauf. Doch einmal hatte ich überhaupt keine Lust dazu, obwohl ich nicht einmal eine Stunde Anreise hatte. Es war ein Moment, wo mir alles so sinnlos erschien, so als wäre mein Tun „eh für die Katz". Trotzdem wollte ich den Termin einhalten.

Wir trafen uns zuerst in der Wohnung, sprachen alles durch und fuhren dann ins Geschäft. Es handelte sich um einen Laden mit Schmuck, Accessoires und Edelsteinen. Alles wunderschöne Sachen und geschmackvoll ausgestellt. Das Geschäft befand sich in einer lebhaften Fußgängerzone einer Großstadt und machte einen sehr ansprechenden Eindruck. Trotzdem lief es nicht so wie gewollt. Es bestand aus zwei größeren und ein paar kleinen Nebenräumen. Die Eingangstür befand sich im Bereich Persönlichkeitsentwicklung, seitlich zur Straße, auf einer schräg bis nach hinten zum Bereich Hilfreiche Menschen verlaufenden Linie und ging nach links auf. Die Energie konnte schön in die zwei Verkaufsräumlichkeiten fließen, welche durch einen Durchbruch (mit Unterzug) miteinander verbunden waren. Sie waren sehr hell, besonders der vordere Bereich, da die Front zur Straße hin komplett aus Glas war. In der Reichtumsecke stand ein Pult mit der Kasse (also direkt im Schaufenster). Die Nebenräumlichkeiten schlossen sich hinter den Verkaufsräumen an. Sie waren genau das Gegenteil, nämlich enge, schrägwinkelige Abstellräume und unordentlich. Sie lagen hauptsächlich im Bereich Hilfreiche Menschen, wo eine Glastür zu einem kleinen, düsteren Hinterhof des Stadthauses führte, wo die Mülltonnen standen. Doch die Tür ging nicht nach außen auf, sondern nach innen. Der Bereich Partnerschaft war stufenweise abgeschnitten und fehlte.

Die Gesamtsituation spiegelte den Problembereich Partnerschaft der Wohnung wider.

Ich erklärte der Ladeninhaberin die sehr ungünstige Konstellation im Bereich „Hilfreiche Menschen" im Zusammenhang mit der ebenfalls nicht gerade vorteilhaften Eingangssituation im Lernen.

Eine Hintertür ist nicht nur Ausgang, sondern auch Eingang und wirkt besonders einladend, wenn sie nach innen aufgeht. Dies umso mehr, wenn sie aus Glas ist, denn dann sieht man was drinnen ist, bevor man selber drinnen ist. Das verleitet zum Hineingehen, denn unsere Aufmerksamkeit folgt dem Blick. Das kann geschäftlich gut genutzt werden, aber nicht, wenn es sich dabei um eine Hintertür handelt und schon gar nicht, wenn dabei „schmutzige" Energien (Mülltonnen) mit herein kommen. Ich versuchte das verständlich zu machen und schilderte, wie sich so etwas zutragen könnte und dass man es erst bemerken würde, wenn es zu spät war: „Es könnte passieren, dass blitzschnell von hinten her jemand mit einer schrägen Absicht ins Leben kommt und sich holt, was er verlockend von außen sieht." Und ich sagte auch, dass dabei die eigene Unaufmerksamkeit eine Rolle spielt. Sie lächelte und sagte: „Ja", ich bin schon ein paar Mal bestohlen worden".

Nach der Beratung saßen wir in der kleinen Sitzecke, gleich neben der Eingangstür, und tranken Kaffee. Es war Sommer und die Geschäftstür stand weit offen. Ich stellte meine Aktentasche mit den Arbeitsutensilien neben meinem Stuhl auf den Boden. Als die Frau aufstand und mich aufforderte ihr zu folgen, weil sie mir etwas Besonderes zeigen wollte, zögerte ich, tat es dann aber doch. Nur für einen Moment hatte ich dabei meine beiden Taschen aus den Augen gelassen und schon war eine davon fort. Und zwar die mit den Arbeitsutensilien. Es ist mir heute noch ein Rätsel, wie das geschehen konnte, dabei entsprach der Vorfall haargenau dem, wie ich ihn als Möglichkeit zuvor geschildert hatte. Dieser Grundriss war geradezu prädestiniert dafür.

Wir dachten uns, dass dieser Jemand gar nicht so schnell verschwinden könnte und liefen die Straße hinauf und hinunter. Das Geschäft war währenddessen ohne Aufsicht! Als wir erfolglos zurückkamen, ging die Inhaberin zu ihrem Pult, holte die Kasse heraus und begann seelenruhig in der inzwischen hellerleuchteten Auslage und der noch immer offen stehenden Geschäftstür, ihre Tageseinnahmen zu zählen ...

Mir schien es ein langer, anstrengender und „unnützer“ Tag gewesen zu sein. Das war er nicht wirklich, aber immerhin: In der gestohlenen Tasche befand sich auch mein Honorar. Insofern war es eine unbezahlbare Lektion für meine weitere Laufbahn als Feng-Shui Beraterin.

Solche Erfahrungskonstellationen haben oft Menschen, welche (wie auch ich) die Zahl Vier in ihren Geburtsdaten haben. Sie müssen besonders auf ihre Gedanken achten und die (richtige/rechte) Einstellung. Die Vier steht ja für Rechtmäßigkeit, Stabilität, Struktur und Entwicklung, was als geometrische Form im rechtwinkeligen Viereck zum Ausdruck kommt, und dem der Geist, die Idee vorausgeht. Jede Entwicklung erfolgt stufenweise und eine Struktur wäre keine, wenn sie sich nicht aus einzelnen Abschnitten zusammensetzte, die dem ganzen Stabilität verleihen. Wir sollten deshalb wesentliche Einzelheiten im Leben nie aus den Auge verlieren und das bedenken, wenn wir gesetzwidrige (auch im kosmischen Sinne) Abkürzungen nehmen wollen, bei denen wir dann leicht auf die „schiefe“ Bahn geraten oder zum Opfer werden.

Ein Ehepaar wandte sich an mich, weil es scheinbar genug des jahrelangen Übels hatte und bereit war, alles dafür zu tun, um ihr Leben zu verändern. Die Frau war meist krank und so unzufrieden, dass sie ihrem Mann das Leben zur Hölle machte, was sie gleichzeitig sehr bedauerte. Des nachts konnte sie nicht schlafen und wurde von bösen Geistern geplagt und tagsüber war sie todmüde und wie erschlagen, so dass sie kaum mehr fähig war, ihren Job auszuüben. Währenddessen kämpfte ihr Mann verbissen um seinen eigenen beruflichen Erfolg und versorgte zusätzlich zum Großteil allein den gemeinsamen Haushalt. Sie lebten allein in der Wohnung, die sie seit kurzem bezogen hatten. Die Kinder waren bereits selbständig und lebten außer Haus.

Die Wohnung befand sich im Obergeschoss eines Zweifamilienhauses in ländlicher Umgebung. Vom gemeinsamen Hausflur unten führte eine Tür zu einer steilen Treppe ins Obergeschoss. Diese Tür war gleichzeitig die

Eingangstür zu ihrer Wohnung. Das heißt, sie hatten einen Ebenenwechsel in der Wohnung und zwar zwingend, gleich im Eingangsbereich. Da war ein kleiner Vorraum mit Garderobe und die steile Treppe, die oben im Zentrum mündete. Von vornherein konnte man also sagen, Selbstfindung erfolgt über einen Ebenenwechsel, sprich Transformation. Es ging im wesentlichen um das Thema der Wahrnehmung seiner selbst und den Zugang zu seinem Höheren Selbst. Mit einem Wort, man musste lernen zu einer liebevolleren Einstellung zu sich selbst und seinem Leben zu finden.

Die Frau klagte: „Jedesmal, wenn ich die Tür aufmache und da gleich die Treppe sehe, wird mir schon schwindlig." Nur widerwillig steige sie die Treppen hoch, um dann in eine Wohnung zu kommen, mit der sie sich überhaupt nicht anfreunden konnte und die sie am liebsten immer sofort wieder verlassen wollte. Auf die Frage, warum sie dann hier eingezogen sei, antwortete sie: „Wir mussten froh sein, dass wir überhaupt eine Wohnung gefunden haben, die wir uns leisten können."

Die Wohnung war sehr hell mit einer nur mäßigen Dachschräge. Vom zentralen Flur erreichte man alle Räume. Das deutet auf eine große Vielseitigkeit und viele Möglichkeiten hin, die man oft so erlebt, dass man nicht weiß was man tun soll. Bei einem so großen Potential wird das Sich-selbst-leben schnell zu einer Zerreißprobe. Abgesehen von der lieblosen Gestaltung der Wohnung fielen vor allem die vielen alten Möbel auf und erst beim zweiten Hinsehen die seltsame Struktur des Grundrisses in der Wohnung. Fast jeder Raum wies in der Fläche ein verzerrtes Viereck auf, im Gesamten war der Grundriss jedoch ausgeglichen. Das ist, als wäre unsere Sichtweise von einem Virus infiziert, der uns die Realität verzerrt erscheinen lässt.

Ich fragte nach der Herkunft der Möbel und den Bezug, den sie zu diesen Möbeln hätten. Sie stammten allesamt von verschiedenen Flohmärkten. Es war weniger die Vorliebe für Antiquitäten, die sie zu dem Erwerb bewog, sondern hauptsächlich die Möglichkeit, für wenig Geld „Wertvolles" zu erhalten. Diese zusammengewürfelte Schar von Energien war in der Wohnung so präsent, dass man selbst keinen Platz mehr zu haben schien und ich Hemmung hatte, der Aufforderung nachzukommen, auf der grünen Couch im Wohnzimmer Platz zu nehmen.

Wir setzten uns in die Küche. Die zwei Leute waren sehr lieb und ich fühlte fast körperlich ihre Verzweiflung. Bei Kuchen und Kaffe hörte ich weitere Geschichten und machte dem ein Ende, indem ich mir den Grundrissplan vornahm. Ich erklärte ihnen die Bedeutung eines ausgeglichenen Vierecks und machte meine Ausführungen anschaulich, indem ich die Korrektur am Plan einzeichnete. Sogleich wirkte der Grundriss harmonischer. Wir überlegten, wie wir das praktisch umsetzen könnten. Im Prinzip genügen schon ein paar Striche am Boden. Es sollen damit optisch Vierecke und Dreiecke entstehen. Ein verzerrtes Viereck sieht im ersten Moment aus wie ein Fünfeck. Es ist, als könnte man da etwas nicht auseinander halten. Es betrifft das Thema wie unter Zahl Sieben beschrieben. Wir müssen uns dessen bewusst sein, dass Himmel (Dreieck) und Erde (Viereck), also Denken und Fühlen verschiedenen Gesetzmäßigkeiten unterliegen und dürfen die beiden Ebenen nicht einfach vermischen. Den Zusammenhang von Geist und Materie erkennen wir nur, wenn wir sie getrennt betrachten. Was übrigens bei jeder Polarität der Fall ist.

Zum Ausgleichen vorhandener geopathischer Störungen gibt es Bio-Energiesysteme, die gleichzeitig das Energieniveau erhöhen. Dann könnte man nach und nach die alten Möbel durch neue ersetzen und seien es die billigsten Ikea-Möbel. Ein gründliches Clearing und Raumgestaltung mit aufmunternden Farben würden schnell eine neue „Ansicht" entwickeln lassen und andere Gefühle bewirken. Auf diese Art gewöhnt sich die Sichtweise an Harmonie und das Gemüt an Wohlbehagen.

Es ist sinnvoll bewusst nach dem Positiven zu suchen, wenn es verloren scheint!

Dann gingen wir in den Keller, wo ein großes Gästezimmer Besuche beherbergen sollte und der Mann seine Werkstatt hatte. Vom Hausflur aus gelangte man, ebenfalls durch eine Tür unmittelbar auf die Treppen nach unten. Der Keller wurde kaum benutzt, weil sich niemand da aufhalten wollte. An der einen Wand stand ein riesiges, wuchtiges Flohmarkt-Bett aus dunkelbraunem Holz und gegenüber ein ebensolcher Schrank, ein Haufen Gerümpel und Kartons mit uralten Sachen. Im Raum herrschte eine befremdliche, abweisende Kühle. Abgesehen davon, dass sowieso niemand gerne in einem Keller schläft, bedeutete diese Atmosphäre eine enorme Steigerung des Un-

wohlgefühls. Ich erinnere: Der Keller steht für die Vergangenheit und das Unbewusste. Hier war ebenfalls rigorose Entrümpelung angesagt, Clearing, „saubere" Möbel und eine freundliche Raumgestaltung.

Die Geister, welche die arme Frau des nachts belästigten und Angst machten, würden damit schon zum größten Teil vertrieben werden, wenn auch nicht ganz. Manchmal haben wir eine besondere Beziehung oder Durchlässigkeit zu anderen Seinsebenen, was in diesem Fall sicher zutraf. Diesen Dingen müssen wir uns dann stellen, um sie zu klären. Hierfür gibt es verschiedene Hilfen, wie zum Beispiel Rückführungen in Hypnose, Kontakt mit höheren Ebenen durch Medien, usw. Wenn wir wissen, worum genau es bei diesen Ängsten geht, verlieren sie in der Regel den Schrecken.

Wenn Menschen ungern in den Keller gehen, ihn aber zur besonderen Benutzung eingerichtet haben, bringen sie damit unbewußt schon zum Ausdruck, dass sie sich eigentlich mit ihrem Unbewussten auseinandersetzen möchten, und dass sie sich mit ihrer Vergangenheit nicht gerne beschäftigen, sie aber auch nicht loslassen können.

In diesem Fall war es daher sehr wichtig, alles „Fremdartige" auszusortieren, sich selbst zu stärken und zu schützen. Die Frau sprach besonders auf goldgelb und orangrote Farben an und die neue Raumgestaltung, die sie selbst bewerkstelligte, bewirkte schon bald - nach ihrer Beschreibung - eine unglaublich helle und freundliche Atmosphäre in der Wohnung und danach auch im Keller. Wenige Wochen später erhielt ich einen Brief, der vor Freude, Mut und Zuversicht nur so sprühte. Bald darauf fand sie einen neuen Job, der ihr richtig Spaß machte und Erfolg brachte.

Wenn unsere Verzweiflung den Höhepunkt erreicht, ist eine Veränderung derart fällig, dass es in der Regel nur mehr eines kleinen Anstoßes bedarf, den unter anderem eine Feng-Shui Beratung, wie in diesem Fall, dann geben kann.

„Zu dieser Zeit fiel mir das positive Denken wieder ein. Aber wie es so ist, wollte es zuerst nicht recht greifen", erzählte sie mir später. „Immer, wenn ich fest entschlossen gedacht habe: „Es geht mir gut", dann meldete sich da eine Stimme, welche versteckt im Hinterkopf lauerte und sofort hämisch

bemerkte: „Von wegen ...“ Und wenn ich hundertmal behauptete „es geht mir gut“, dann maulte sie hundertmal zurück „so ein Blödsinn“. Jedenfalls kam mir in diesem Dilemma ein – wohl jedem bekannter – Werbeslogan in Erinnerung. Der Erfinder sei gesegnet! Seit ich dem „es geht mir gut“ noch ein „nicht immer, aber immer öfter“ hinzufügte, geht es mir wirklich gut. Endlich war die Stimme in meinem Kopf still. Es verschlug ihm wohl die Sprache. Das „Nicht immer, aber immer öfter“ entsprach nämlich „meiner“ Wahrheit, dem war nichts mehr hinzuzufügen, damit war ich einverstanden. So befand ich mich dann in Harmonie mit mir selbst. Mir wurde klar, dass ich damit das Gegenteil meiner Feststellung, das sehr wohl in meinem Leben war, endlich nicht mehr negierte“.

Dass unsymmetrische, schräge Winkel auch sinnvoll sein können, erfuhr ich in einer Privatklinik für Zahn- und Kieferorthopädie.

Es ging um einen teilweisen Umzug und die Zusammenlegung zweier verschiedener Bereiche innerhalb des Unternehmens. Ich sollte die Gesamtplanung und Neuanordnung der Räumlichkeiten überprüfen. Wir besprachen einige Korrekturen und fanden neue machbare Lösungen, nur bei einer Sache stutzte ich. So sehr ich auch die Pläne studierte und vor Ort umherwanderte und alles genau besah, empfand ich Ausgewogenheit und Harmonie. Irgendwie war alles absolut stimmig. Dabei war kaum zu übersehen, dass die Verbindungswege zu den einzelnen Abteilungen in dem Behandlungsbereich der Zahnimplantation alle im schrägen Winkel verliefen. Ich fragte den Arzt, wie denn genau künstliche Zähne eingesetzt werden. Dabei erfuhr ich, dass die Zahnkanäle schräg angebohrt werden müssen, damit die Zähne sicher halten.

Nicht immer bleibt genügend Zeit, einem sich anbahnenden unheilvollen Geschehen eine Wende zu geben. Die Evolution gibt uns grundsätzlich drei Möglichkeiten: Dürfen, Können, Müssen. In der Müssenphase laufen anstehende Veränderung meistens leidvoll ab.

Ich wurde zu Rate gezogen, ob es sinnvoll sei, den Mietvertrag für geschäftliche Räumlichkeiten zu verlängern oder ob man lieber ausziehen sollte. Das Geschäft lief nicht gut. Der Laden lag in der Seitenstraße eines Wohnviertels einer Großstadt und machte einen eher verlorenen Eindruck. Die

Frau war künstlerisch sehr begabt. Ihre exzellente Kunst der Körpermalerei fand damals viel Beachtung (der Ausdruck „mega-geil“ ist hier wirklich zutreffend) und die Theatergarderoben, die sie entwarf und nähte, waren begehrt. Damit hatte sie sich vor ein paar Jahren selbständig gemacht, war in der Szene „in“ und trotz ihres - durch das Fernsehen - überregionalen Bekanntheitsgrades reichte das Einkommen kaum zum Leben.

Das Atelier war zugleich Ladenlokal in einem schmalen, lang gezogenen Raum. Die Eingangstür aus Glas lag im Bereich „Lernen und Wissen“, dem Lebensprinzip der Erfahrungen und der Persönlichkeitsentwicklung. Vom Thema her ging es also um Persönlichkeitsentwicklung im Allgemeinen und, wie sich in der Folge zeigte, in Bezug auf ihre Kreativität im Besonderen. Die Tür öffnete sich nach links. Das heißt die Ausrichtung dieser Person geht im übergeordneten Sinn links herum durch die Themen des Ba gua. In diesem Fall ausgehend vom Lernbereich folgen die Themen Karriere, Hilfreiche Menschen, Kinder, Partnerschaft, Erfolg, Wohlstand, Familie. Solche Menschen sind in der Regel sehr sensible, gesellige, kreative, partnerschaftlich ausgerichtete, starke Persönlichkeiten mit großer intuitiver Begabung, für die der Ausdruck ihrer selbst eine größere Rolle spielt als das Geld.

Die Eingangstür gemeinsam mit dem rechts davon befindlichen großen Auslagenfenster machte die Vorderfront aus. Im Bereich Hilfreiche Menschen war ein hübscher Sitzplatz, viele Bilder und Fotos und geschmackvolle Accessoires, und der Bereich Karriere war großteils freie Fläche. Eine kleine Theke für Bürokram bildete die Begrenzung zum rückwärtigen Teil des Raumes.

Hinter dieser Theke befand sich eine Treppe, die an der Decke endete. Sie führte früher nach oben ins erste Stockwerk. Diese Verbindung wurde aber vor der Vermietung des Lokals zugemauert. Hinter einem Vorhang versteckt, wurde dieser amputierte Treppenaufgang jetzt als Abstellraum benutzt. Gleich danach befand sich eine enge, wacklige Wendeltreppe aus schwarzem Metall, die in einen Kellerraum führte, der als Werkstatt diente. Die Regale waren hier vollgestopft mit Stoffen und überall hingen Kleider und Kostüme für den Verleih. In der Mitte stand ein großer Zuschneidetisch und davor die Nähmaschinen. Der Raum war etwas stickig und machte einen dunklen, bedrückenden Eindruck, obwohl er hell erleuchtet war.

Darüber im Erdgeschoss, also im hinteren Teil des Lokals befanden sich nach der Wendeltreppe ebenfalls hauptsächlich nur Kleider und Stoffe. An der rückwärtigen Wand war im Bereich des Existenziellen ein vergittertes Fenster, das in den Hinterhof führte und durch das man ohne Abstand direkt auf die graue Mauer des Nachbarhauses blickte. Ein Vorhang verdeckte den unschönen Anblick.

Aufgrund der breiten Fensterfront war der vordere Teil des Geschäftslokals hell und freundlich, aber irgendwie leer. Der hintere Teil, der durch einen offenen Durchgang neben der Theke zugänglich war, war umso dunkler und schwerer. Es war als kippe er nach hinten. Die „Bruchlinie" wäre dann im Bereich Familie-Zentrum-Kinder (Gesundheit-Selbstverständnis-Kreativität) gewesen. Natürlich war es so, dass die Energie sich hinten in den Bereichen des Wohlstands, Erfolgs und der Partnerschaft staute, noch dazu, wo dort so viel Stoff vorhanden war, dass die Energien regelrecht kleben bleiben konnten, und das vergitterte, verhangene Fenster keine guten Aussichten im Bereich der Vier versprach.

Das ließe sich ja alles noch ausgleichen. Was mich aber wirklich betroffen machte, waren die beiden Treppen. Sie befanden sich im Bereich Kinder und Kreativität, was der Leichtigkeit des Seins entspricht und das Thema der Sieben hat. Der Anfang dieser Treppen lag im Zentrum und der Durchgang zum hinteren Teil im Bereich Familie und Gesundheit. Treppen stellen eine Verbindung nach oben bzw. nach unten dar. Der Keller steht für die Vergangenheit und das Unbewusste, das Obergeschoß für die Zukunft und das Über-Ich, und das Erdgeschoß für die Gegenwart, die beide verbindet. Die Art und Gestaltung der Treppen zeigen die Weise an, wie diese Verbindung bewältigt wird. In diesem Fall glich dies einerseits einem sehr schwierigen Balanceakt und war andererseits überhaupt nicht möglich. Die Verbindung nach unten war eine schmale, wackelige, unfallträchtige Wendeltreppe und die Verbindung nach oben endete am Plafond. Als ich hinter diesen Vorhang sah, traute ich meinen Augen nicht, denn da stapelten sich schwarze Müllsäcke.

Sehr oft ist es so, dass wir an sich schon ungünstige Gegebenheiten unbewusst noch verstärken. Der Platz bot sich für die Müllsäcke an, da er sonst scheinbar nicht zu nutzen war. In Verbindung zu den sonstigen, insgesamt eher ungünstigen Gegebenheiten (Stau in den Bereichen Partnerschaft, Erfolg und Geld, Wendeltreppe und Kellerraum), sah die Sache ziemlich düster aus und zwar schon viel zu lange. Mir war sofort klar, dass da wahrscheinlich keine Maßnahmen mehr greifen würden. Die private Wohnung habe ich in diesem Fall nicht gesehen, denn wie mir die arme Frau im Laufe der Besprechung gestand, gab es gar keine mehr.

Da besonders der Bereich Kreativität der Problembereich war, bezog sich die Persönlichkeitsentwicklung hauptsächlich auf dieses Potential. Doch da, wo wir unsere größten Probleme haben, da liegen unsere Fähigkeiten und Talente verborgen. So, wie dieses Thema jetzt gelebt wurde, gab es offensichtlich kein Weiterkommen. Die Zukunft war dem versperrt - im wahrsten Sinn des Wortes. Im Zentrum, dem Selbstverständnis und der Selbstwahrnehmung, dem Bereich des Tao, da wo man wahrnimmt was ist, wurde es wegen der Treppen sehr eng und im weiteren Verlauf nach hinten, in die anderen Bereiche, stickig und düster.

Das Thema wurde so gelebt: Sie war eine starke Persönlichkeit mit außerordentlichen Fähigkeiten und zog ebensolche Kunden an. Es kamen kaum „normale" Menschen zu ihr.

Die Bereiche Karriere, Lernen und Hilfreiche Menschen waren ziemlich offen, boten Bewegungsfreiheit, aber die Luft war zu „dünn" für eine gewisse Beständigkeit. Man könnte auch sagen, man nutze aus und wurde ausgenutzt. Oder: Man tanzte auf einem sehr dünnen Eis. Der Bereich Karriere, der zeigt, wo unsere Interessen hingelenkt sind, wird oft in der Projektion gelebt. Es war ein freier Raum, in dem man sich bewegen und nach außen wirken konnte, wenn man vor dem Spiegel stand, weil man sich dabei im Auslagenfenster befand. Kreativität (das Thema der Sieben und im weiteren Sinne das der Dreizehn) kann man auch als Übermut oder Leichtsinn leben und als „Schicksal" erleben.

Sie kam mir vor wie die Mutter ihrer Kunden, und sah auch so aus. Sie war in einem Zwiespalt. Einerseits machte ihr die Sache Spaß und sie konnte nicht verstehen, warum es zu wenig Geld brachte, andererseits war sie unzufrieden, wusste aber nicht, was sie sonst machen sollte und wie es weitergeht. „Auf jeden Fall muss mir das was ich tue Spaß machen", meinte sie. Spaß und Freude sind nicht dasselbe. Ich sagte, dass sie ihre Kreativität transformieren und sinnvoller einsetzen müsse und machte Vorschläge, konnte mir aber nicht wirklich vorstellen, wie das gehen sollte. Jedenfalls war klar, dass die jetzige Situation aussichtslos und eine Veränderung längst überfällig war. Es stand für entsprechende Korrekturmaßnahmen ja auch gar kein Geld zur Verfügung und bauliche Veränderungen wären ohnehin nicht möglich gewesen. In Fällen wie diesen bringen provisorische Mittel nicht viel. Man müsste rigoros verändern. Insofern beantwortete sich die Frage nach der Verlängerung des Mietvertrages von selbst.

Wir konnten also nur sehr wenig tun und so fuhr ich sehr bedrückt nach Hause. Mir schwante nichts Gutes. Ich wusste, dass es an der Zeit war, dass sie ihre Spiritualität lebt und ihre ganz besonders ausgeprägte Kreativität transformieren und anders leben musste. Andere Menschen in ihrer Entwicklung zu unterstützen war ihr Lebensthema.

Wenige Monate danach erhielt ich die Nachricht, dass sie schwerverletzt im Krankenhaus liegt. Was war geschehen?

Sie war bei Bekannten auf Besuch und stürzte, als sie in das Stockbett klettern wollte, wo sonst die Kinder (!) schliefen, aus Unachtsamkeit von der kleinen Leiter. Sie verhedderte sich dabei so unglücklich mit dem Fuß, dass die Knochen mehrfach gebrochen waren und so kompliziert, dass es anfangs aussah, als würde sie niemals wieder richtig gehen können. Der Aufenthalt im Krankenhaus dauerte viele Monate. An das Weiterführen des Geschäfts war nicht mehr zu denken und die Art und Weise, wie sie bisher den Lebensunterhalt verdient hatte, war beendet. Frau M. war einerseits ziemlich verzweifelt und andererseits aber auch erleichtert. So sehr sie selbst sonst die Macherin war, so sehr war sie jetzt auf die Hilfe angewiesen und die bekam sie auch reichlich. In der Zeit des Krankenhausaufenthaltes und danach, während ihrer Berufsunfähigkeit, kristallisierte sich allmählich ein neues Leben heraus. Jetzt, einige Jahre danach, geht es ihr so gut wie noch nie in ihrem Leben und sie kann auch wieder richtig laufen, obwohl ihr die Ärzte damals keine Hoffnung gaben. Ihre außerordentliche Kreativität hat sie transformiert zu spirituellen Heilmethoden, mit denen sie, Dank ihrer hilfreichen Persönlichkeit, andere auf ihrem Weg unterstützen kann.

Bezeichnenderweise sind es meist die Problembereiche im Grundriss, die einen vom Anfang an stören, wo man aber Kompromisse macht. Oder umgekehrt: Manchmal haben gerade die Problembereiche eine besondere Anziehungskraft, weswegen man sich für eine bestimmte Wohnung entscheidet. Sicher, kaum ein Grundriss ist problemlos, so wie es auch das Leben nicht ist, aber es gibt gewaltige Unterschiede. Gut, man könnte sagen Probleme gibt es nicht, sondern nur Herausforderungen, aber nicht immer sieht man das so. Manchmal könnte man daran zweifeln. Mir ging es einmal so, als ich noch ganz am Anfang meines Feng-Shui Studiums stand und Erfahrungen sammelte.

Wir sind für unser Schicksal konditioniert und die äußeren Umstände sorgen dafür, dass es sich erfüllt. Wir kämen sonst wohl nie auf die Idee bestimmte Dinge zu tun, die dazu angetan sind, dass unser Schicksal sich erfüllen kann.

Es kann vorkommen, dass der Geist eines Verstorbenen noch in einem Haus herumgeistert. Selbst wenn dieses Haus neu erbaut wurde und da gar kein Todesfall war. In einem Fall war es zum Beispiel so, dass das alte Haus der Eltern und Großeltern abgerissen und an derselben Stelle ein neues gebaut wurde. Der Großvater war Alkoholiker und wurde seinerzeit aus dem Haus verbannt. Das Ehepaar, welches das neue Haus gebaut hatte, war ebenfalls am Scheideweg, doch der Mann weigerte sich, das Haus zu verlassen, statt dessen zog schließlich die Frau aus, obwohl ihr das Haus gehörte. Ihr Mann war auch Alkoholiker. Er bewohnte eine Wohnung im Erdgeschoss. Diese persönliche Geschichte wusste ich zu dem Zeitpunkt noch nicht, als ich einzog.

Es handelte sich um eine Mehrfamilienhaus. Aus den Mieteinnahmen sollte der Bau finanziert werden. Ich hatte damals noch meine Einrichtungsfirma und richtete diese Wohnungen ein, kannte sie also sehr gut. Während ich mit der Einrichtung beschäftigt war, machte mich das Haus neugierig. Es war besonders die Dachgeschosswohnung, die mich magisch anzog. Sie wies so ziemlich alle Raffinessen auf, die man im Feng Shui als sehr ungünstig bezeichnet. Sie war nicht so groß, vielleicht 50 m^2.

Im Grundriss dieser Wohnung lag die Eingangstür auf einer schrägen Linie im Bereich Hilfreiche Menschen und ging rechts herum auf. Im Bereich Partnerschaft war das Bad mit anschließendem Stauraum in der Dachschräge. Dieser Bereich war eine Verstärkung im Grundriss. Eine sehr schräg und spitz zulaufende Tür, die nach außen in das Bad aufging, störte die Atmosphäre in diesem gewaltig. Die offene Küche lag im Zentrum, das Wohnzimmer in Lernen und Karriere und das Schlafzimmer in Reichtum und Erfolg. Dicke, sichtbare Dachbalken zogen sich an den Seiten bis zum Boden und die Dachschräge machte nur auf wenigen Quadratmetern ein aufrechtes Stehen möglich. Die Wohnung war durch den hohen First und die Aufteilung der Räumlichkeiten in zwei Teile geteilt (Schlafzimmer und Bad, Wohnzimmer und Küche). Von jeder Seite sah man also nur eine einseitige Schräge nach oben. Obwohl der Eingang im Nordosten lag, war die Ausrichtung der Wohnung mit Balkon nach Süden.

Ich bezog diese Wohnung als Zweitwohnung, denn ich hielt mich zu der Zeit beruflich viel in dieser Gegend auf und so schien es mir praktisch. Außerdem wollte ich einmal selbst erleben, wie das alles wirkt. Die Gelegenheit schien mir einmalig, denn so viele ungünstige Bedingungen auf einmal würde ich so schnell nicht wieder finden. Aber nicht nur das. Ich hatte - wie mir nachher klar wurde - auch die entsprechende Resonanz dazu.

Ich brachte also meine Sachen mit und richtete mich so gut es ging ein. Obwohl ich mich nicht wohl fühlte, verbrachte ich immer mehr Zeit dort. Ehe ich mich versah, triftete ich ab in eine tiefe Depression, weshalb ich bald noch mehr Zeit in dieser Wohnung verbrachte, weil es mir sehr schnell immer schlechter ging und ich bald keine Aufträge mehr hatte. Dabei passierte es mir immer wieder, dass ich mir des öfteren an diesen Dachbalken oder der niederen Dachschräge über dem Bett ziemlich hart den Kopf anschlug und heftig zu fluchen begann. Wenn ich dann mal übers Wochenende nicht da war, ging es mir gleich wieder besser. Dann dachte ich, man müsste der Situation doch Herr werden. Aber dem war nicht so.

In der Nacht hatte ich immer das Gefühl, dass ich nicht alleine war. Um mich zu beruhigen, ignorierte ich diese Wahrnehmung. Doch beim Duschen schielte ich verstohlen zur schrägen Tür der Abstellkammer und es fiel mir auf, dass ich mich im Wohnzimmer immer so setzte, dass ich alles im Auge hatte. Ich versuchte mich immer wieder aufzumuntern, studierte Bücher, hörte viel Musik, doch trotz all dem „Don´t worry, be happy" und dergleichen kam ich nicht richtig auf die Beine, aber auch nie zur Ruhe. Alpträume bestimmten die Nächte, Ängste die Tage. Es ging mir nicht in den Kopf, dass dies alles nur von der Art der Wohnung herrühren sollte. Das tat es sicher nicht, aber es verstärkte, was als Tendenz schon da war. Sonderbarerweise bekam ich andererseits in dieser Zeit Zugang zu anderen, höheren Seinsebenen und hatte wunderschöne Lichterlebnisse. Das ließ mich dann wieder zuversichtlicher sein. Eines Nachts träumte ich, dass mich jemand verfolgt, worauf ich in das Haus lief, das diesem, in dem ich wohnte, glich und wo alle Räume voll Leichen waren. Ich wunderte mich, denn ich kannte sie und begann sie dann einfach wegzuräumen. Oder ich träumte, dass ich in einem Fluss schwamm, einer dreckigen stinkenden Brühe. Ich schwamm und schwamm und hoffte aus diesem Dreck herauszukommen. Tatsächlich wurde das Wasser immer klarer bis es schließlich ganz sauber und leicht war. Da stieg ich an das Ufer und legte mich in eine blühende Wiese. So schwankte ich ständig zwischen Höhen und Tiefen, wo ich total verzweifelt war. Manchmal, wenn ich es nicht mehr aushielt, fuhr ich zum nahegelegenen See und ging spazieren. Ich hatte zwischendurch immer wieder ausgesprochen helle Momente. Es war eher so, als wäre da gleichzeitig etwas, das mich trösten wollte.

Mit der Zeit wurde die „Fremdenergie" in der Wohnung immer deutlicher. Als ich einmal gerade dabei war einzuschlafen, war sie plötzlich sehr drastisch im Raum spürbar. Sie kam aus dem Bad und bewegte sich direkt und entschlossen auf mich zu. Dann spürte ich sie an den Fußsohlen und wie sie langsam in mir die Beine hoch stieg. Das war kein Traum! Ich war hellwach, aber konnte mich nicht wehren und war wie gelähmt vor Angst und Schreck. Ich wusste irgendwie, wenn diese Energie mein Herz erreicht, ist es aus. Bei dieser Gelegenheit habe ich das Beten gelernt. Es hat funktioniert. Das Wesen versuchte es später noch ein paar Mal, aber da war ich dann zusammen mit einer höheren Macht die Stärkere und es konnte mir nichts mehr anhaben. Doch es spukte weiterhin in der Wohnung herum und das war auch nicht lustig. Es wollte mich verwirren und mir immer wieder Angst machen, so als wollte es mich hier auf keinen Fall dulden. Da ich ohnehin nie die Absicht hatte länger dort zu wohnen, befand ich dann auch, dass es Zeit war zu gehen. Ich führte deshalb auch keinerlei ausgleichende, korrigierende Maßnahmen durch. Damals ging es mir nur um die

Erfahrung bestimmter Energiemuster. Dass es sich dabei um eine notwendige spirituelle Entwicklung handelte, daran dachte ich nicht.

Ich traf die Vermieterin wieder und sie erzählte mir ihre Geschichte, wie anfangs erwähnt. Ich selbst wies in meiner Biografie verblüffende Ähnlichkeiten auf. Es war mir erst im Nachhinein bewusst, was ich in den paar Monaten in dieser Wohnung alles aufgearbeitet hatte.

Was ich damit aufzeigen möchte ist, dass wir mehr als wir denken in unseren Familienverband verstrickt sind und die Bewusstseinsinhalte sich von Generation zu Generation fortsetzen, solange, bis sie irgendwann, von irgendwem in der Familie erlöst werden. Diese Verbundenheit geht Generationen zurück und setzt sich in weiteren Generationen fort. Das lässt verstehen, warum der Bereich Familie auch der Bereich der Gesundheit genannt wird. Über die sogenannten Erbkrankheiten können wir das heute in der Medizin gut nachvollziehen. Auf der seelisch-geistigen Ebene und der spirituellen ist uns das weniger bewusst.

Einmal kam ich in ein Haus, das von zwei Schwestern und der kleinen Tochter bewohnt wurde. Sie hatten das Haus geerbt, aber nicht nur das, sondern auch die Möbel sämtlicher verstorbener Anverwandten. Da sie ziemlich mittellos waren, brachten sie selbst soviel wie nichts in diesen Haushalt ein. Und weil sie eben nichts hatten, bekamen sie immer mehr geschenkt. Das ging so weit, bis das Haus bald aus allen Nähten platzte.

Der Grund für die Feng-Shui Beratung war, dass sie sich ständig beobachtet fühlten, dass das Kind schwach und kränklich war und die Mutter des Kindes fahrig und nervös. Offenbar hatten sie wenig Freude mit dem Haus. Es lag direkt an der Straße und so knapp, dass der Gehsteig unmittelbar an den Fenstern der Küche mit Eßplatz und des Arbeitszimmers vorbeiführte. „Jeder schaut herein", sagten sie gleich zu anfangs, „das stört uns sehr." Da es gleichzeitig die Nord-Ostseite war, waren die Räume eher dunkel, weshalb sie keinen Vorhang, Jalousie oder Rollo anbringen wollten. Sie klagten außerdem, dass sie mit ihrer Arbeit nicht so recht vorwärts kamen. „Alles zieht sich, die Zeit zerrinnt und abends sind wir müde, ohne dass wirklich etwas Konstruktives geschehen wäre."

Wir zwängten uns durch den Flur ins Wohnzimmer, das zugleich das zweite Arbeitszimmer war, wo wir provisorisch zwischen all den Möbeln und altem Zeug einen Platz fanden. Von hier führte eine breite Terrassentür in einen großen Garten hinter dem Haus. Ein Weg führte durch die Gartentür zum benachbarten Grundstück, welches der Mutter der beiden gehörte. Diese Gartentür befand sich im Bereich Familie. Schon äußerlich war die starke familiäre Verbundenheit ersichtlich. Auch die fehlende Abgrenzungsmöglichkeit. In nächster Nähe wohnten noch andere Anverwandte. Die Mutter hatte ständig ein Auge auf das Tun der beiden und konnte ganz überraschend durch diese Gartentür auftauchen, ebenso die anderen. So auch geschehen während der Beratung. Da kam die Mutter der beiden gerade zurecht, als ich vorsichtig darauf hinwies, dass durch das alte Mobiliar zu viel Fremdenergie im Haus sei, worauf sie wortlos wieder verschwand.

Die beiden Frauen wurden demnach von zwei Seiten bedrängt. Auf der Straßenseite schauten fremde Menschen herein und auf der Gartenseite die Angehörigen. Äußere Gegebenheiten finden wir innen wieder. Man darf nicht vergessen, dass eine heimliche „Beobachtung" oder eine permanent vorhandene, unterschwellige, d.h. mögliche Grenzverletzung einem viel Energie entzieht, weil sie einseitig ist und man der Situation unfreiwillig ausgesetzt ist. Es findet kein bewusster gegenseitiger Austausch statt. Das Grundthema war unschwer zu erkennen.

Natürlich ist es einem nicht bewusst, dass die entsprechende Resonanz in einem vorhanden ist. Nur wo eine Abgrenzungsschwäche besteht, kann eine Grenzverletzung stattfinden. Am ärgsten litt meines Erachtens das kleine Mädchen. Bei ihrem Anblick tat mir das Herz weh.

Es saß apathisch auf dem Sofa, blass und schmal und sah mit leeren Augen dem Geschehen zu. Ich nahm war, dass es von einer Entität besetzt war, die ihm seine Lebensenergie entzog.

Ich empfahl für´s Erste an den Straßenfenstern ungefähr in Augenhöhe beidseitige kleine Feng-Shui Spiegel (ca. 8 cm, 8-eckig) anzubringen. Die wirken sofort. Wie gesagt, unsere Energie fließt an Grenzen entlang und wo eine Öffnung ist, schauen wir unwillkürlich hin. Ohne es zu wollen, schauten die beiden selbst immer aus dem Fenster zur Straße, wo die Leute vorbei gingen. Da sich da dauernd etwas bewegt, was die Aufmerksamkeit erweckt, kann man sich dem kaum entziehen. Wo die Augen hingerichtet sind, da fließt auch unsere Aufmerksamkeit hin. Die Passanten tun dasselbe, normalerweise ungewollt, es sei denn ein Voyeur nützt die Situation bewusst aus. Befindet sich nun der kleine Spiegel im Fenster, gibt er den Blick zurück. Das irritiert, macht einem aber die Abgrenzung bewusst. Der Blick auf den Spiegel ist zwingend, weil er auf der durchsichtigen Fensterscheibe als reflektierende Fläche die Öffnung unterbricht. Umgekehrt ist es genauso. Auch wenn man von drinnen nach draußen blickt, bleibt das Auge am Spiegel hängen und gibt die Energie zurück, die sonst unbewusst und zwingend zum Fenster hinausschweift und verloren geht. So ein Energiestopp ist nur in Härtefällen anzuraten. Ansonsten genügt eine Pflanze, ein Mobile, eine Kristallkugel oder dergleichen.

An der Gartentür tut es ein kleines Klangspiel oder eine Glocke, die bimmelt, wenn die Tür geöffnet wird. In diesem Fall ist es der Klang, der uns eine Begrenzung bewusst macht. Die Bewohner werden aufmerksam, dass jemand kommt und der Kommende weiß sich angekündigt. Diese Maßnahme verwendet man auch als Einbruchsschutz und sie wirkt verblüffend gut. Das ungewollte Beobachtetwerden von der Straßenseite und die plötzlichen Überraschungen von der Gartenseite waren damit in Zukunft überwiegend ausgeschlossen und das brachte schon mal mehr Ruhe ins Haus. Nun konnte man sich mehr den eigenen Angelegenheiten widmen, es war auch mehr Energie hierfür vorhanden. Dadurch wird allerdings auch die Bedrückung durch die vielen klobigen alten Möbel und deren Fremdenergien mehr bewusst und es entsteht das Verlangen, diese zu entfernen. Was natürlich kein Fehler ist. Vorher getrauten sie sich nicht, sich von ihren Erbschaften zu trennen oder die Annahme zu verweigern, aus Angst vor den Vorwürfen des Familienclans. Ich empfahl sie nach und nach zu verkaufen oder zu verschenken, unbrauchbare Inhalte zu entrümpeln und bei Bedarf ein altes Möbel durch ein neues zu ersetzen, auf jeden Fall aber alle Möbel im Kinderzimmer! Die Energie kann nicht frei fließen, wenn alles vollgestellt ist. Man blockiert sich selbst und es kann nichts Neues ins Leben kommen. Das ganze Haus sollte ausgiebig ausgeräuchert werden und man sollte dies zuerst in kürzeren, später in längeren Abständen wiederholen.

Es war wichtig für die beiden, ihr Selbstwertgefühl und ihr Selbstbewusstsein zu stärken. Jeder weggegebene Schrank würde mehr Bewegungsfreiheit bringen und Platz machen für das Bedürfnis und die Lust, sich seinen Lebensraum so zu gestalten, wie man es wollte. Eine besonders wirkungsvolle und relativ preiswerte Möglichkeit bietet hierfür immer die Raumgestaltung mit Farben. Klare helle Farben an den Wänden, Vorhängen, Bezugsstoffen etc. bringen eine freundliche, heitere Schwingung und damit Stimmung in das Haus. Das stärkt und macht Mut so weiter zu machen und zieht entsprechend neue Ideen und Möglichkeiten in das Leben. Dazu haben so manche „Geister" keine Resonanz mehr und verschwinden von selbst. Damit nehmen die beiden Frauen das Haus erst wirklich in Besitz und fühlen sich nicht mehr überfordert.

Wie die beiden später von einer Hellseherin erfuhren, war es die Wesenheit einer alten Frau, die das arme Kind so drangsalierte. Die medial begabte Seherin konnte das Kind davon befreien und es kam langsam wieder zu Kräften.

Auch die Mutter der beiden jungen Frauen hielt sich ab sofort mehr zurück und die Verwandten waren gar nicht so empört wie befürchtet, als nach und nach die Erbschaft verschwand. Nachdem es auch beruflich wieder aufwärts ging war es an der Zeit, sich den Keller vorzunehmen und mit der Vergangenheit gründlich aufzuräumen.

Oft ist es ein akutes, störendes Problem, das nicht direkt sichtbar ist und Menschen dazu veranlasst, die Hilfe einer Feng-Shui Beratung in Anspruch zu nehmen.

Ein eher lustiger Fall war die Sache mit dem Bürogeist. Eine „gestandene" Firmeninhaberin erzählte mir, dass sie seit längerem beobachte und es inzwischen genau wisse, dass während der Nacht jemand ihr Büro „benütze". Es war ein Rätsel, wie dieser Jemand hineinkam, aber die Telefonrechnungen sprachen dafür, obwohl keine Nummern gewählt wurden, die sie nicht kannte. Die Frau machte keinen hilflosen Eindruck und auch nicht abgedreht. Sie beobachtete und forschte nach, recherchierte bei der Telefongesellschaft und glaubte zuerst lange nicht an einen Spuk. Trotzdem war ihr langsam nicht mehr wohl. Sie wusste jedesmal mit Sicherheit, wann „er" wieder da gewesen war. Es machte mich stutzig, dass sie von einem „Er" ausging, könnte es sich doch genauso gut um eine „Sie" handeln.

Das Büro befand sich in der oberen Etage eines Geschäftshauses. Um es zu erreichen, musste man, um zum Lift zu gelangen, durch ein Bekleidungsgeschäft im Erdgeschoss gehen. Oben mündete der Lift dann direkt ins Büro. Das Büro konnte also nur durch das Schloss im Lift abgesperrt werden.

Der Raum, in dem sich die Sache abspielte, lag im Bereich Hilfreiche Menschen, gleich neben der Eingangstür der Büroetage. Es gab mehrere Büros, doch nur in dem einen trat das Phänomen auf. In der Firma gab es sonst keine Besonderheiten und mit den Geschäften keine Probleme. Interessanterweise aber im Haus der betroffenen Dame, welches sie mit ihrem Ehemann bewohnte.

Ebenso wie die Büroräume hatte das Ehepaar erst vor kurzem ein neues Haus bezogen. Hier gab es eine Sache, die sie bald ganz besonders störte. Im Öltankraum im Keller stank es fallweise furchtbar, obwohl ein kleines Fenster für ausreichend Belüftung sorgte. „Jedesmal, wenn wir die Tür aufmachen, haut uns das fast um", war ihr Kommentar. Da die Kellertreppe offen war, verbreitete sich der Geruch dann im ganzen Haus. Schon am Telefon klang die Stimme leicht verzweifelt und ich sollte so rasch wie möglich kommen. „Anfangs merkten wir nichts, aber jetzt wird es immer schlimmer und ich kann den Grund dafür nicht finden", meinte ratlos der Ehemann. Der Öltank war von außen, unten links neben der Eingangstür, im Bereich Lernen (die Zahl Acht!) zum Beschicken. Da war nichts Ungewöhnliches. Unten im Keller lag der besagte Raum im Bereich Partnerschaft. Das lässt so manche Assoziierungen zu. Mir fiel dazu eine Leiche ein, und zwar die eines jungen Mannes. Irgendwie hatte ich deutlich sein Bild vor mir. Es war ein blondgelockter Jüngling. Ich meine nicht wirklich eine Leiche im Keller, sondern nur die Energie davon oder eine Projektion war da. Ich wagte es nicht zu sagen und zuckte zusammen, als die Ehefrau lakonisch meinte: „Es stinkt nach einer Leiche." Es war keine psychische boshafte Energie, nur der durchdringende Gestank. Ich empfahl einen gelben Engel an die Innenseite der Tür des Tankraums und eine Y-Karte im Tankraum. „Jetzt hat es sich noch arg verschlechtert. Wir laufen mit zugehaltener Nase durch das Haus. Sogar bis ins Schlafzimmer verfolgt uns dieser penetrante Gestank", klagte bald darauf die Frau am Telefon und fügte hinzu: „Ich halte das nicht mehr aus." Sie hatte den gelben Engel und die Y-Karte[11] *vor zwei Tagen angebracht. Ich bat sie noch einen Tag durchzuhalten. Nach drei Tagen war dann mit einem Schlag der Spuk vorbei.*

Nun fiel mir die Sache mit dem Geist in ihrem Büro wieder ein. Ich weiß nicht warum, aber irgendwie schien mir da ein Zusammenhang zu bestehen. Diesmal wusste ich keinen Rat. Als wir mit dem Lift hinunterfuhren und unten das Geschäft betraten - es war ein Herrenmodengeschäft - sah ich direkt in die Augen einer männlichen Schaufensterpuppe, die blond gelockt und chic bekleidet, einige Meter entfernt, gegenüber dem Lift, uns lächelnd zugewandt, dastand. Es klingt so unwahrscheinlich, wenn ich das sage, aber es war, als sei die Gestalt in dem Moment belebt und als hätte sie auf uns gewartet. Ich sah die Anwesenheit der Energie ganz deutlich in den Augen dieser Figur. „Sein" Gesichtsausdruck mit dem freundlichen Lächeln hatte etwas, das meine Aufmerksamkeit so zwingend auf sich zog, so als würde er sagen: Da bin ich. Auferstanden und erlöst. „Da ist er ja", entfuhr es mir. Das Ehepaar sah mich etwas peinlich betroffen und verständnislos an. Aber der nächtliche Besucher kam nie wieder ins Büro ...

Ich selbst hätte solche Dinge früher auch nicht in Betracht gezogen. Heute weiß ich, dass die Seinsebenen nur einen Hauch voneinander entfernt sind.

Manchmal kann ein einziges altes Möbelstück schon störend wirken. Einmal saß ich mit einer Familie am großen Esstisch, wo wir über Feng-Shui im Allgemeinen und die Pläne ihrer Villa im Besonderen sprachen. Wir saßen, mit Unterbrechungen, schon etliche Stunden da, als ich plötzlich eine störende energetische Präsenz hinter mir wahrnahm. Ich drehte mich um und konnte mir das erst nicht erklären, denn der Raum war sehr groß und geräumig. Offen und leicht ging er über in den hellen Wohnbereich,

[11] Symbolkräfte, der Farben und Formen eine harmonisierende Wirkung haben. Sie basieren auf der Durchsage der geistigen Welt und stehen uns als Schutz vor lebenszerstörenden Energien zur Verfügung. Horst Krohne

energetisch sauber und freundlich. In der Nähe unseres Sitzplatzes, der übrigens im Bereich Kinder lag, stand eine schöne alte Vitrine. Sie war mir schon anfangs aufgefallen. Manchmal haben solche Möbel ja auch eine sehr gute Ausstrahlung. Jetzt fragte ich aber nach ihrer Herkunft. Die Dame des Hauses sagte stolz: „Die Vitrine, ja das ist ein Erbstück von meiner lieben Tante, einer Schwester meiner Mutter. Das Einzige, was wir behalten haben. Eben als Andenken an sie. Sie war unverheiratet und wohnte in unserem Haushalt."

Trotzdem, irgendetwas stimmte da nicht. Ich fragte weiter: „Wie standen Sie zu ihrer Tante als Kind? Mochten Sie sie sehr gerne?" „Nein, eigentlich mochten wir (ich und meine Geschwister) sie nicht", sagte sie zögernd nach einer Weile. „Wir haben uns oft vor ihr gefürchtet und nannten sie eine alte Hexe", fügte sie beschämt hinzu und erklärte: „ Sie war immer so streng und kritisch mit uns." Ich ließ es dabei bewenden, denn ich merkte, dass sie sehr an dem Stück hing, empfahl aber ein Clearing.

Ein paar Wochen später hatten sie Besuch von einem bekannten Geistheiler aus England und kamen am selben Platz wieder auf diese Angelegenheit zu sprechen. Er nahm ebenfalls die Energie der Tante wahr und Dank seiner geistig-spirituellen Fähigkeiten konnte er sie schnell erlösen. „Ich habe meine Tante in Liebe und Verständnis entlassen", erzählte mir die Frau stolz „und seither wirkt, die Vitrine als ob sie lächelte".

Ich habe die Erfahrung gemacht, dass es genügt, wenn ich erkläre welche Aussagen die Gegebenheiten haben. Dass sich daraus persönliche Schlüsse für die Bewohner ziehen lassen und auch für ihre Zukunft ist klar, doch da kommen die Menschen in der Regel von selbst drauf. Wie sich die Dinge genau ereignen werden, kann niemand wissen. Ich hüte mich deshalb Voraussagen zu machen, weil Worte eben einschränken und sich die Vorstellungen oder Erwartungen dann auf das Gesagte reduzieren. Das Universum aber kennt unendlich viele Möglichkeiten, wie das Schicksal der Menschen sich erfüllen kann. Wir selbst agieren mehr oder weniger aus einem begrenzten Blickwinkel heraus.

In dem geschmackvoll eingerichteten, geräumigen Wohnzimmer eines Ehepaares stand eine schöne alte Kommode (im Bereich Kinder - Kreativität) inmitten gediegener, moderner Möbel. Sie war aber so groß, dass sie die Gehzone im Bereich Kreativität stark einschränkte und schon allein dadurch nicht zu übersehen war. Sie hatte aber sonst nirgends Platz. Wir sprachen darüber, aber die Frau wollte sich nicht von ihr trennen. Ich fragte sie, was sie denn da aufbewahre. „Ach, irgendwelches altes Zeug", meinte sie, so als wäre das nicht wichtig. Mir schien aber, dass nicht nur die Truhe wertvoll für sie sein musste, sondern auch der Inhalt. Wenn einem etwas so im Weg steht, dann macht es auf etwas aufmerksam. Doch der Grund der Beratung war hauptsächlich das Partnerschaftsthema.

„Im Verlauf der Realisierung der sonst noch besprochenen Maßnahmen erinnerte ich mich an die Frage nach dem Inhalt der Kommode, die mir dauernd im Weg steht. Ich begann in ihr zu stöbern", erzählte sie mir Wochen später. „Und weißt Du was ich dabei gefunden habe?" „...?" „Meine alten Zeichnungen und Bilder aus der Schulzeit", sagte sie ganz aufgeregt. „He, die sind echt gut ..."

Es dauerte nicht lange, dann kündigte sie ihren Job und ist seither als freiberufliche Designerin erfolgreich selbständig.

Oft sind die Menschen überrascht, wenn ich ihnen zeige, welche Auswirkungen Grundrisse oder bestimmte Gegebenheiten auf ein Geschehen haben.

Während des Aufenthaltes zu einem Seminar, welches auf einer sehr beliebten Ferieninsel im Norden Deutschlands stattfand, fiel mir ein Lokal auf. Ich war damals zum ersten Mal dort und kannte also die Gepflogenheiten der Insel nicht. Trotzdem, dieses Lokal machte schon von außen den Eindruck eines In-Lokals, obwohl die äußeren Anzeichen eigentlich dagegen sprachen. Das Pub lag im Zentrum, eingezwängt in eine Häuserzeile, in der sich viele Restaurants befanden und unterschied sich äußerlich kaum von den anderen, außer dass man drei Stufen hochsteigen und die Tür gegen sich aufmachen musste. So etwas deutet auf eine Verzögerung hin (unbewusste Hemmung) sich hineinzubegeben, was bei einer Gaststätte nicht so vorteilhaft zu sein scheint. Oft wird eine sich nach außen zu öffnende Tür als Vorschrift begründet, besonders bei öffentlichen Gebäuden. Doch bei den anderen Restaurants in der Straße war dies nicht der Fall.

Auch wir gingen erst einmal vorbei, obwohl ich zögerte, weil mich diese Situation neugierig machte, zumal das Lokal nicht gerade einen leeren Eindruck vermittelte. Ich nahm mir vor, meinen Seminarteilnehmern auf dem Rückweg dieses Fallbeispiel auf keinen Fall vorzuenthalten. Es war schon kurz vor Mitternacht, als wir wieder davor standen. Das Lokal war immer noch gerammelt voll, was man zwar von draußen nicht sehen, aber irgendwie ahnen konnte. Als Außenstehender merkte man gleich: „Aha, hier trifft man sich." Da der Eingang im Bereich Karriere lag, zog es Menschen an, die wissen was sie wollen, d.h. die aus einem ganz bestimmten Grund gerade dieses Lokal wählen und kein anderes. Die Touristen blieben fast ausnahmslos draußen, dafür sorgte schon die Hemmung an der Tür. Bei den Gästen zeigt sich das, indem sich ihr Kommen aus anderen Gründen oft verzögert, oder man sich einen Besuch extra vornimmt, weil man sich da verabredet hat, oder man kommt, weil man weiß, dass man ganz bestimmte Leute treffen wird.

Wir hatten Glück und bekamen bald an der langen, gerundeten Theke (im Bereich Lernen und Familie) einen übersichtlichen Platz. Eine Theke in diesem Bereich deutet auf „Persönlichkeiten" hin und Stammkunden. Eigentlich wollten wir nur einen letzten Drink nehmen, doch als wir endlich aufbrachen, waren das mehrere. So erging es nicht nur uns, sondern auch allen anderen Gästen. An der Tür war nämlich ein massiver Türschließer angebracht. War man erst einmal drinnen, dann blieb man. Außerdem war das Lokal ein Stauraum. Natürlich würde man das nicht tun, wenn es einem nicht gefiele. Aber das war nicht der Fall, denn der Gastwirt sorgte gekonnt für Stimmung und leibliches Wohl, denn auch er weiß, was er will und was die Leute wollen. Man musste sich regelrecht überwinden zu gehen, so wie man erst einmal den Widerstand des Türschließers überwinden musste, um nach draußen zu kommen.

Genau das Gegenteil stellen Schnellimbissrestaurants dar. Das sind meist moderne Bauten mit viel Glas. Kaum ist man drinnen, denkt man sich schon hinaus. Man folgt seinem Blick, der dauernd nach draußen schweift. Die Einrichtung ist unpersönlich und kühl und lädt nicht zum Verweilen ein. Die Energie fließt also schnell durch, was der Absicht schnelles Geld zu machen entspricht. Was zählt, ist allein die Kundenfrequenz.

Stauräume haben also auch ihr Gutes. Aber nicht immer. Es kommt ganz darauf an, was sich staut und in welchem Zusammenhang.

Eine andere Art von Energiestau erlebte ich in der Tochterfirma eines internationalen Großkonzerns. In der Lagerhalle stapelte sich die Ware in meterhohen Regalen und Containern und wollte nicht so recht das Weite finden. Die Firma versorgte als Großhändler ganz Deutschland mit elektrotechnischem Kleinstmaterial, das in jedem Haushalt gebraucht wird. „Seit wir in dieses Gebäude umgezogen sind, wird der Lagerumschlag immer langsamer und der Umsatz geht zurück," erzählte der Firmendirektor. „Das ist mir ein Rätsel. Es hat sich sonst nichts verändert, weder die Marktlage, noch das Management, noch die Ware, Kunden oder Mitarbeiter. Trotzdem geht jetzt alles langsamer und ungereimte Widrigkeiten verzögern den Absatz und die Konkurrenz schnappt uns die Aufträge weg."

Das riesige Gebäude stand hinten äußerst dicht an der Grundstücksgrenze und wurde seitlich be-und entladen. Die Zufahrt war so eng, dass zwei Lastwagen nicht aneinander vorbeikamen. Das heißt, einer von beiden musste warten. Kam also gerade eine Lieferung oder sollte Ware abgeholt werden, wenn die LKW vollgeladen das Gelände verlassen wollten, mussten sie alle warten. Umgekehrt ging das kaum, weil der kommende LKW sonst die Straße blockiert hätte. Andererseits war der Platz vor den Laderampen nicht gerade eine Spielwiese, so dass das Rangieren für die LKW-Fahrer jedes Mal eine Herausforderung an Geduld und Können darstellte, was Unmut aufkommen ließ. Diese Umstände erforderten vom Lagerleiter äußerst genaues Timing, um die Reibereien möglichst gering zu halten.

Die Lagerhallen waren zwar riesengroß, aber fensterlos, und es gab nur eine Öffnung. Dadurch entstand ein riesiger Stauraum. Stauräume haben an sich, dass sie weitere Energie anziehen, aber nichts loslassen. In diesem Fall ging es ja darum, dass die angekommene Ware möglichst schnell wieder das Lager verließ. Eine rasche, praktikable Lösung sollte gefunden werden. Eine bauliche Umgestaltung war nicht realisierbar, dazu fehlte der Platz. Ideal wäre es natürlich, wenn von der einen Seite die Zulieferung und von einer anderen Seite die Auslieferung erfolgen könnte, und die Straße und Zufahrt so breit ist, dass die LKW einander nicht tangieren. Das lässt sich zwar durch Timing regeln, trotzdem ist der energetische Stau im Inneren des Gebäudes schon an den äußeren Gegebenheiten sichtbar.

Ich schlug vor, zumindest symbolisch in der Lagerhalle ein riesiges Tor an die Wand zu malen, so groß, dass ein LKW samt Aufbau durchfahren könnte. Das wagte ich zuerst gar nicht zu sagen, denn ich fürchtete, dass man das lächerlich fände. Doch der Firmenchef zögerte nicht lange. Gesagt, getan. Es bot sich hierfür die Wand im Bereich Erfolg an. Obwohl danach wieder die Regale an die Wand mit dem aufgemalten Tor gestellt wurden, funktionierte der „Trick". Es dauerte nicht lange, da bekam ich die frohe Botschaft: „Die Ware kommt und geht, und kommt und geht. Wir wissen gar nicht wie uns geschieht ..."

Ich sage es ungern, aber es ist in solchen Fällen tatsächlich so, dass sich in der Folge die Frage stellt, wie mit diesem Erfolg umgegangen wird.

Ob kleine oder große Räume, energetischer Stau ist meistens nicht empfehlenswert. Das erfahren wir ja auch auf der körperlichen Ebene, wo das für jeden gut nachvollziehbar ist. Erfahrungsgemäß stellen sich bald Schmerzen ein. Wir sollten daher immer für Durchfluss sorgen. Wie obiges Beispiel zeigt, funktioniert auch ein nur symbolischer. Sehen wir ein Fensterbild - es ist zugleich ein Blickfang - so verbindet dies unser Hirn mit Durchschauen, so wie wir das eben bei einem Fenster tun. Im vorhergehenden Fall genügte es, dass jeder auf das aufgemalte (ungewöhnliche) Tor aufmerksam wurde, wenn er in die Lagerhalle kam und es unbewusst mit durchfahrenden LKW´s assoziierte. Es ist ein Unterschied, ob jeder denkt „brr, wie voll das hier ist" oder ob er das Tor bestaunt. Selbst als derjenige, der das Tor gemalt hat und den Auftrag bekam: „... so groß, dass ein LKW durchfahren könnte", hat bei seiner Arbeit nur diesen einen Gedanken im Kopf gehabt. So wird eine energetische Qualität geschaffen, die auf das Geschehen wirkt.

Auch in vielen Wohnungen gibt es Stauräume, das heißt fensterlose Räume, wo die Energie nicht durchfließen kann. Meistens denken wir uns nichts dabei. Trotzdem neigen solche Räume dazu, bestimmte Gerüche anzunehmen und die Luft ist stickig. Klimaanlage oder elektrischer Abzug sind zwar Abhilfen (wie ein künstlicher Ausgang), aber nur

Teillösungen, während ein Fensterposter uns symbolisch einen Ausblick oder Durchblick verschafft und die gestaute Energie wieder zum Fließen bringt.

Haben wir einen Stauraum in unserer Wohnung, dann deutet das darauf hin, dass auch im Leben etwas ins Stocken geraten ist. Wir entwickeln diesbezüglich keine neuen Ideen, haben oft keine Vorstellung wie es anders sein könnte oder lassen eine andere Möglichkeit gar nicht zu. Je nachdem in welchem Wohnbereich sich dieser Stauraum befindet, betrifft dies ein bestimmtes Thema in unserem Leben.

In einer Wohnung befand sich im Bereich Partnerschaft ein solcher Stauraum, vielleicht 4-5 m^2 groß, wo hauptsächlich neben Putzzeug und Koffer eine Menge Schuhe aufbewahrt wurden. (Schuhe unterstützen uns beim Voranschreiten). Unter anderem war ein Grund für die Feng-Shui Beratung, dass die Bewohnerin sich in einer für sie sehr unbefriedigenden Beziehung befand, wo sie nicht wusste, wie sie das lösen sollte. Ihr Partner war verheiratet und wollte sich nicht scheiden lassen. Sie wollte sich von ihm trennen, kam aber nicht los. So ging das schon einige Jahre und es bestand keine Aussicht auf eine glückliche Wende. Sie hatte sich, wie sie selbst sagte, „in die Sache verrannt". Die Wendeltreppe daneben, die zum Schlafzimmer führte, stellte zusätzlich ein Hindernis in Bezug auf Partnerschaft dar. Nachdem sie ein Fensterposter angebracht hatte, war die Sache innerhalb weniger Wochen geklärt. Sie gingen im guten Einvernehmen auseinander. Gleichzeitig eröffneten sich ihr neue berufliche Perspektiven, so dass sie die Trennung bald überwunden hatte.

Unsere Sichtweise schafft Gedankenformen, die nach Verwirklichung suchen. Es macht einen Unterschied, ob ich nur Schuhe über Schuhe sehe, oder ob ich ein Fenster mit schönem Ausblick und Schuhe sehe.

Auch Schränke und Kommoden sind Stauräume. Der Unterschied liegt nur in der Größe. Auch hier gilt: Je dichter und perfekter sie schließen, desto muffliger wird es drinnen. Sie brauchen eine natürliche Belüftung, genau wie das Bett oder unser Körper.

De facto hängt in alten Schränken die Energie der Person, die ihn benutzte. Besonders bei alten Schränken, die schon viele Benützer zählten, möge man sich dessen bewusst sein.

Überhaupt belasten wir uns manchmal selbst allzu sehr mit alten Dingen oder einfach mit viel zu vielen Sachen, die sich in der Wohnung und vor allem im Keller ansammeln. Dabei sollten wir bedenken, dass das Leben immer nach Ausgleich strebt. Was die einen zu viel haben, haben automatisch andere zu wenig. Es kommt sogar vor, dass Leute sich lieber erdrücken lassen, als dass sie sich von etwas trennen.

Ich erlebte das nicht etwa in einer zu kleinen Wohnung, nein, die Wohnung war mindestens 200 m^2 groß. Ein Ehepaar mit einem Kind und der Großvater lebten darin. Alle Räume waren so vollgestopft mit Kleiderschränken, dass der Opa nur durch eine ganz schmale Stelle sein Bett erreichen konnte und das Kind in einer Abstellkammer schlafen musste. Wohlgemerkt, hauptsächlich Kleiderschränke, -zig Laufmeter. Sie enthielten, wie mir berichtet wurde, mindestens 50 Anzüge, an die hundert Hemden, Hosen, etc. und ebenso viele Kleider, Mäntel, Schuhe und dergleichen, die seit Jahren nicht mehr getragen wurden. Die Wohnung befand sich über den Verkaufsräumen der Drogerie, denen eigentlich die Beratung galt und wo es letztlich vor allem darum ging, wie man die Fülle an Waren so gestalten könnte, dass auch noch Kunden im Geschäft Platz fanden. Hier war es äußerst knapp mit den Gehzonen, die für einen Selbstbedienungsladen logischerweise ganz wichtig sind. Sehr ungünstig war in diesem Fall noch, dass im Bereich Erfolg eine sichtbare Treppe (ohne Abtrennung) nach unten in den Lagerraum im Keller führte. Es war, als wenn alles was hereinkommt von diesem Loch „geschluckt" werden würde - inklusive der Kunden.

Wie im Geschäft, hieß auch oben in der Wohnung das Thema Loslassen, im Sinne von: Weniger ist mehr.

Die Wirkung des Ausmistens ist phänomenal. Ich kann das Buch zu diesem Thema von Karen Kingston[12] nur bestens empfehlen. Wie soll

[12] Karen Kingston: Feng Shui gegen das Gerümpel des Alltags, Rowohlt-Taschenbuchverlag

Neues ins Leben kommen können, wenn unser Bewusstsein, so wie die Wohnungen, mit überholten oder längst vergessenen Inhalten vollgestopft sind.

Wenn wir mit fremden psychischen Energien konfrontiert sind, so haben diese offenbar einen starken Bezug zu uns. Nicht unbedingt so wie in den vorigen Fällen beschrieben, denn manchmal sind sie gar nicht „fremd".

So geschehen bei zwei Zwillingschwestern. Sie wohnten weit entfernt voneinander, und ihre energetische Beziehung war sehr stark, aber sie hatten kaum Kontakt zueinander. Bei einer von ihnen hatte ich eine Beratung. Sie wohnte mit ihrem Mann und zwei kleinen Kindern in einem alten Vorstadthaus, welches die beiden mit viel Liebe renoviert hatten. Der Wohnbereich zog sich über mehrere Etagen und wir besprachen nacheinander die verschiedenen Korrekturvorschläge, die sich im üblichen Rahmen bewegten. Es gab nichts Außergewöhnliches, aber die Frau erwähnte, dass sie ungern allein Zuhause war. Dann kamen wir zum Dachboden, der durch eine enge Luke, die sich nach unten öffnete, erreichbar war. Normalerweise kommt diesem in einem solchen Fall keine besondere Bedeutung zu. Diesmal drängte es mich aber, ihn anzusehen. Sie meinten das würde sich erübrigen, denn da gäbe es nichts Besonderes. „Da haben wir die alten Möbel hinaufgeschleppt, die vom Vermieter noch im Haus herumstanden." Der Dachboden war vollgestopft mit uraltem Gerümpel und unbrauchbaren verstaubten Möbeln. Die Energie fühlte sich irgendwie nicht ganz geheuer an. Aber ich wusste nicht warum, erwähnte es deshalb nicht und empfahl nur, ihn zu räumen, auszuräuchern und zu reinigen. Doch ich merkte schon, dass sie dazu absolut keine Lust verspürten und es wahrscheinlich nicht tun würden.

Fast ein Jahr später rief mich die Frau mitten in der Nacht an. Ihre Stimme klang ziemlich verzweifelt und war voll Angst. Ihr Mann war beruflich verreist und sie war mit den Kindern allein Zuhause. In der Nacht hörte sie fürchterliches Gepolter im Dachboden, welches sie in großen Schrecken versetzte, weil es immer näher kam. Dazu kam, dass ihr Mann zwei Tage vorher geträumt hatte, jemand würde seine Frau töten wollen, und bat sie während seiner Abwesenheit besonders vorsichtig zu sein. Sie sagte: „Ich würde Sie nicht anrufen, wenn ich nicht so wahnsinnige Angst hätte." Es war auch leicht zu merken, dass es sich um keine Hysterie handelte. Ich holte also ebenfalls telefonisch eine Bekannte von mir aus dem Bett, die sich mit solchen Dingen auskennt. „Diese Sache ist sehr ernst," stellte sie bald fest, „da komme ich allein nicht damit klar." Sie holte ihre spirituelle Lehrerin zu Hilfe. Gemeinsam konnten sie das Übel telepathisch bannen bzw. auflösen. Was dabei herauskam war, dass es sich bei der bedrohlichen Energie um ein Gedankenkonstrukt ihrer Zwillingsschwester handelte. Diese war als Kind vergewaltigt worden und machte ihre Schwester aus irgendwelchen Gründen dafür verantwortlich.

Wie sehr die Vergangenheit unter Umständen in die Gegenwart spielt, weil nicht erlöst, erlebte ich in einer sehr hübsch und einladend gestalteten Bäckerei.

Anlässlich der Beratung zum Neubau eines Fabrikgebäudes besuchten wir auf dem Weg zum Bahnhof ein Ladengeschäft, das als einziges der Filialkette, die der Fabrik angeschlossen war, Schwierigkeiten bereitete. Die Besitzer erklärten mir, dass jede Verkäuferin, die hinter der Theke anfängt zu arbeiten, binnen ein paar Monaten starke Unterleibsschmerzen bekäme und wegen Krankheit dann ausfalle. Sie hatten den Laden seit etwa einem Jahr gemietet, Altbau, Fußgängerzone, der Betrieb lief prächtig. Das Problem war nur der Personalwechsel wegen Krankheit. Es gab nur weibliches Personal. Ich sah mich um, konnte aber nichts Auffälliges entdecken. Dann stellte ich mich an den Platz, an dem sonst die Verkäuferinnen standen und nahm da eine dunkle, ziehende Energie wahr. Es war keine geopathische Störung.

„Das Problem liegt im Keller", sagte ich. „Nein, das kann nicht sein. Es gibt hier keinen Keller", war die Antwort. „Wenn es keinen Keller gibt, dann weiß ich nicht was es sonst sein sollte. Es kommt von einem Keller". Die Frau verschwand achselzuckend und dann sah ich, wie sie aufgeregt mit der Filialleiterin sprach. Nach einer Weile kam sie mit einem Schlüssel zurück. „Ja, es gibt doch einen Keller. Wir haben ihn nie benutzt, deshalb habe ich das ganz vergessen". Wir gingen also zur Hintertür hinaus, durch einen Gang und kamen dann zur Kellertür. Der Mann sperrte ganz erstaunt die Tür auf und ließ mich vorgehen. Die Frau kam zögernd nach. Eine Welle unbeschreiblich grauenhafter Energie erfasste uns. Da war ein staubiger, niedriger Gewölbekeller mit einem kleinen, verbarrikadierten Fenster. Ein

paar alte Kisten und Flaschen standen herum und überall waren Spinnweben. Die Energie stand darin zum Schneiden, modrig, stickig, klebrig. Ich bekam Gänsehaut, die Frau blieb auf der Treppe stehen, denn es wurde ihr schlecht, und dem Mann stellten sich die Nackenhaare auf.

Ein Gewölbe hat eine umfassende, behaltende und damit verdichtende Eigenschaft. So können sich Dinge gut halten und das kann in manchen Fällen sehr vorteilhaft sein, z.B. bei einem Wein- oder Vorratskeller, etc. Allerdings sollte für gute Lüftung gesorgt werden.

In diesem Fall „hielt" sich da etwas anderes. Man könnte es mit Angst und Schmerz einer weiblichen Energie beschreiben. Ich sah mich außerstande entsprechende Maßnahmen zu empfehlen und verwies die Besitzer an einen mir befreundeten Schamanen.

Übrigens, dem Grundriss des Geschäftes fehlte der Bereich Partnerschaft (2). Statt dessen war hier das Stiegenhaus und die Treppe zum Keller. Der Keller selbst befand sich unterhalb der Bereiche Lernen, Familie und Reichtum (8, 3, 4) und nahm die Hälfte des Lokals ein. In diesen Bereichen war vorne die Theke (Lernen), danach ein paar Stehtische vor einer scharfen senkrechten Mauerkante. Im hinteren Bereich war ein Cafè eingerichtet, das durch eine Stufe abgrenzt war. Die Kellertür ging nach außen auf und lag der Hintertür des Ladens versetzt gegenüber und zwar im Bereich Zentrum (5).

Später bekam ich mit der Post einen Aufriss von dem Haus. Dem Ladenbesitzer ließ es keine Ruhe und so besorgte er sich die Pläne. Das Haus stand unter Denkmalschutz, nur die Hälfte des Hauses war unterkellert, und zwar genau die rechte Hälfte des Grundrisses, wo das Problem auftauchte. Es stellte sich heraus, dass sich im Nebenhaus früher ein jüdisches Badehaus für Frauen befunden hatte und dass da während des Krieges schreckliche Dinge passiert sind. Starke Emotionen, wie Angst und Schmerz, lösen sich nicht so ohne weiteres auf und bleiben an die Materie gebunden. Es bedurfte viel Zeit und Mühe den Keller energetisch zu reinigen. Seither gibt es keine Probleme mehr im Laden.

Alles hat seine Zeit. Nur zu einer ganz bestimmten Zeit sind ganz bestimmte Resonanzen möglich, im objektiven wie subjektiven Sinne. Oft bekomme ich die Antwort: „Ja, genau, das wollte ich eigentlich immer schon so haben“, oder: „Das stört mich schon lange ...“

Oft bezieht sich eine Affinität einfach auf eigene, uns nicht bewusste Gefühls- und Gedankenstrukturen.

Einmal war ich im Haus einer Architektin, die ein schönes Jugendstilhaus, das sie sehr geschmackvoll renoviert hatte, bewohnte. Es war mehrstöckig, ganz oben befand sich ihr Atelier. Sie wohnte da mit ihrem Mann, einem Arzt, und ihrer Tochter samt Au-pair Mädchen. Der Grund für die Beratung war, dass sie nun schon seit einigen Jahren hier wohnten, aber sich nicht wohl fühlten und bestimmte Räume von allen Bewohnern gemieden wurden. Sie und ihre Tochter hatten Angst, wenn sie allein Zuhause waren und es wurde sogar behauptet, dass es „geistert“. Die Frau sagte, dass sie aber vor allem ständig unter extremen existenziellen Ängsten leide, obwohl es keinen Grund dafür gäbe, da sie in besten finanziellen Verhältnissen lebten.

Ich hatte schon des öfteren erfahren, dass Jugendstilhäuser manchmal ihre Tücken haben können. Genaue Pläne lagen in diesem Fall vor, auch wie es vorher ausgesehen hatte. Störend war vor allem, dass es ausgerechnet das Wohnzimmer mit dem privaten Essplatz war, wo niemand sich gerne aufhielt. Die schönen Designermöbel wirkten irgendwie verloren in dem Raum, der kühle Distanz ausstrahlte. An der Wand über dem Essplatz, gleich gegenüber der Tür, die meistens offen stand, hing ein großes Bild in einem breiten schwarzen Rahmen. Es zeigte ein trauriges, dunkelhaariges Mädchen mit großen ausdruckslosen Augen und hängenden Schultern. Das Bild hatte eine so tragische, intensive Ausstrahlung, dass einem der Appetit beim Essen vergehen konnte.

Ich sprach die Leute auf dieses Bild an. Der Mann sagte gleich, dass er es nicht mochte, die Frau betonte, dass sie es anlässlich der Vernissage eines bekannten zeitgenössischen Künstlers erstanden hatte und dass es eine sehr, sehr teure Anschaffung war. Ich bat sie, mir zu schildern was sie empfindet, wenn sie das Bild genau betrachtet, und gab ihr reichlich Zeit dazu. Nach einer Weile meinte sie: „Es macht mich betroffen, traurig und ängstlich. Ich weiß nicht mehr, was mich bewogen hat, dieses Bild zu kaufen“.

Der Probe halber hängten wir das Bild ab und stellten es in den Flur. Gleich war die Atmosphäre im Raum angenehmer. Aber das allein war es nicht. Es kam mir eher wie ein Auslöser vor. Im vorderen Bereich des Raumes (Reichtum) stand eine Liege am Fenster, ein kleines Bücherregal und eine Leselampe. „Manchmal, wenn die Sonne hereinscheint", sagte sie, „sitze ich hier zum Lesen oder Musik hören, aber nach einer Weile fühle ich mich plötzlich nicht mehr wohl. Über der Liege befand sich ein Unterzug aus Beton, der unangenehm abstrahlte. Ein Stück daneben, außerhalb der Hausmauern, war es an dieser Hausecke im Garten modrig und feucht.

Ich schlug vor, den Keller zu besichtigen. Der war schön verfliest, sauber und aufgeräumt und relativ leer. Ich dachte, komisch, das passt so gar nicht zu der Energie, die ich hier wahrnehme.

Ich sagte: „Da muss noch irgendwo ein Raum sein, ein Hohlraum und zeigte in diesem Moment auf eine Stelle in der Ecke. Sie lag, wie wir dann bemerkten, genau unter der Stelle im Wohnzimmer, wo die Liege stand und wo es draußen an der Hausecke im Garten feucht war. Wahrscheinlich hatten sie deshalb diesen Kellerraum verfliest. Wir klopften die Wand ab und siehe da, es klang hohl. „Das kann nicht sein", meinten beide. „Das ganze Haus ist bei der Renovierung „zerlegt" worden, das wäre uns aufgefallen". Trotzdem, es klang absolut hohl und betraf eine Stelle ungefähr in der Größe einer halben Tür. Sie wollten gleich in den nächsten Tagen der Sache auf den Grund gehen. Ich sagte ihnen, es würde genügen, den Raum mit sauberen Bachsteinen zu füllen und eine Y-Karte hinein zu legen.

Und so geschah es dann auch. Die Architektin ließ einen Bauarbeiter die Wand aufstemmen und tatsächlich war hier ein kleiner dunkler Raum, wie ein Loch, mit festgestampfter Erde, feucht und modrig. „Wie ein Schlupfloch oder ein Versteck", meinte sie am Telefon. Sie füllten es mit groben Kieselsteinen, legten das empfohlene Symbol hinein und mauerten es wieder zu. Das Bild im Wohnzimmer wurde vorerst einmal durch ein freundliches Landschaftsbild ersetzt, der Keller und das ganze Haus ausgeräuchert und die kleineren diversen anderen Korrekturen durchgeführt.

Zwei, drei Monate später erhielt ich eine Einladung zur Geburtstagsparty. Sie schrieb dazu: „Nachdem ich alle von Ihnen vorgeschlagenen Maßnahmen umgesetzt hatte, änderte sich schlagartig die Atmosphäre im Haus. Ich fühle mich, als wäre eine Last von mir gefallen. Selbst die Mitarbeiter merken die Veränderung, obwohl sie von all dem gar nichts wissen. Meine Zugehfrau, die schon seit Jahren bei uns beschäftigt ist, habe ich jetzt zum ersten Mal lachen hören. Meine Ängste sind weg. Jetzt möchte ich meinen Geburtstag nachfeiern, weil ich damals gar keine Lust dazu hatte.“

Es muss nicht sein, dass wir Zusammenhänge mit einem früheren Leben oder anderen Bezugsebenen kennen. Wir können aus der Gegenwart genug Schlüsse ziehen. Wenn wir jetzt Angst haben und diese Angst irreal erscheinen mag, wir sie aber real erleben, dann sollten wir sie nach Möglichkeit jetzt, in der Gegenwart, als solche akzeptieren und uns ihr stellen. Dabei spielt es keine Rolle, ob diese Angst aus einer früher erlebten Situation gründet oder nicht. Was immer der Grund gewesen sein mag, die Dinge ändern sich und brauchen nicht ewig wiederholt zu werden. Indem wir die Angst akzeptieren wie sie ist, machen wir den ersten Schritt in Richtung Auflösung. Angst bindet ein großes Liebespotential, das uns nicht zur Verfügung steht, wenn wir es nicht erlösen.

Es liegt in der Natur eines Familienverbandes, dass bestimmte Mitglieder sich eines besonders akuten, gemeinsamen Themas annehmen und Verdrängtes aus der Versenkung holen. Je drastischer das ausfällt, desto aktueller ist ihre Auflösung.

Eine Familie musste einen ihrer halberwachsenen Söhne, der noch im Haus wohnte, zwangsläufig dem Gewahrsam einer geschlossenen Anstalt übergeben. Sie konnten sich nicht erklären, wie es immer wieder dazu kam, dass er von Fall zu Fall gefährlich ausrastete, war er doch sonst ein sehr sensibler, freundlicher und hilfsbereiter Mensch. Er war künstlerisch sehr begabt, allerdings bestimmten Drogen nicht abgeneigt. Sie standen den Ereignissen hilf- und fassungslos gegenüber. Besonders das Verhältnis zwischen Vater und Sohn gestaltete sich etwas schwierig.

Die Räume waren gediegen eingerichtet, ein cremefarbiger Background gab ihnen eine gewisse Vornehmheit, die stilsicher mit dezenten Farben akzentuiert wurde. Das Zimmer des Sohnes dagegen war in Schwarz-Weiß gehalten, mit ebensolchen diagonal verlegten Bodenfliesen im Schachbrett-

muster. Solches verzerrt die Fläche eines Raumes, besonders wenn er klein ist und wirkt sehr irritierend, wenn das zu einem festen Bestandteil unserer Sichtweise wird. Der Fußboden stellt immerhin die Basis dar, die uns trägt. Bei diagonal verlegten Fliesen bewegen wir uns optisch nie auf einer Geraden. Es scheint alles auf dem Kopf zu stehen. Ein paar Farbtupfen in einem kräftigen Rot bildeten einen aggressiv wirkenden Kontrapunkt. Schwarz/Weiß deutet auf ein Entweder-Oder-Denken hin. Zum einen kommt das mit dieser Gestaltung zum Ausdruck, zum anderen bestärkt sie diese Sichtweise. Das entspricht einer Geisteshaltung der extremen Gegensätze und macht das Vereinen derselben schwerer. Bunte Farben helfen uns in einer ganz bestimmten Hierarchie, diese Distanzen zu überwinden. Sie schwingen in den einzelnen Nuancen unterschiedlich schnell und stellen damit leicht zu bewältigende Übergänge und Verbindungen dar. Wenn das Entweder-Oder zudem mit einer verzerrten Sicht der Realität verbunden ist, kann das schon sehr verwirrend sein.

Sein Badezimmer aus weißem Marmor lag an einem schmalen Flur mit einem vergitterten Fenster. Genau gegenüber diesem Fenster war die Tür zum Bad. Da dieses ein sehr kleiner Raum war, hat man die gegenüberliegende Wand, wo der Waschtisch angebracht war, komplett verspiegelt, um es optisch zu vergrößern. Befand man sich im Bad, musste man zwingend die Türe offen stehen lassen, weil man sonst kaum Platz hatte. Das vergitterte Fenster wurde per Spiegel ins Bad geholt und ungewollt verdoppelt. Wenn sich der junge Mann im Bad aufhielt, sah er also immer - vor sich, als auch hinter sich - das vergitterte Fenster. Der oft von ihm zitierte Satz in Bezug auf seine Familie war: „Ich werde verrückt, ich halte das nicht aus“, worauf er wild um sich zu schlagen begann. Sein Zimmer lag im ersten Stock im Bereich Familie.

Das wunderschöne Anwesen mit einem großen gepflegten Park und Blick auf See war von einem hohen, mit dichten Sträuchern bewachsenen Zaun umgeben und nicht nur dieser, sondern auch das Haus waren 100-prozentig elektronisch gesichert. Zudem waren noch die Türen und Fenster vergittert, was dem Haus das Aussehen einer Festung verlieh.

Je mehr wir uns an einer Struktur festklammern, desto weniger Halt gibt sie uns. Wir kennen das von den guten Vorsätzen. Sie sind meist vernünftig, gut durchdacht und logisch aufgebaut und ihre Verwirklichung erscheint uns deshalb als zwingend notwendig. Trotzdem bescheren sie uns oft das Gegenteil, denn das Leben verlangt nach Freiwilligkeit, die vom Herzen kommt: Das Akzeptieren dessen was ist. Je zwanghafter wir etwas los werden wollen, desto mehr haften wir an ihm, und je mehr wir unbedingt etwas haben wollen, desto unwahrscheinlicher ist die Aussicht, dass wir es bekommen. Im vorhin geschilderten Fall wäre das die Sicherheit der Unangreifbarkeit. Wenn wir meinen, wir könnten Sicherheit nur durch Äußeres finden, so werden uns immer noch irgendwelche Eventualitäten einfallen, welche das absolute Sicherheitsgefühl wieder zunichte machen. Mir kam es vor, als würde der junge Mann stellvertretend für seine Eltern Aggressionen und Ängste ausleben, die ihn halb verrückt machten.

Das wirkliche Anliegen für eine Beratung ist oft nicht bewusst. Außerdem bringen die meisten Menschen bestimmte Lebenssituationen gar nicht mit bestimmten baulichen Gegebenheiten in ihrem Lebensraum in Verbindung, weil sie nicht wissen, dass sich alle unsichtbaren Energiemuster in sichtbaren ausdrücken.

In einer prachtvoll renovierten, stattlichen Jugendstilvilla im renommierten Stadtteil einer Großstadt wohnte und arbeitete ein junges Ehepaar. Im Hochparterre und dem Souterrain waren die Büroräumlichkeiten ihrer Firma untergebracht und in den beiden letzten Geschossen, im vierten und fünften Stockwerk, ihre Penthauswohnung mit Dachterrasse. Die Etagen dazwischen waren vermietet. Ursprünglich waren die letzten beiden Etagen zwei getrennte Wohnungen. Es waren deshalb zwei Eingangstüren vorhanden. Die Wohnungen waren innen mit einer Treppe verbunden worden und der untere Eingang wurde nicht benutzt. Diese Tür war verschlossen und so verstellt, dass sie in der Wohnung kaum auffiel. Man sah nur die Treppe, die dahin führte. Außen im Stiegenhaus war sie als normale Wohnungstür zu sehen. Zwei Eingänge, wie in diesem Fall, bedeuten zwei verschiedene Möglichkeiten, bzw. Sichtweisen, Personen oder Themen für eine bestimmte Lebenssituation. Ist jedoch eine der beiden Türen verstellt, lässt man diese nicht „gelten". Das heißt nicht, dass sie nicht da ist.

In die Wohnung gelangte man zusätzlich noch durch einen Lift, der direkt in das Wohnzimmer mündete und zwar im Bereich Karriere. Dieser Zugang wurde vornehmlich genützt.

Viele Bürohäuser werden heute so geplant, dass man mit dem Lift unmittelbar in die Geschäftsräumlichkeiten gelangt. Mit einem Lift kommt man schnell hinauf und hinunter, das unterstützt eine vermehrte Frequenz und scheint daher geschäftlich vorteilhaft. Man muss aber auf der Hut sein, weil sich eben die Dinge schnell ändern können. In der Regel haben die Firmen hier ihren Empfangsraum, wo das rege Treiben von einer Person organisiert und überwacht wird.

Nicht so, wenn sich der Lift im privaten Wohnzimmer befindet. Die Türen öffnen sich lautlos und man merkt nicht, dass jemand gekommen ist, wenn man die Tür gerade nicht im Blick hat. Obwohl diese Art des Einganges durch das Schloss im Lift gesichert wird, vermittelt eine solche Situation die Möglichkeit eines schnellen, lautlosen, überraschenden Kommens und auch Verschwindens per Knopfdruck. Das vermag nicht gerade ein Geborgenheitsgefühl hervorzurufen und ist sicher gewöhnungsbedürftig, dachte ich, während das Ehepaar auffällig oft beteuerte, dass es sich in seiner Wohnung recht sicher und wohl fühlte. So, als hätten sie meine Gedanken erraten. Anlass der Beratung waren ja auch geschäftliche Belange.

Der Souterrain (halb Keller, halb Erdgeschoss) deutet grundsätzlich darauf hin, dass unbewusst eine Neigung und Öffnung zur unteren Welt gegeben ist. Ein Souterrain ist nicht der Keller (Vergangenheit), aber auch kein Erdgeschoss (Gegenwart). Er ist nicht ganz unter aber auch nicht ganz über der Erde, sondern liegt dazwischen. Unbewusstes drängt in die Gegenwart. Deshalb wird oft jemand, der im Souterrain wohnt, mit den Mächten (Schatten) der Unterwelt konfrontiert. So wie wir abends in der Zeit zwischen Tag und Nach und morgens zwischen Nacht und Tag, an der Schnittstelle, wo eine Qualität in die andere übergeht, am leichtesten den Zugang in Bereiche jenseits unserer Wirklichkeit finden, so stellt der Souterrain diesen Zwischenbereich dar. Hier muss man sich zwangsläufig mit seinem Unterbewussten auseinandersetzen. Ähnlich wie bei der Dachgeschosswohnung, nur dass es dabei um das Überbewusstsein geht.

Nun, in diesem Fall betraf es das Geschäftsleben. Je nachdem, welche gestalterischen und baulichen Gegebenheiten hier sind, kommt diese Thematik im Geschehen zum Ausdruck.

Im Grundriss der Räumlichkeiten im Souterrain, im Bereich Partnerschaft, war eine eigenartige Situation. Es befand sich hier das Büro eines leitenden Angestellten. Es sollte heller und repräsentativer aussehen, weshalb man einen großen Schacht aushob und aus der Oberlichte ein sehr breites Fenster machte. Eigentlich eine Tür, denn das Fenster reichte bis zum Boden. Es war geplant, den etwa 6 Quadratmeter großen Schacht mit einem Gitter abzudecken, was aber nie geschehen war, weil der Angestellte das als unangenehm empfand. Von außen ergab sich dadurch eine Art Fallgrube und man musste aufpassen, um bei Dunkelheit nicht hinunter zu fallen. Diese Situation befand sich an der Hausecke bei der Zufahrt, unmittelbar an der Straße. Da der Hauseingang auf der Rückseite des Hauses lag, im Bereich Karriere, befand sich dieses „Leck" im Grundriss des Hauses im Bereich Reichtum.

Wenn ich bei der Analyse der baulichen Gegebenheiten einen wunden Punkt anspreche und merke, dass die Leute nicht darüber sprechen wollen, weiß ich, dass sie verstanden haben.

Abends luden mich die beiden in ein sehr feudales In-Lokal zum Essen ein. Es war ein schöner lauer Sommerabend und wir saßen in einem kleinen, abseits gelegenen, offenen Pavillon. „Damit wir noch ungestört ein wenig plaudern können", sagten sie. Das Gespräch kam in Gang und nach einer Weile sagte die Frau zu mir: „Jetzt können wir es Ihnen ja sagen. Es ist wirklich so, dass wir uns nicht sicher fühlen. In unserer Branche hat man es ja auch nicht leicht." In der Folge erzählten sie mir die verschiedensten Geschichten von unseriösen Geschäftspartnern, von Anfeindungen, Intrigen und Nachstellungen bis zu ernstlichen Bedrohungen. „Aber Sie brauchen jetzt keine Angst zu haben," meinte die Frau vertraulich: „Sie merken es wahrscheinlich nicht, aber unsere Bodyguards sind immer in der Nähe."

Es fällt mir immer wieder auf, dass wir oft unbewusst geopathische Störungen verstärken.

Ein Radiästhesist hatte in einem Kinderzimmer eine Wasseraderkreuzung festgestellt. Mitten im Raum stand auf einem Ständer ein Fahrrad. Man wollte damit verhindern, dass sich das Kleinkind, welches geistig-körperlich behindert war, am Boden krabbelnd auf diesem Platz aufhielt. Außerdem stellte ich fest, dass sich am Dach in unmittelbarer Nähe eine Antenne befand. Das Metall des Fahrrades verstärkte die Wirkung so sehr, dass dadurch der ganze Raum gestört war.

Auch scheinen geopathische Störungen auf manche Menschen eine besondere Anziehungskraft zu haben oder umgekehrt. Hier zeigt sich deutlich eine gewisse Übereinstimmung mit persönlichen, inneren Energiemustern, die manches offenbaren.

Ein Ehepaar, welches in der dritten Generation im Haus der Eltern der Frau wohnte, erzählte mir, dass die Mutter und die Großmutter in diesem Haus an Krebs gestorben sind. Sie holten einen Radiästhesisten und ließen das Haus also muten. Dabei stellte man fest, dass sich im Schlafzimmer genau unter dem Bett eine Wasseraderkreuzung befand. Da es keine Ausweichmöglichkeit gab, beschloss man, das Schlafzimmer in die andere Ecke des Hauses zu verlegen, die total ungestört war. Sie mussten zwar räumliche Einschränkungen in Kauf nehmen, aber das schien das geringere Übel zu sein. Ein paar Jahre später erkrankte die Frau an Krebs. Wieder wurde von einem Radiästhesisten nachgeprüft und abermals eine Wasseraderkreuzung unter dem Bett festgestellt.

Eine massive Störung sieht man einem Haus schon von außen an. Man kann eine solche Störung aber auch bei der Grundrissanalyse schon ahnen und wenn man die Wohnung dann genau betrachtet, äußert sie sich in der farblichen Gestaltung der Räumlichkeiten. In diesem Fall war das extrem. Die Wohnung war in bedrückenden, dumpfen, braungrünen Farben gehalten und mit schweren, viel zu großen Eichenmöbeln üppig und sehr konservativ eingerichtet. Das Schlafzimmer dagegen mutete eher spartanisch an. Ein Krankenzimmer ist vergleichsweise freundlich.

Da stand auf dem nackten Holzboden das mehr als einfache kantige Bettgestell aus Naturholz mit weißem Bettbezug, zwei Nachttische und sonst nichts. Weiße Wände, keine Vorhänge, keine Bilder, nichts was einen Raum lächeln ließe. Das Schlafzimmer, welches sich früher im Bereich Reichtum befand, lag jetzt im Bereich Hilfreiche Menschen (6). Die Enthaltsamkeit in dem kühlen Raum war nicht zu übersehen. Außerdem zog es durch. Gegenüber der Tür war der offene Zugang zu einem begehbaren Schrank mit einem Fenster in direkter Linie zur Tür. Man sah von dort zum Nachbarhaus, in dem die Tochter des Ehepaares wohnte.

So wie sich Elektrosmog oder elektromagnetische Störungen in geistiger Spannung ausdrücken, tun dies die Wasseradern in emotioneller Hinsicht. Sie deuten auf unbewusste, nicht geweinte Tränen hin. Korrekturen bewirken in solchen Fällen oft sehr schmerzhafte Prozesse, die aber schlussendlich das Leid erlösen. Ich empfehle dann warme, freundliche Farben, viel Orange und Erdtöne, Bilder mit Blumenmotiven, heitere freundliche Bilder und den ISIS-Beamer zur Entstörung. Sie nickten beide verstehend, als ich ihnen die Zusammenhänge erklärte. Allein bei der anschaulichen Schilderung der neuen Raumgestaltung begannen die Augen der Frau zu leuchten. Es war, als würde sie die Erlaubnis bekommen, etwas zu tun, was sie sich sehnlichst wünschte.

Gegensätze ziehen sich an und gleich und gleich gesellt sich gern. So nimmt es nicht Wunder, wenn sich an manchen Plätzen bestimmte Energiequalitäten akkumulieren.

Ein Ärzteehepaar kaufte ein Haus in einer neuen Siedlung, welche auf einem baumlosen Hügel am Ortsrand gebaut worden war. Der Hügel nannte sich Galgenhügel und hatte Geschichte. Davon bekam ich gleich bei meinem Eintreffen einen Vorgeschmack. Es war an einem Nachmittag bei sehr ungemütlichem Wetter. Als ich aus dem Auto stieg, schlug mir der Regen ins Gesicht und Sturmböen fegten über das Land. Der Wind heulte wie ein Rudel Wölfe über die ungeschützten, grau gestrichenen Häuser und zog heftig an deren steilen Pultdächern. Sie schienen mit ihm eine Einheit zu sein, da sie selbst aussahen wie eine Horde wilder Gesellen. Das war mein erster Eindruck.

Besagtes Haus stand in erster Reihe und war nach Süden ausgerichtet. An der Nordseite gab es nur wenige, kleine Fenster, auf der Südseite dagegen eine raumhohe Fensterfront über die ganze Breite. Der Eingang war im Bereich

Hilfreiche Menschen, die Küche im Lernen, der Essplatz im Bereich Familie. Der Bereich Kinder im Norden lag hinter der offen Treppe, die vom Zentrum aus gerade in das obere Stockwerk führte, wo die Schlafräume lagen. Der Bereich Familie wies im Grundriss eine Verstärkung auf. Als wir da am Tisch saßen, dachte ich, wie schön es hier sein müsse, wenn die Sonne schien, denn es bot sich ein wunderbarer Ausblick über den Ort und die weite Landschaft. Doch beschaulich und friedlich würde es an diesem Platz selten sein. Die Leute fühlten sich auch nicht wohl und wussten nicht woran das lag. Sie waren kaum ein Jahr hier, da hatte sich die familiäre Atmosphäre recht unangenehm verändert. Aggression lag in der Luft, obwohl beide ausgesprochen sympathische, friedvolle Menschen waren, die, wie mir schien, überhaupt nicht hierher passten. Noch nie war mir so stark aufgefallen, wie Formen den Inhalt beeinflussen. Die einseitig schrägen und sehr steilen Pultdächer fördern eine einseitige Ausrichtung der geistigen Einstellung. In diesem Fall schien diese Kraft besonders geballt zur Wirkung zu kommen. Noch konnte ich mir das nicht vorstellen, doch als die halbwüchsigen Jungs nach Hause kamen, bekam ich schnell eine Kostprobe davon. Sie schlugen alsbald aufeinander ein und als der Vater erschüttert und etwas hilflos schlichtend dazwischen treten wollte, bekam er ordentlich was ab.

Ausgleichende Maßnahmen im Haus bringen dieses zwar ins Gleichgewicht, doch wird es immer wieder von seinem Umfeld beeinflusst werden. Man müsste auf dem Hügel eine gründliche Erdheilung vornehmen und alle Häuser farblich so gestalten, dass sie zu mindest optisch harmonischer wirken.

Je sensibler wir das Gegenwärtige wahrnehmen, desto schneller und besser können wir die Veränderungen im Leben erkennen, akzeptieren und damit die Geschicke positiv beeinflussen und mitgestalten. Genau genommen haben wir gar keine andere Chance. Ja, man könnte sogar sagen, es ist die Pflicht jedes Einzelnen danach zu streben, dass es ihm gut geht und er in seinem Leben Freude, Frieden und Freiheit verwirklicht, weil es dann den anderen auch besser geht. Das wird nur dann zum Egotrip, wenn wir dabei unser Gewissen verdrängen.

Einmal bin ich zu einer Beratung gerufen worden, weil ein Gebirgsbach quer durch das Grundstück einer großen Hotelanlage floss und zwei an sich zusammen gehörende Gebäudekomplexe rigoros von einander trennte. Es wurden deswegen bereits zwei Feng-Shui Berater konsultiert. Man gab dem Bach die Schuld, dass ihr Angebot nur zögernd angenommen wurde und die Kapazität bei weitem nicht ausgelastet war.

Es handelte sich um ein exklusives Wellness-Hotel, dem sogenannte Altenwohnungen angeschlossen waren. Das waren vier Häuserblocks mit ca. 100 Wohnungen, die auf der anderen Seite des Baches lagen. Gedacht war, diese Wohnungen an ältere Menschen in Langzeit zu vermieten, aber nach Jahren standen die meisten noch leer.

Ich betrachtete den Grundriss der gesamten Hotelanlage und stellte fest, dass es Menschen anzog, die wussten was sie wollten und aus einem ganz besonderen Grund hier her kamen. Auch war der Bereich Lernen und Persönlichkeitsentwicklung ein Thema. Er fehlte im Grundriss. Wogegen es im Bereich des Existenziellen durch den Zubau eines Cafés eine Verstärkung gab. Das Café war achteckig. Der Bach floss unterhalb durch.

Vom Zugang des Grundstücks aus betrachtet, floss dieser Bach vom Osten kommend durch die Bereiche Lernen, Familie und Existenzielles, dann durch das Zentrum und verließ im Bereich Kinder durch einen Tunnel das Grundstück. Früher trieb dieser Bach an dieser Stelle das Wasserrad einer Mühle an. Vom Standpunkt des Hotels aus betrachtet, floss der Bach in einigen Metern Abstand am Gebäude entlang und begrenzte hier die Bereiche des Existenziellen, des Erfolgs und der Partnerschaft im Außen. Es befanden sich hier ein Restaurant, die Bar und das Schwimmbad mit Sonnenterrasse. Drei kleine Brücken führten hinüber zu den Häusern mit den Langzeitwohnungen. Die mittlere Brücke führte zu einer kleinen Kapelle, die als Dank für die Gesundung der Tochter des vorherigen Besitzers erbaut wurde.

Es war nicht möglich den Bach umzuleiten, denn das wurde von der Gemeinde nicht genehmigt. Ich sagte: „Wenn man den Bach nicht umleiten kann, dann muss man ihn nutzen". Es war ein richtiger Gebirgsbach, mit klarem Wasser und reißender Strömung. Er hatte was Kräftiges, Bestimmtes an sich. Ich denke, bei allem was wir nicht ändern können, geht es schließlich darum, es anzunehmen und das Beste daraus zu machen. Das Grundstück hat eine Herzform und der Bach sah aus wie die Aorta. Mir kam der Gedanke, dass dieser Bach eher eine wichtige Funktion hat, als dass er „schlecht" war. Ich schlug vor, eine kleine Abzweigung zu machen, die man in Ergänzung zum Wellness-Programm sehr gut zum Kneippen verwenden könnte. Da sich diese Stelle gerade hinter dem Hallenbad und der Sonnenterrasse befand, würde sich das recht passend in das Programm einfügen. Zudem würde das den geraden Durchfluss etwas mindern. Schön gestaltet könnte es dann zum besonderen Herzstück des Hotels werden. An anderer Stelle könnte man außerdem ein kleines Schaufelrad installieren, als Antrieb für irgend etwas Nützliches. Figuren vielleicht, die sich bewegen oder ähnliches. Mir ging es darum, den Bach nutzbar zu machen und ihm damit den Anschein eines eher gefährlichen Hindernisses zu nehmen. Deshalb sollte er mit bunten Steinblumen gesäumt werden. Versetzt angebrachte, glänzende Rosenkugeln würden ihn optisch abgrenzen und zugleich die mitreißende Energie etwas bremsen. Und es sollten Bäume in seinem Umfeld gepflanzt werden.

Steht man an einem Bach, schaut man unwillkürlich dem fließenden Wasser nach. In diesem Fall lenkte es den Blick in Richtung Nord-Westen (Zahl 6), wo er durch einen Tunnel das Grundstück verließ und kurz darauf in den See (die Einheit) mündete.

Beim Anblick der Situation kamen mir Gedanken zum Sterben. Assoziationen wie „ans andere Ufer gehen", „über den Jordan ...", „die Brücke" und der „Tunnel" kamen mir in den Sinn. Die Tatsache, dass dieser Bach bei den Besuchern eher Angst auslöst, hat mit seiner Gestaltung zu tun, aber natürlich auch damit, dass wir uns mit dem Thema Sterben nicht befassen, sondern es verdrängen. Unbewusst wirkt es vor allem auf die Gäste, die sich für das Angebot der Langzeitwohnungen interessieren sollen. Sie müssen ja, um vom Hotel aus in ihre Wohnungen zu gelangen, tatsächlich über die Brücke gehen und sehen dann auch noch eine Kapelle vor sich. Das Angebot ist gut gemeint. Alleinstehende Menschen im Pensionsalter können hier in der traumhaften Seen- und Berglandschaft den Rest ihres Lebens angenehm, und sich gut versorgt wissend, genießen. Fitness, Wellness und Abwechslung in der unterhaltsamen Gesellschaft von Hotelgästen stehen Ihnen zur Verfügung und im Ernstfall ärztliche Betreuung. Aber da ist auch die Angst vor dem Unvermeidbaren, die hier offensichtlich bewusst wird, zumal sie den Vertrag „... auf Lebenszeit" unterschreiben. Den Bach konnte man nicht verlegen und das Sterbethema sollte man in diesem Fall nicht verleugnen, denn es war zu offensichtlich.

Ich glaube, dass man nicht zufällig auf die Idee kommt, einem First Class Hotel mit Gesundheitszentrum Altenwohnsitze anzuschließen. Alles passt ganz genau - für anspruchsvolle begüterte Gäste. Anspruchsvoll auf der materiellen Ebene bedingt dasselbe auf der geistig-spirituellen Ebene und spricht die Reife an, sich auch bewusstseinsmässig aus der Masse abzuheben. Nicht, dass Menschen in bescheidenen finanziellen Verhältnissen kein spirituelles Bewusstsein hätten, für sie ist das vielleicht gar kein Thema. Jedenfalls werden Menschen, die sich entschließen hier herzukommen, ziemlich direkt davon angesprochen.

Beweist das Management den Mut, ein Tabu zu brechen, könnten Vorträge und Seminare zum Thema Sterben, Gesprächstherapie, spirituelle Themen aller Art, etc. angeboten werden, so dass sich die Menschen im Alter mit ihren Perspektiven nicht alleingelassen fühlen und über das, was sie zwangsläufig wirklich bewegt, reden können. Themen, die bei uns tabu sind und über die man in unserer erfolgsorientierten Gesellschaft sonst nicht spricht. Dies ist für die Betroffenen wahrscheinlich wichtiger als Wellness. In vielen anderen Ländern steht man dem Sterben offener gegenüber und leistet damit einen großen Beitrag zur Humanisierung des Sterbevorganges, wie Elisabeth Kübler-Ross das in ihren Büchern beschreibt.

Ich sehe gegebene äußere Umstände als Herausforderung an. Wenn wir sie durchschauen und bewusst leben, erweisen sie sich immer als vorteilhaft. Ich bin sicher, dass die Hotelbetreiber mit ihrer Idee, die sich baulich bereits manifestiert hat, Erfolg haben werden, wenn sie dieses Thema mutig angehen. Zur Zeit stünden sie damit in Deutschland ziemlich allein da und würden sozusagen eine Marktlücke füllen. Meine vorgeschlagenen ausgleichenden und unterstützenden Maßnahmen waren in diesem Sinn gedacht.

Ich möchte in diesem Zusammenhang auf die Thematik der 5-Elementelehre erinnern. Wasser löscht das Feuer, wenn Holz (Wachstum) fehlt. In diesem Fall geht es nicht mehr um körperliches Wachstum, sondern, wie das im Alter verständlich ist, um geistiges. Das heißt, das Wasser ist da, um geistiges Wachstum zu fördern. Es wird nur dann als Disharmonie oder Störfaktor empfunden, wenn solches fehlt. Symbolisch sollten deshalb die Bäume gepflanzt werden. Sieht man den Gebirgsbach aus dieser Perspektive, ist er hilfreich. Allein die Bogenbrücke (Element Metall - Luft) deutet schon auf neue Ideen, d.h. Informationen hin. Würde man den Bach überdecken (Erde verschmutzt das Wasser), würde er deswegen nicht wirklich verschwinden, sondern in Wirklichkeit die Möglichkeit des bewussten Umgangs mit dem Thema „blockieren", weil es nicht mehr sichtbar wäre. In diesem Fall käme der Zerstörungs- bzw. Kontrollzyklus zur Anwendung.

Ich, das unbekannte Wesen

Wenn uns die Natur dazu dient, die Harmonie der göttlichen Schöpfung zu betrachten und als Vollkommenheit zu erkennen, dann tun dies „unsere“ Schöpfungen auch. Dies könnte als Hinweis verstanden werden, dass wir das, was wir uns selbst kreieren und manifestieren oder wozu wir Resonanz haben, ebenfalls genauer als üblich betrachten und als Spiegel von uns selbst erkennen. So wie wir in der Natur Gott begegnen, begegnen wir uns in den von uns geschaffenen Baulichkeiten selbst. Diese Ein-sicht kann uns helfen, immer mehr mit unserem Leben ins Reine zu kommen. Scheinbar unlösbare Probleme können wir in unserem unmittelbaren Umfeld mit Distanz betrachten. Das relativiert sie. Außerdem machen wir die Erfahrung, dass es meist gar nicht so schwierig ist, Dinge zu verändern. Die Korrekturen im Sinne von ausgleichenden Maßnahmen sind dann nur der Ausdruck dieser Erkenntnis und wirken gleichzeitig stabilisierend.

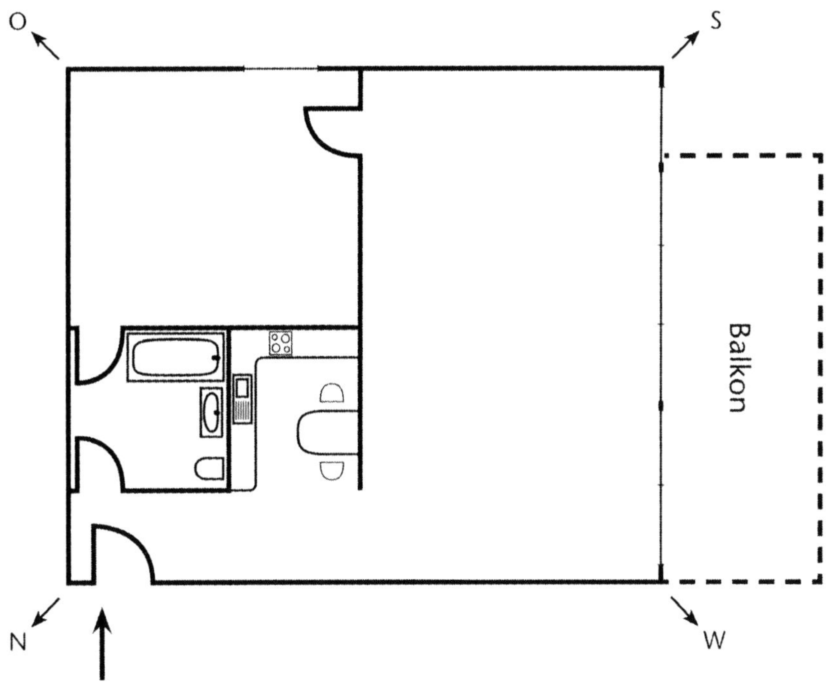

Meistens ist die Wahl unseres Wohnortes im weitesten Sinne von unserer Arbeit abhängig. Selten können wir unabhängig und frei wählen wo wir wohnen möchten. Schließlich landen wir in einer bestimmten Wohnung und können uns kaum vorstellen, dass wir dabei gar nicht so viel selbst entschieden haben. Vielmehr sind wir dabei gelenkt worden.

Wir wohnen nicht zufällig zu einer bestimmten Zeit an einem bestimmten Ort, in einem bestimmten Haus. Die Wohnung hat nicht zufällig einen bestimmten Grundriss, so wie wir uns nicht zufällig auf eine bestimmte Art einrichten.

Wie bei den meisten Wohnungen, ist wegen der Installationen und Größenverhältnisse der Räume die Nutzung der Räumlichkeiten schon weitgehend vorgegeben. Wir müssen uns also den Gegebenheiten anpassen. Als erstes betrachten wir die formale Struktur der leeren Wohnung, indem wir dem gegebenen Energiefluss, beginnend vom Eingang aus, folgen. Wie beim Kartografieren einer Landschaft halten wir dabei wichtige Details fest. Um zu vermeiden, dass ganze Textpassagen wiederholt werden, ist bei der nachfolgenden Beschreibung und Analyse den einzelnen Bereichen in Klammern die Zahl des Magischen Quadrats beigefügt, deren inhaltliche Aussage auf den Seiten 14 - 40 nachgelesen werden kann.

Jede wohnliche Veränderung bringt eine ebensolche im Leben mit sich und umgekehrt. Die Lage des Eingangs zeigt das Thema und seine Gestaltung wie etwas anfängt und endet, denn er ist ja gleichzeitig auch der Ausgang. Der Eingang hat damit eine besonders aufschlussreiche Aussage. Nachdem wir täglich ein- und ausgehen, wirkt dieser Bereich sehr bestimmend auf das Geschehen. Gehst du zum Beispiel zögernd in eine Situation hinein, gehst du auch nur zögernd wieder heraus und Unsicherheit bestimmt das Geschehen. Ist der Eingangsbereich offen und frei, offenbart er damit eine ebensolche Grundeinstellung dem Leben oder einer bestimmten Lebenssituation gegenüber. Beides zeigt sich bereits an der Art des Einganges.

Was bei diesem Grundriss sofort auffällt, ist die markante Drei- bzw. Vierteilung der Wohnung und der Energiefluss, der links herum durch die Wohnung führt und dabei einen Kreis beschreibt. Die Eingangstür liegt im Lernen (8), sie öffnet sich nach links. Ein Flur führt nach rechts in Richtung Karriere (1) und weiter bis zum Bereich Hilfreiche Menschen (6). Gegenüber der Eingangstür liegt die Tür zum Bad. Sie ist zu der Eingangstür leicht versetzt, was man in der Wohnung selbst erst auf den zweiten Blick bemerkt, denn diese Tatsache liegt erst mal hinter der Tür. Im Lernbereich befinden sich auch noch das Waschbecken und WC vom Bad.

Das Thema ist Lernen (Eingang), das von Be-reinigung und Loslassen (Waschen und WC), also Erfahrungen machen, gekennzeichnet ist. Hier gibt es aber Widersprüche (versetzte Türen). Da der Flur über den Bereich Karriere gezielt Richtung Hilfreiche Menschen führt, gibt das dem Lernen/Lehren schon das Ziel. Hilfreiche Menschen ist der Bereich der Kommunikation und Austausch mit anderen Menschen. Karriere bezeichnet unseren Lebensweg, bzw. den Sinn einer Sache. Dieser liegt in dem Fall im Auf-dem-Weg-sein. Es ist der Bereich des Wassers, der Verbreitung von Information. Da sich die Eingangstür nach links öffnet und der Energiefluss noch dazu links herum durch die Wohnung führt, deutet das darauf hin, dass das Geschehen hauptsächlich von Gefühl und Intuition gelenkt wird, bzw. die Persönlichkeitsentwicklung das mit einbezieht. Weil die Sicht vom Eingang aus schon bis zum Bereich Hilfreiche Menschen gegeben ist, bzw. bis zum Balkon und darüber hinaus, ist man im Gedanken genau genommen schon wieder draußen, bevor man noch richtig in der Wohnung drinnen ist. Aufgrund dessen ist in diesem Bereich mit Energieverlusten zu rechnen.

Als nächstes betreten wir den Bereich Karriere, der auch einen Teil der hier vorgesehenen Küche beinhaltet. Danach öffnet sich der Flur ins Wohnzimmer. Dieses nimmt die Hälfte der Wohnung ein. An der Südwestseite ist hier über die gesamte Breite eine Glasfensterfront bis zum Boden mit angrenzendem großen Balkon, der wie eine Terrasse wirkt, jedoch ohne feste Fundamente ist. Er wird von Säulen getragen und ist nicht überdacht. Im Südwesten sind hinter den Baumwipfeln gerade noch ein paar Lichter der Stadt sichtbar.

Diese Hälfte der Wohnung nimmt die Bereiche Hilfreiche Menschen, Kinder und Partnerschaft zur Gänze ein und Karriere, Zentrum und Erfolg jeweils zur Hälfte.

Die Tatsache, dass die Bereiche Hilfreiche Menschen, Kinder und Partnerschaft, sowie Teile von Karriere, Zentrum und Erfolg räumlich nicht getrennt sind, zeigt, dass diese Themen eine Einheit darstellen, also nicht bewusst allein für sich betrachtet werden.

Ebenso wie der Karrierebereich ist auch der Erfolgsbereich zweigeteilt. Er liegt im Osten. Hier befindet sich eine Tür, die in das vorgesehene Schlafzimmer führt. Der Bereich Erfolg weist ein Fenster auf, welches ebenfalls eine Verbindung (Sichtweise) nach draußen darstellt.

Zusammen mit dem bereits festgestellten Grundthema deutet das darauf hin, dass das, was man „verteilt", mit einer bestimmten Sichtweise zu tun hat. Man wird auf zweifache, aber unterschiedliche Weise nach außen wirken, was aber doch irgendwie miteinander zu tun hat.

Der folgende Bereich, Reichtum (4) ist ebenfalls ein Durchgangszimmer. Die zweite Tür führt in das Bad und zwar im Bereich Familie (3), und die nächste Tür führt dann zurück zum Wohnungseingang im Lernen (8). Die Türen im Bad gehen beide nach innen auf und liegen sich frontal gegenüber. Die eine geht nach links (gefühlsorientiert) und die andere nach rechts (rationalorientiert) auf.

Die Folge des Nach-außen-Wirkens bestimmt die existenzielle Situation. Auch hier kommt das Durchfließende zum Tragen. Man wird kaum zu den Sparertypen gehören und die Funktion der Drei wird sich stark auf die Verbindung der 4 und 8 konzentrieren. Das wäre existenzielle Stabilität und Entwicklung als Lernprozess, wobei man hier Gefühl und Vernunft in Einklang bringen muss. Das hat mit Macht über sich selbst zu tun. Man wird das in diesem Fall im Alltag wahrscheinlich konkret in der Familie erleben, denn hier befindet sich eine Tür ins Bad und den angrenzenden Lernbereich, wo das WC ist. Von dieser Tür (rechtsaufgehend) aus gesehen ist dieses WC im Bereich Reichtum. Die andere Tür zum Bad (linksaufgehend) ist im Lernen, von wo aus gesehen sich die Toilette im Bereich Hilfreiche Menschen befindet. Das Loslassen als Lernprozess bezieht sich daher vor allem auf den Austausch und die Kommunikation von Inhalten, die mit der Familie (Einheit) zu tun haben und/oder die Art und Weise (Herz und Verstand), wie man die Funktion der Verbindung von Polaritäten gelebt hat (Macht und Reichtum). Doch wie vielfältig man die Konstellationen schlussendlich erleben kann, möge die Zahlenbeschreibung des Magischen Quadrats verdeutlichen.

Die rechteckige Gesamtfläche der Wohnung mit Balkon entspricht ziemlich genau dem Goldenen Schnitt. Sie teilt sich auffallend in zwei große Hälften, wobei eine davon ungeteilt und sehr hell ist. Die andere ist zweigeteilt, wovon ein Teil hell ist und der andere, welcher sich nochmals teilt, nicht ausreichend natürlich belichtet ist. Durch die Durchgangssituationen kann und muss man jeden Raum (außer der Küche) von zwei Seiten betrachten, was die Deutung etwas verkompliziert.

Das Thema der ***Zwei*** *als besonderes Merkmal ist jedenfalls kaum zu übersehen. Durch die Teilungen kommen indirekt noch die Prinzipien der Drei (Funktion und Verbindung) und der Vier (Formgebung und Manifestation) besonders bedeutsam zum Tragen, da sich hier auch die Küche befindet. Sie steht für kreativ handelnd, versorgend tätig zu sein. Das betrifft in diesem Fall die Beireiche Karriere und Zentrum. Der Erkenntnisweg könnte daher lauten: Durch die bewußte Erfüllung von Gesetzmäßigkeiten dem Himmel (Geist) auf die Erde bringen (verwirklichen). Jeder Materialisation geht der Geist (die Idee) voraus. Die vorher noch unsichtbare Qualität bekommt sichtbaren Ausdruck.*

Der Gesamteindruck ist harmonisch. Obwohl so viel Bewegung da ist, ist die Situation klar strukturiert und in der (Reihen)folge überschaubar. Zum einen sehr hell, gibt es auch die berühmten Schattenseiten. Insbesondere Küche und Bad bedürfen einer künstlichen Beleuchtung. An diesen Themen wird man arbeiten müssen. Die Sonnenseiten liefern das Potenzial dazu.

Die Bereiche Familie, Lernen und Karriere weisen keine Fenster nach außen auf und liegen im Norden, Nordosten und Nordwesten. Sie repräsentieren ein passives Potential, d.h. vor allem Unbewusstes, also Schattenseiten. Alle anderen Himmelsrichtungen kommen zum Tragen und wirken in die entsprechenden Bereiche aktivierend hinein. Zum Beispiel wird der Bereich Hilfreiche Menschen (6) vom Süden und Südwesten beeinflusst, die Bereiche Zentrum (5), Erfolg (9), Partnerschaft (2) und Kinder (7) werden vom Süden, Südwesten und Westen „erhellt".

Das Energiemuster des Umfeldes spiegelt sich im Haus und die des Hauses in den Wohnungen wider, wo dann noch signifikante Besonderheiten dazu kommen. So wie der Grundriss eher ungewöhnlich ist im Vergleich zu den üblichen Grundrissen, so hebt sich auch die Architektur des Hauses vom herkömmlichen Stil der umgebenden Häuser ab. Das Haus steht als moderner Bau aus Beton, Glas und Metall inmitten alter Villen konventioneller Bauweise. Es wirkt nicht dominierend, aber in seiner Leichtigkeit und Transparenz und der neutralen Zurückhaltung trotzdem auffällig.

Die Landschaft entspricht dem Wasserelement, der reichliche, alte Baumbestand und der Wald entsprechen dem Holzelement, die Häuser im Umfeld haben alle Satteldächer und machen das Feuerelement aus. Die klare viereckige Struktur des Hauses entspricht dem Erdelement, am sattelförmigen Dach ist die Spitze abgeschnitten, wodurch eine mit drei Seiten angedeutete Achteckform (Element Metall) entstanden ist. Es schmiegt sich terrassenförmig an den Hang und bringt damit das Element Wasser ein und mehrere tragende Säulen das Holz. Selbst die „Leere" ist als Element spürbar.

Ähnlich wie das Haus von der Form der Elemente Erde, Metall, Wasser und Holz geprägt ist, sind diese Elemente auch in der Wohnung bestimmend vertreten: Rechtwinkelige rechteckige Struktur (Erde), die Anordnung der Türen ergibt einen kreisförmigen (Metall) Durchfluss (Wasser). Das Element Holz wird durch zwei innenliegende und zwei außenliegende Säulen vertreten. Woran es sowohl der Wohnung, als auch dem Haus mangelt, ist das Feuerelement, welches jedoch durch die Ausrichtung nach Süden und Südwesten über den Einfluss der Sonne ersetzt wird.

Besagte Wohnung befindet sich in der Mitte von sieben Etagen (5 Wohnetagen und 2 Abstelletagen). Im Lift wird die betreffende Etage als 2 angezeigt, obwohl sie in der Mitte liegt. Die Wohnung trägt die Nummer 3 (ist auch Lebenszahl der Bewohnerin) und das Haus die Nummer 52. Im Haus teilen das weite helle Stiegenhaus und der Lift zehn Wohnungen in zwei Hälften: Fünf links und fünf rechts. Egal ob man nach oben oder unten will, man hat immer drei Etagen vor sich. In direkter Nachbarschaft wurde ein zweites ähnliches Haus gebaut und eine Tiefgarage verbindet (Zahlenqualität 3) beide Häuser unterirdisch. Da das Haus in einer Straßenschleife steht, ist es möglich, es von unten über die Tiefgaragen, und auch von oben über den Hauseingang zu betreten. Die Wahl richtet sich danach, wo das Auto steht. Das bedeutet zwei Meinungen oder zwei Personen oder Themen. Es bieten sich also zwei Sichtweisen an, so wie man in der Wohnung fast jeden Raum von zwei Seiten sehen kann.

Wie ein Gürtel umschließt eine Grünfläche, die man aber nicht betreten kann, das Haus. Sowohl oben, als auch unten befindet sich eine Überbrückung - wie bei einem Schlossgraben.

Das ist ähnlich wie in der Wohnung. Kommt man zur Tür hinein hat man zwei Möglichkeiten - entweder Bad oder Küche, wobei auch hier die zu wählende Richtung zweckgebunden ist. Der Eingang zum Haus liegt oben im Bereich Karriere, die Garageneinfahrt unten im Bereich Hilfreiche Menschen. Das lässt den Schluss zu, dass das Reisen zielgerichtet (Karriere = 1) ist und immer mit dem Austausch mit anderen Menschen zu tun hat. Ebenso das Heimkommen. So wie der Durchgang in den einzelnen Räumen in der Wohnung insgesamt eine Schleife bildet, so ist es mit der Straßenschleife und dem Haus und seinem Eingebundensein ins Umfeld.

Kommt man bei der Haustür hinein, sieht man gleich durch die gegenüberliegende Fensterfront und den aus Glas und Stahl bestehenden Lift hinaus. Energie folgt dem Blick. Man ist also schon wieder draußen, bevor man noch wirklich drinnen ist. Das kostet Energie.

Wie in der Wohnung ist ein rascher Durchfluss gegeben. Um in die Wohnungen zu kommen, erfordert dies eine Drehung um 90 Grad, in der Wohnung ist gleichfalls eine Wende von 90 Grad erforderlich, um dem dominierenden Energiefluss zu folgen. Auch hier sieht man dann bei der Fensterfront sofort wieder hinaus. Es ist, wie schon beim Haus, als wenn man nicht lange zu bleiben gedenke. In der Wohnung betrifft der Energieverlust den Bereich Hilfreiche Menschen, während es im Haus das Selbstverständnis und den Erfolg angeht.

Da sich in der Wohnung der Energieverlust im Bereich Hilfreiche Menschen im Zusammenhang der Themen stark auf den Erfolg auswirkt, läuft es auf dasselbe hinaus.

Grundstücksform: Die Grundstücksparzelle ist leicht trapezförmig und je nach dem von wo aus man sie betrachtet, verengt oder erweitert sie sich. Vom Haupteingang, also von oben gesehen, weist es Mängel im Bereich „Finanzen" und „Partnerschaft" auf, von der Garageneinfahrt aus gesehen, von unten hinaufschauend, erfährt es in diesen Bereichen eine Erweiterung.

Die Entscheidung für die häufigste Wahrnehmung liegt beim Einzelnen. Geht es aufwärts oder abwärts? Das ist beim Lift schon so, denn ob man kommt oder geht, man fährt auf jeden Fall aufwärts oder abwärts. Das Grundstück zeigt die Umstände an, in die man unmittelbar eingebunden ist. Was in diesem Fall bedeutet, dass es viel und schnell auf und ab gehen wird und man lernen muss, auf den Wellen zu reiten (7).

So wie die Wände in der Wohnung im Norden, Nordosten und Nordwesten Geschlossenheit aufweisen, ist das beim Umfeld des Hauses ebenso der Fall. Hier befindet sich ein geschlossener Hügel- und Waldgürtel.

Ebenso spiegelt der Einfluss der Himmelsrichtungen die Sinndeutung der Themen der Grundrissanalyse wider.

Die Wohnungseingangstür ist im NW und entspricht dem Spätherbst und der Zahlenqualität Sechs. Nachdem der Eingang im Lernen liegt, könnte das schlicht ausgedrückt bedeuten, dass man lernen muss zu lieben. Durch den Richtungswechsel ist die Wohnung nach SW ausgerichtet, dem Spätsommer und der Zahlenqualität Zwei. Immer noch in der Persönlichkeitsentwicklung und der Acht (Macht), bekommt das Lernen eine partnerschaftliche Richtung im Austausch und der Kommunikation mit anderen Menschen, da man direkt auf diesen Bereich zugeht. Das deckt sich mit der Grundrissanalyse insofern, als die Wohn- und Lebenssituation vom Lernen/Lehren und Persönlichkeitsentwicklung maßgeblich bestimmt sein wird, und zwar indem man sich anderen Menschen zuwendet.

Diese Persönlichkeitsentwicklung steht in Wechselbeziehung zu dem gegenüberliegenden Bereich Partnerschaft. Da der Energiefluss links herum läuft, wird der Austausch mit anderen Menschen, der Ausdruck der Kreativität (Bereich im Süden) und das Verbinden von Gegensätzlichem den materiellen Reichtum bestimmen. Mit dazu beitragen wird, dass das Fenster im Osten neue Inspirationen bringt und auf Fragen schnell Antworten kommen. Da es im Bereich Erfolg (9) liegt, müssen sie rasch verarbeitet und ausgedrückt werden. Man könnte es auch leben, indem man schnell entscheiden muss, welche Ideen man verwirft und welche Gelegenheiten man beim Schopf packt. Die Betrachtung der Einflüsse der Himmelsrichtungen bringt noch weitere Informationen und deckt sich mit der Grundrissanalyse. Der Hauseingang im Norden und die Ausrichtung nach Süden deuten darauf hin, dass man Erfahrungen und Wissen in sich trägt, die es auszudrücken gilt. Insofern wird man das Thema Lernen als Lehren leben. Der vom Durchgang gekennzeichnete Bereich Karriere (Westen) zeigt, dass man quasi fahrenderweise, auf jeden Fall eilend, unterwegs sein wird. Man könnte sagen: Das Geschehen ist wesentlich davon mitbestimmt, dass man ständig unterwegs ist (innerlich, als auch äußerlich) und reich beschenkt zurückkommt. Der Westen steht auch für Ernte.

Wie man darin unterstützt wird diese Aufgabe zu lösen, zeigen die Öffnungen (Türen und Fenster) nach draußen, wo kosmische Energien einströmen können. In diesem Fall kann man sich nicht beklagen, denn es geschieht praktisch den ganzen Tag durch die fünf Qualitäten: Osten, Südosten, Süden, Südwesten und Westen. Das Betrachten der Einflüsse der Himmelsrichtungen in Verbindung mit dem Grundriss bringt also zusätzlich noch feinere Informationen. Doch wie man die Situation auch betrachtet, schlussendlich kommt es immer auf das Gleiche heraus.

Es geht um Wissen und darum, dieses Wissen zu lehren. Da viel Energieaufwand notwendig ist, weil die Wohnung in dem Bereich des Austausches (Hilfreiche Menschen) ein energetisches Leck aufweist, könnte man das auch erleben, indem man nicht durchhält oder auch, indem das Lehren und Lernen sehr anstrengend erlebt wird. Geht zu viel Energie, zum Beispiel Geld, verloren, bleibt der „Reichtum" im Schatten und der Lernprozess erfolgt durch Erfahrung von Verlusten (WC im Lernen). Oder, man könnte auch von einem Partner abhängig werden, anstatt partnerschaftlich zu denken. Es wird also wesentlich von der Qualität des eigenen Selbstverständnisses und der Balance abhängen (52 = 7).

Der Eingang des Hauses oben im Bereich Karriere (1) zeigt schon, dass dieses Haus hauptsächlich Menschen anzieht, die eigenverantwortlich und selbständig ihren individuellen Weg gehen, der von ihren Erfahrungen und ihrem Wissen geprägt sein wird (Nordosten = Persönlichkeit(sentwicklung = 8). Sie haben alle den Wohnungseingang entweder im Lernen oder Hilfreiche Menschen. Entsprechend werden die Schwerpunkte jeweils gelagert sein.

Diese Beschreibung der Gegebenheiten ist unpersönlich, doch wird hier nur jemand einziehen, der aufgrund des eigenen, ganz persönlichen Energiemusters, Resonanz zu diesen Gegebenheiten hat. Darin verborgen liegt das versteckte Risiko, wie dieses Energiemuster insgesamt ge- bzw. erlebt werden wird. Bei der Grundrissanalyse ohne dazugehörigen Bewohner, würde man auf die Frage, ob dies eine günstige Wohnung sei, sagen: „Es kommt darauf an ...“

Welcher Art die Resonanz für jemanden ist, enthüllen weitgehend seine Geburtsdaten und der Zeitpunkt. Bei einer Wohnung mit dem Eingang im Bereich Lernen wird man auf jeden Fall einen intensiven Lernprozess durchmachen. Einen solchen kennzeichnet mein Leben sowieso und so schien diese Wohnung geradezu prädestiniert für mich.

Man könnte sagen, dass das, was wir erlebt haben und leben, immer eine Antwort auf Fragen ist, die wir uns auf der geistigen Ebene irgendwann gestellt haben. Für mich schien diese Wohnung eine solche Antwort zu sein.

Es war damals wieder einmal Zeit für mich einen Wohnungswechsel vorzunehmen. Ich wusste nicht recht wohin ich sollte. Durch meinen Beruf komme ich viel herum und kenne viele schöne Gegenden. Zweckmäßige, funktionale Überlegungen spielen bei der Wohnungssuche in der Regel aber eine wesentliche Rolle - ob frei oder gebunden. Da ich viel auf Reisen war, sollte mein neuer Standort auf jeden Fall möglichst verkehrsgünstig liegen. So nahm ich die Landkarte zur Hand und suchte nach einer Gegend, die mir gefiel und gut zu erreichen war. Mit Freiburg ging ich zwar diesbe-

züglich einen Kompromiss ein, doch zog es mich - aus welchen Gründen auch immer - schließlich dahin. Die Nord-Süd Verbindung funktioniert fabelhaft, was dem Kommen und Gehen entspricht. Nicht so günstig ist es mit der Ost-West Verbindung.

Als Kreuzungspunkt von vier Leylines schlägt Freiburgs Herz kraftvoll. Sich ständig erneuernd, zieht es Menschen an, die von überall her kommen und lässt sie wieder gehen. Hier pulsiert Leben in einer überschaubaren Größenordnung. Seine Schwingung ist voll Information, fördert die Konzentration und rasches Gelingen in kraftvoller Ruhe und kraftvollem Tun. Inspirationen aus allen Richtungen fördern fortschrittliche Gesinnung, ohne das Vertraute zu zerstören.

Kommen und Gehen und dazwischen Kraft tanken. Außerdem sagte man mir, Freiburg liege in der sonnigsten Gegend Deutschlands. Ich konnte unter zehn Wohnungen wählen. Tatsächlich kam nur eine in Frage. Die Entscheidung fiel mir leicht. Ich war verblüfft. Sie war auf mich zugeschnitten. Ich kam rein, drehte eine Runde, und tschüß. Das entsprach einerseits genau meiner Lebenssituation, andererseits fragte ich mich bang, ob ich mich hier würde halten können? Besonders wenn ich durch die raumbreite und raumhohe Fensterfront mit offenem terrassenartigem Balkon hangabwärts blickte, kamen mir die Worte in den Sinn: „Heute stehen wir am Rande des Abgrunds, morgen sind wir einen Schritt weiter ...“

Bei näherem Hinsehen barg die Wohnung noch weitere Tücken in sich. Sie schien mir eine große Herausforderung zu sein, wie meine neue Lebenssituation auch. Doch jede Herausforderung bedeutet gleichzeitig eine große Chance. Der neue Lebensraum schien ideal, um mich wachsen zu lassen. Aber würde ich dem auch gewachsen sein? Ich entschied mich gegen das Aber und nahm die Wohnung. Wie immer in meinem Leben, lockte mich der Reiz, neue Erfahrungen zu machen und so beschloss ich, mich freudig und zuversichtlich darauf einzulassen.

Abgesehen von kleinen Störungen, war sie energetisch in jeder Hinsicht sauber. Zuerst hatte ich eine Weile damit zu tun, meine Energie überhaupt voll hineinzubringen, denn zum Einen floss sie schnell ab und zum Anderen war ich immer nur kurze Zeit da. Das hatte gleichzeitig den Vorteil, dass andere Energien sich ebenfalls nicht so leicht halten konnten. Die erste Zeit spürte ich Fremdenergien im Haus und der Wohnung, wenn ich – meist nachts - von meinen Reisen nach Hause kam und eine fast bedrohliche Stille herrschte. Zu der Zeit war das übrige Gebäude noch leer und ich war die Einzige, die vorerst in ihm wohnte. Dies spiegelte meine flauen Gefühle in der Magengegend wider, die zeitweise aufkamen und sowieso mit der Lebensveränderung einhergingen. Ich fühlte mich allein und war es auch. Erst nach und nach füllten sich auch die anderen Wohnungen mit Leben und ich nahm erleichtert das Werkeln und Hämmern der Mitbewohner im Haus wahr.

Bald darauf hatte ich für eine Weile einen Riesenkran vor meiner Nase und seinen Lärm in meinen Ohren. Eine Baustelle in der Nachbarschaft deutete darauf hin, dass im Lebensumfeld etwas Neues im Entstehen ist. Die Dinge im Leben kommen jeweils in drei Schritten auf uns zu: Zuerst im weiteren Umfeld, dann in unmittelbarer Nähe und dann direkt. In diesem Fall betraf mich das erst einmal unmittelbar als Störung durch den Baulärm und bald darauf auch in Form von unangenehmen Ereignissen in meinem Leben, die sich später als Vorteil erwiesen.

Mit der Übersiedlung zog ich nach Süden. Das erleichterte mir das Sich-lösen aus den bestehenden Umständen. Später lösten sich auch berufliche Partnerschaften und das machte mich immer freier. Meine Ausbildungslehrgänge in Österreich, der Schweiz und Deutschland hatten gerade begonnen und liefen parallel. Zusätzlich mit den Beratungen war ich dann so viel unterwegs, wie noch nie in meinem Leben. Ich verbrachte kaum ein Viertel des Jahres in Freiburg. Es reichte gerade um die wichtigsten Arbeiten zu erledigen. Ebenso die Szenen in meinem Leben. Sie wechselten rasch und verlangten meine volle Aufmerksamkeit. Das Verbinden von Gegensätzlichkeiten fällt hier leichter als anderswo, ist aber auch zwingender.

Tatsächlich wohnen in dem Haus nur freiberuflich oder selbständig tätige Menschen, die, wie mir schien, ebenso viel weg waren wie ich. Irgendwann merkte ich, dass alle Baumaschinen verschwunden waren. Es wurde still - so wie ich mir das vorgestellt hatte. Anrufer konnten die Vögel durch das Telefon zwitschern hören. Beide Häuser wurden bunter und lebendiger. Sie hatten sich mit Menschen gefüllt und überall standen nun Pflanzen.

Bei mir entwickelte sich ein Gefühl des Daheimseins, wenn ich abends in irgendeinem Hotelzimmer mit einem tiefen Seufzer an meine Wohnung dachte. Ich mochte sie und konnte mich da immer sehr schnell erholen, obwohl sie lange nur dürftig möbliert war. Doch hatte ich von Anfang an eine warme, strahlende, aufbauende Raumgestaltung. Peu à peu kamen dann doch irgendwie die passenden Möbel dazu und die Wohnung wurde ein richtiger Kraftplatz für mich. Von da an wurde ich ruhiger und wollte nicht mehr so viel reisen.

Tatsächlich war es eine intensive Zeit des Lernens und zwar in jeder Beziehung. Natürlich lebte ich vieles davon beruflich in der Form des Lehrens, aber selbst da hieß es für mich: Das Lehren zu lernen im Austausch mit den Lehrgangsteilnehmern. Es ging nicht nur um die neuen Inhalte im Feng-Shui, sondern auch um neue Lehrmethoden. Ich erinnere an den Richtungswechsel bei der Wohnungseingangstür im Lernbereich. Gleichzeitig deuteten die versetzten Türen hier (Eingangstür und Badzimmertür) auf eine Widersprüchlichkeit hin, die ich unter anderem als Unstimmigkeit bezüglich Inhalt und Form des Lehrens erlebte. Mir war lange nicht wohl bei der Sache, bis ich eine neue Lehrmethode entdeckte und diese anzuwenden lernte. Im Bad selbst, war das WC im Bereich Hilfreiche Menschen. Ich musste also außerdem lernen Menschen loszulassen, oder auch eine bestimmte Art der Kommunikation und des Austauschens. Auch erlebte ich einige Unstimmigkeiten mit Geschäftspartnern im Zusammenhang mit den Seminargruppen und schließlich noch privat in der Familie. Der Bereich Familie beinhaltete Bett, Badewanne bzw. Dusche und die Spüle mit Mülleimer von der Küche. Diese drei Funktionen deuten auf Regeneration bezüglich der Qualität der Drei hin. Es ging um bewusstes und unbewusstes, (nördlicher Schattenbereich) auf jeden Fall aber zwingendes Aufarbeiten von Familien- und Gruppenthemen, hatte mit deren Einheit zu tun, Be-reinigungen und das Aussortieren von bewusstseinsmässigem Abfall. Das Bad geht über in den Lernbereich. Anstehendes musste also bewusst bearbeitet werden. Immer noch war ich erpicht darauf, den Unterschied zwischen „vorher" und „nachher" zu erfahren und so war ich anfangs wieder sehr nachlässig mit den ausgleichenden Maßnahmen. Ich „stopfte" nur die energetischen Löcher und bremste die Energie etwas. Doch nun fing ich rigoros, bis ins kleinste Detail, damit an, auszugleichen und ließ nicht locker, bis ich rundum zufrieden war. Die Meinungsverschiedenheiten legten sich und alles begann einigermaßen rund zu laufen, was mein Leben wesentlich angenehmer machte.

Harmonie ist ein Seinszustand unseres Bewusstseins. Man kann sie nicht „machen", sie ist ein Seinszustand und sie ist relativ. Es muss deshalb heißen: In Harmonie sein mit ..., z.B. mit seinem Umfeld, mit seinem Partner, mit seiner Arbeit, etc. und nicht zuletzt mit sich selbst. Wenn wir einverstanden sind mit dem, womit wir uns gerade in Beziehung befinden, empfinden wir Harmonie. Wenn wir nicht einverstanden sind, ist die Harmonie dahin. Wir müssen uns deshalb ständig aufs Neue darum bemühen und sei es, dass wir sie gebührend schätzen.

Der ganze Lernprozess war also wirklich nicht so einfach. Das Thema der vorherigen Wohnung war: Trotz der vielen Möglichkeiten zu sich zu finden. Der Eingang war im Zentrum, von dem sieben Türen in die verschiedenen Räume führten. Da hatte ich oft das Gefühl, alles gleichzeitig tun zu müssen. Es war innerlich und äußerlich viel Unruhe und Hektik. Hier war auch ein ständiger Fluss gegeben, aber es ging wenigstens alles schön der Reihe nach und irgendwie kam Ordnung in mein Leben.

Das dreigeteilte Zentrum entsprach meiner Lebenszahl (30) und beinhaltete den Arbeitsplatz, einen Teil der Küche und einen Teil des Schlafzimmers. Dies wirkte sich im Laufe der Zeit vorteilhaft aus. Es stärkte mein Selbstbewusstsein und die Selbständigkeit und brachte mehr eigenverantwortliche Freiheit mit sich, was kein Fehler war. Der Bereich Kinder (7) im Süden lässt viel Spielraum und besagt, dass Kreativität in Bezug auf die Verbindung von Geist und Materie (Himmel und Erde = bei mir durch Feng-Shui) ausgedrückt wird, und - mit dem Balkon in diesem Bereich -, in der Öffentlichkeit, ebenso wie ich das mit dem Thema Hilfreiche Menschen tue.

Der Bereich Partnerschaft wird gleich von drei Himmelsrichtungen beeinflusst: Vom Süden, Südwesten und vom Westen. Wenn die Sonne untergeht schickt sie ihre letzten Strahlen in diesen Bereich und lässt ihn orange-gelbgold aufleuchten. Es ist der beste Platz in der Wohnung, obwohl er ein wenig durch eine Wasserader und eine elektromagnetische Strahlung gestört ist. Man könnte dies mit einem Wehmutstropfen vergleichen und zu vielem Denken.

Im Bereich Erfolg, er liegt im Südosten, gibt ein Fenster den Blick in den wildwuchernden, immer blühenden Garten des Nachbarn frei. Ich habe ein inniges Verhältnis zu seinem großen Haselnussstrauch, der in der Nähe meines Fensters steht. Seine Früchte werden zu einer Zeit reif, in der ich geboren wurde. Er erinnert mich an eine freudige Begebenheit in meiner Kindheit. Damals - es war in der Nachkriegszeit - buk mir meine Mutter eine Nusstorte zum Geburtstag, wenn ich ihr Haselnüsse brachte. Nach dem Keltischen Baumhoroskop ist er mein Lebensbaum. In diesem Bereich steht in der Wohnung auf der einen Seite ein Bücherregal und auf der anderen befindet sich eine kleine Nische, die ich mit Schiebetüren geschlossen und als Abstellplatz für Staubsauger, etc. genützt habe. Zusammen mit der Tür, die diese Bereiche verbindet, bezeichnet es, wie ich nach außen wirke. Die Tür verbindet Wissen (Bücherregal) mit Dingen des Alltages (Einbauschrank), mit denen man etwas bewerkstelligen (umsetzen) kann.

Das energetische Leck im Bereich Hilfreiche Menschen bekam ich mit Energieblockern gut in den Griff, was dann auch zur Folge hatte, dass ich nicht mehr ganz so viel auf Reisen war. Mit ihnen konnte ich genau dosieren, sozusagen auf- und zudrehen, und das Reisen meinen Bedürfnissen anpassen. Die Kommunikation verlagerte sich dann zum Teil auf Internet und Computer. Der Südwesten ist immerhin „meine Richtung“ und ich hätte mich ohne diese Maßnahmen wahrscheinlich nicht so lange in dieser Wohnung halten können. Trotzdem war es so, dass eine gewisse Unruhe in mir aufstieg, wenn ich längere Zeit nur Zuhause war. Es gelang mir nicht, dieses Buch da zu schreiben. Dazu ging ich wieder nach Mallorca. Die Hausnummer war dort „zufällig“ die 9 und das Appartement trug die Zahl 69 (=15). Der Eingang lag im Bereich Hilfreiche Menschen und den Schreibplatz richtete ich mir im Bereich Partnerschaft ein. Im Bereich Karriere war die Küche und im Lernen das Bad. Die Wohnung war Nord-Süd ausgerichtet, was zur Folge hatte, dass ein großer Balkon im Süden die Bereiche Reichtum, Erfolg und Partnerschaft ausweitete und so den Ausdruck dessen, was ich innerlich (Norden) mitgebracht hatte, unterstütze. Tatsächlich kam ich nach einigen Wochen mit dem fertigen Manuskript zurück.

Andere Menschen erleben dieselbe Wohnung auf ihre Art und zu ihrer Zeit, weil die individuellen Entwicklungen auf jeden Fall recht unterschiedlich sind. Trotzdem wird jeder der einzieht, mehr oder weniger

Resonanz zur beschriebenen Themenkonstellation haben. Das jeweilige Bewusstsein spielt eine gewichtige Rolle und auch die Zeit, obwohl das Grundthema für alle Beteiligten gleich ist. Die Schwerpunkte für den Einzelnen sind außerdem unterschiedlich und verändern sich zyklisch. So wie wir von Haus aus schon - astrologisch ausgedrückt - unter einem bestimmten Stern geboren werden und damit einem ganz spezifischen Lebensprogramm unterliegen, sind auch im Laufe des Lebens verschiedene Schwerpunkte gesetzt, die zu bestimmten Zeiten gelebt werden müssen. Die einzelnen Deutungen sind deshalb immer auf das Hier und Jetzt und das gesamte, in dieser Form einmalige, Energiemuster bezogen und nicht pauschal übertragbar. Was der eine Mensch in einer bestimmten Situation als sehr gut empfindet, empfindet ein anderer vielleicht als weniger gut. Nur darauf kommt es an. Dasselbe gilt für die Zeit. Was heute passend ist, ist es möglicherweise morgen nicht mehr. Der Mensch selbst sieht die Dinge so, wie sie für ihn zu einer bestimmten Zeit zu sehen sind. Schon der Architekt, der ein Haus plant, bringt in ihm „sein" Muster zum Ausdruck. Einmal hatte ich die Gelegenheit, die Pläne der Prüfungsarbeiten von Studenten an einer HTL zu studieren. Die Studenten sollten zum ersten Mal frei nach ihrem Gutdünken ein Einfamilienhaus planen. Aus diesen Plänen konnte man recht deutlich ihre persönliche Situation ablesen und ihre Lebenseinstellung.

Es könnte zum Beispiel sein, dass die Planung dieses Hauses mit bestimmten, klaren Absichten und schnellen Entscheidungen auf einfache, aber ungewöhnliche Weise zustande kam. Und, dass die Planung und Ausführung rasch erfolgen sollte und auch erfolgte und dies mit einem großen, aber machbaren Energieaufwand verbunden war. Dies hat sich im Energiemuster niedergeschlagen. Das Haus zieht daher Menschen an, die sich kurzfristig und schnell entscheiden, weil sie wissen was sie wollen und es eilig haben. Sie sind geistig flexibel und führen ein abwechslungsreiches, aber gut organisiertes Leben. Es könnte zwar sein, dass sie nicht lange bleiben, wenn sie den Durchfluss nicht über vieles Reisen leben, denn dann zieht es sie anderweitig hinaus. Jedenfalls geht ein Mieterwechsel immer zügig über die Bühne. Der Vermieter hat mir das bestätigt.

Wenn wir eine Erfahrung machen, beziehen wir diese Erfahrung auf die momentan für uns wahrnehmbare Situation. Meist sehen wir zwischen den äußeren Ereignissen und unserem inneren Zustand keinen Zusammenhang. Mehr Durchblick könnte uns den Weg zu uns selbst weisen und helfen, unser Potential leichter zu verwirklichen. In welcher Art jemand die Herausforderung seiner Resonanz zu einer bestimmten Wohnsituation erlebt, zeigen seine Geburtsdaten. Wenn man sich viel mit Zahlen beschäftigt, braucht man dazu kein besonderes System. Ansonsten kann Astrologie, ob westliche oder östliche, eine gute Hilfe sein. Doch all zu leicht werden oberflächliche Verallgemeinerungen dann persönlich wörtlich genommen, ohne verifiziert zu werden. Deshalb rate ich im Fall zu einer persönlichen Konsultation einer/s Fachfrau/mannes. Das kann uns tiefere Einblicke verschaffen und uns helfen, das beste aus der Situation zu machen. Wir müssen uns nur hüten, die Dinge nicht als gut oder schlecht zu werten. Das ist nicht ganz so leicht, wie es aussieht, weil viele Begriffe schon wertend besetzt sind.

Bei allen Methoden, unser Leben zu analysieren, besteht die Gefahr der Eingrenzung. Deshalb sollten wir diese Dinge, ebenso das Feng-Shui, nicht zu eng sehen und uns Spielraum lassen für intuitives Wahrnehmen. Je mehr wir im Hier und Jetzt zu leben verstehen, desto mehr nehmen wir automatisch den „richtigen" Zeitpunkt wahr, etwas bestimmtes zu tun oder zu lassen. Das hängt sicher auch damit zusammen, ob wir grundsätzlich bereit sind, anzunehmen was ist, denn dann bleiben wir in unserer Mitte und es kann uns nichts so leicht aus der Fassung bringen. Das bekommt uns in der Regel besser, als von irgendwelchen Berechnungen abhängig zu sein. Denn, auch wenn sie nicht stimmen, wird das Ergebnis immer stimmig sein. Und wenn eine Konstellation für jemanden zu einer bestimmten Zeit für ein bestimmtes Vorhaben günstiger zu sein scheint als sonst, diesem aber gerade nicht der Sinn danach steht, mit Begeisterung und Liebe zu tun, was zu tun ist, nützt der günstige Zeitpunkt auch nichts. Ich denke, das Leben erfüllt sich ohnehin auf seine Art. Was wir dazu tun können, ist, es begeistert anzunehmen, denn unsere Seele will sich auf jeden Fall verwirklichen.

Was ich habe macht mich reicher, was ich nicht habe ist mir von Nutzen

(chin. Sprichwort)

Weil Reichtum, Glück und Gesundheit im Feng-Shui d i e Schlagworte sind und oft als letzte Rettung mit Feng-Shui erzwungen werden wollen, möchte ich dem Thema noch ein extra Kapitel widmen.

Wir wehren uns gegen das Nicht-haben und kämpfen für ein besseres Leben, ohne dass wir das, was wir haben, gebührend schätzen. Je mehr wir das tun, desto größer werden die Probleme und desto mehr Energie verbrauchen wir dafür. Das ist Energieverschwendung pur. Es entsteht ein immer größeres Defizit in den Bereichen, in denen wir unsere Energien viel sinnvoller einsetzen könnten. Oft endet die Umkehr erst bei totaler Erschöpfung. Armut ist eine geistige Haltung. Wie wir uns wahrnehmen, wenn wir „nichts" haben, zeigt unseren wahren, inneren Wert (Reichtum). Mangelt es uns an Selbstanerkennung, Dankbarkeit und Liebe, zeigt sich dieser Mangel im Außen. Es werden uns dann auch andere nicht anerkennen, sie werden uns nicht dankbar sein für das, was wir für sie tun und sie werden uns auch nicht lieben. Unter diesen Umständen werden wir schwerlich „reich" werden. Auch erhebt sich die Frage, wie viel wir brauchen, um uns reich zu fühlen. Bei allem, was wir uns erkämpfen wollen oder glauben zu müssen, sollte uns klar sein, dass wir damit automatisch auch das Gegenteil von dem, was wir beabsichtigen, gewaltsam kreieren - die Armut. Die Natur gleicht immer aus. Sie ist ständig bemüht das Gleichgewicht der Welt zu halten. In dem Maße, als die einen mehr haben als sie brauchen, in dem Maße werden andere zu wenig haben. Unvorstellbarer Reichtum schafft unvorstellbare Armut. Die Leistungsgesellschaft hat als Ergebnis jahrhundertelanger einseitiger, rationaler Denkweise eine Welt der Extreme hervorgebracht und die Eitelkeit der Menschheit hat eine Welt der Superlativen entstehen lassen. Was läge jetzt näher, als den Goldenen Mittelweg anzupeilen! Mit Vernunft allein gelingt es nicht, allzu große Unterschiede zu vermeiden. Es gehört Herz dazu und menschliche Größe.

Doch so übermäßig reich sind die wenigsten von uns, die meisten scheinen nicht genügend zu haben. Und das liegt an ihrem Mangel an Dankbarkeit. Nur das, was wir schätzen, hat den Drang sich zu vermehren. Nichtbeachtung lässt Dinge verblassen. Da wo unsere Aufmerksamkeit hingerichtet ist, fließt unsere Energie, das Bewusstsein, die Schöpferkraft hin. Dankbarkeit zeigt, dass wir das Gegenteil von Reich-sein zur Genüge kennen, sonst würden wir nicht dankbar sein für das, was wir haben. Das Zu-wenig-haben bleibt uns dann erspart, einfach weil es nicht mehr notwendig ist. Mehr Ausgewogenheit im Leben des Einzelnen wird uns allesamt längerfristig zufriedener sein lassen.

„Das Segnen für sich hat eine große Wirkung, aber die wenigsten beachten das. Es scheint zu unbedeutend. Wir sind zu sehr an den Gedanken gewöhnt, positive Veränderungen in unserem Leben bedürfen eines massiven Eingriffs. Alles geht ins Gigantische. Auch kleine Dinge können eine große Wirkung haben, so wie die großen Dinge oft nur eine kleine Wirkung zeigen. Meistens verschwenden wir viel Energie und bemühen uns um vieles viel zu aufwändig. Es genügten die einfachen Worte: „Ich segne mich und mein Leben", um schon sehr bald sehr positive Veränderungen wahrzunehmen. Es ist so einfach und macht frei von äußeren Umständen und Fremdbestimmung. Jeder könnte es machen. Man braucht dazu kein Geld, nicht einmal besondere Intelligenz und es ist kein Privileg nur für Einzelne. Noch sind die Gedanken frei. Täglich die paar Worte von jedem gesprochen, würden die Welt buchstäblich auf den Kopf stellen", meint Serge King[13] *und ich stimme dem voll zu.*

Grund zur Dankbarkeit haben wir immer, denn egal wie schlecht es uns geht, es gibt immer noch Steigerungen. Das gilt nicht nur für den Wohlstand, sondern auch für Gesundheit und Glück.

Im Ba gua ist die Wechselwirkung der Qualitäten des Existenziellen (4) mit dem sich gegenüber befindlichen Bereich Hilfreiche Menschen (6) durch unser individuelles Selbstverständnis (5) beeinflusst. Die Reihe Vier, Fünf und Sechs ist unsere Erlebensebene, wo die Dinge Gestalt annehmen, die Gegenwart.

---

[13] Serge King: Gelebte Liebe, Alf Lüchow Verlag, Postfach 1751, 79017 Freiburg

Das Lichtritual

Dieses Segnen kann jeder mit dem Lichtritual in seiner Wohnung, seinem Haus, dem Büro, etc. umsetzen und damit selber die Schwingung in den Räumen und die eigene erhöhen. Es bedarf nur einer ernsthaften, liebevollen Zuwendung. Bei einem Haus geschieht das Ritual am besten gleich über mehrere Etagen oder, wenn es angebracht erscheint, auf jeder Etage separat. Mit dem Lichtritual bringen wir Licht in die einzelnen Lebensbereiche und zwar in einer bestimmten Reihenfolge.

Am einfachsten ist es, du nimmst den Wohnungsplan zur Hand. Nun malst du in den Bereich Familie mit goldgelber Farbe einen großen Punkt. Imaginär bringst du dann Licht in diesen Bereich. Du kannst dir dabei deine Familie vorstellen oder den maßgeblichen Wohnbereich. Lass dieses Licht in deinen Gedanken mächtig erstrahlen und fühle, wie Freude und Liebe einströmen.

Wenn du dir Licht nicht so gut vorstellen kannst, gib ihm eine Form. Zum Beispiel eine künstliche Lichtquelle, wie Taschenlampe oder Flutlicht - sei nicht zimperlich - oder einen wunderschönen Engel, oder die Sonne, etc.

Wenn du das Gefühl hast, es hat sich manifestiert, löse einen Strahl und ziehe ihn in den Bereich Reichtum. Auf dem Plan zeichnest du diese Linie ein und den zweiten gelben Punkt. Hier wiederholt sich die Imagination von Licht. Du stellst dir wieder den entsprechenden Wohnbereich vor oder das, was du unter Reichtum verstehst. Wie vorhin lasse dieses Licht mächtig erstrahlen und spüre in deine Gefühle hinein. Je intensiver die Gefühle der Freude und Liebe sind, desto wirkungsvoller ist das Ritual. Nach einer Weile löst sich wieder ein Strahl und wandert in das Zentrum, um hier ein drittes Licht zu manifestieren, das du ebenfalls am Plan einzeichnest. Dieses aktiviert dein Selbstbewusstsein. Was auch immer du in der Wohnung auf diesem Platz vorfindest - und sei es der Kühlschrank, die Badewanne oder das WC - lass das Licht heftig erstrahlen. In der Folge wanderst du so durch alle Bereiche des Ba gua. Als nächstes kommt der Bereich Hilfreiche Menschen dran, dann der Bereich Kinder, dann Lernen, dann Erfolg, dann Karriere und am Ende Partnerschaft. Fertig! Das Ritual hat einen Anfang und ein Ende. Was du damit bewirkst, ist nicht nur eine höhere Schwingung, sondern eine echte Transformation. Das kann auch in einem Krankenzimmer eine große Hilfe sein oder in einem Büro oder in einer Schulklasse, etc.

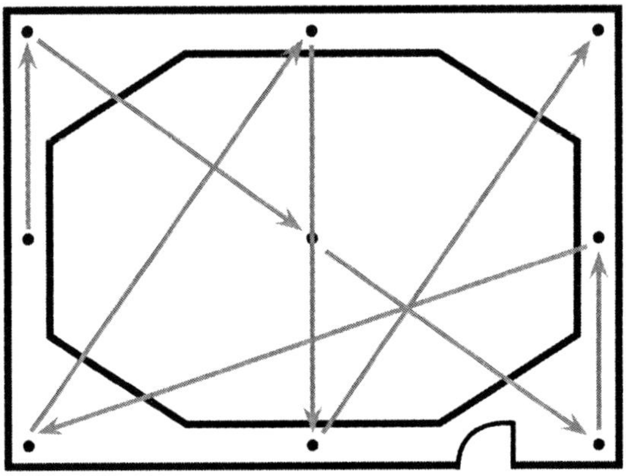

Die Reihenfolge: Familie, Reichtum, Zentrum, Hilfreiche Menschen, Kinder, Lernen, Erfolg, Karriere, Partnerschaft bezeichnen einen Weg, welcher mit der Zahlenreihe im Magischen Quadrat nicht identisch ist. Wir beginnen im Haus 3 und das dritte Licht kommt im Zentrum (5) zu stehen. Es geht nicht um Identifikation, sondern um die Intension, mit der wir dieses Lichtritual machen. Ich nenne das Quadrat mit dieser Zahlenfolge für diesen Zweck deshalb spirituelles Quadrat, weil es bedingungslose Hingabe ausdrückt, mit der wir in diesem Fall Macht ausüben. Die Summen der Zahlenreihen ergeben 3 x die Neun und 5 x die Achtzehn und stehen damit für bewusste Auflösung im Zusammenwirken mit höheren Kräften.

Der erste Lichtpunkt ist in der Drei. Wir beginnen also mit der Einheit, aus der wir kommen und bewegen uns dann in die Polarität der materiellen Existenz (die Zwei im Bereich der Vier), aus welcher wir mit Hilfe des dreieinigenden Bewusstseins höhere Selbsterkenntnis schöpfen (die Drei im Zentrum). Mit dem vierten Punkt in Hilfreiche Menschen (6) kommt

Harmonie (Ordnung = 4) in den Austausch mit anderen Menschen, also eine Bereicherung unseres Daseins. Das verschafft uns die Erfahrung der Leichtigkeit des Seins, mit der wir uns dann identifizieren (Fünf im Bereich Kinder). Entsprechend entwickelt sich unsere Persönlichkeit und wir üben mit Liebe (6. Punkt) Macht aus, was mit der heiligen Zahl Sieben in weiser Vollendung (9) zum Ausdruck kommt. Daraus entstehen neue, ebensolche Erfahrungen in Bezug auf uns selbst (wir wandern über das Zentrum zum Bereich Karriere) und diese weisen uns immer wieder den Weg, welche Art von Macht (8 - höchstes Bewusstsein in Bereich Karriere) uns scheinbare Gegensätze überwinden bzw. vereinen lässt (die 9 in Partnerschaft).

Neue Einsichten wandeln unsere Ansichten

Oft kommt es vor, dass mir Wohnungssuchende einen Grundriss mit Beschreibung zukommen lassen, bevor sie sich definitiv entscheiden. Allein die Tatsache, dass die Wohnung schon in der engeren Wahl ist, zeigt, dass in irgendeiner Weise Resonanz dazu besteht. Bei der Besprechung der Themen, deren Zusammenhang und ob und in welcher Weise Bereiche disharmonisch aufeinander wirken, reihen sich Fakten aneinander, deren Bewandtnis für den Betreffenden sehr aufschlussreich sein kann.

So kann schon allein die Suche nach der „richtigen" Wohnung einen konstruktiven Bewusstwerdungsprozess auslösen. Ich merke dann von Grundriss zu Grundriss, dass die in Frage kommenden Wohnungen immer leichter und harmonischer werden. Manchmal braucht es mehrere Grundrisse, bis bestimmte Disharmonien sich auflösen, oder zumindest minimiert werden. Jedenfalls lässt sich in allen Grundrissen im wesentlichen das gleiche Muster erkennen. Es kommt auch vor, dass eine bestimmte Disharmonie sich hartnäckig von Plan zu Plan in allen möglichen Varianten wiederholt, da merkt man dann sehr deutlich, woran man arbeiten muss. Es erscheint dem Betreffenden dann so, als ob es keine anderen Wohnungen auf dem Markt geben würde. Immer gerät er an (s)eine besondere Thematik. Wenn dann im Fall auch noch die funktionalen Bedingungen passen, gilt es sie anzunehmen, in diese Wohnung einzuziehen und mit den Möglichkeiten von Feng-Shui auszugleichen. Lösen müssen wir immer etwas, es ist nur die Frage, wie.

Wir können uns die Wohnungssuche erleichtern, wenn wir unsere Phantasie ein wenig strapazieren:

Gehe von deiner jetzigen Wohnung aus und überlege dir, was dir fehlt, was du gerne haben möchtest und was dir an ihr nicht besonders gefällt oder was du so überhaupt nicht (mehr) haben möchtest. Übe dich in bildhaften Vorstellungen und phantasiere. Nimm ein Stück Papier und Bleistift zur Hand und kreiere dir den passenden Grundriss. Entweder indem du den vorhandenen „ausbesserst" oder dir lieber gleich einen neuen planst. Wenn du nicht weißt, wie du beginnen sollst, zeichne zuerst einmal ein Viereck auf. Dann den Zugang bzw. Eingang in dieses Viereck. Platziere als erstes darin den Raum, der dir am wichtigsten ist, und in dieser Reihenfolge die anderen entsprechend ihrem Stellenwert. Wenn du einen Partner hast und/oder auch Kinder, lass sie an der Planung teilhaben.

So reiht sich schon bald ein Raum an den anderen. Vielleicht brauchst du auch eine Treppe, wenn Räumlichkeiten oben liegen sollen oder wenn du auf einen Keller nicht verzichten willst. Du kannst vielleicht auch da und dort noch eine Terrasse anfügen, oder einen Balkon oder Erker. Achte auf jeden Fall darauf, die einzelnen Räumlichkeiten so zu skizzieren, dass sie proportional zueinander passen. Zeichne zum Beispiel das Badezimmer nicht größer als das Schlafzimmer, es sei denn, du möchtest das so. Auch solltest du die gewünschten Räume ins richtige Verhältnis zur vorgestellten, ungefähren Gesamtquadratmeterzahl der Wohnung setzen und diese deinem finanziellen Rahmen anpassen. Dabei spielt die Lage der Wohnung natürlich auch eine große Rolle, ebenso praktische Überlegungen. Willst du und kannst du weite Anfahrtswege zur Arbeit und Schule in Kauf nehmen oder würde das belastend werden? Soll sich die Wohnung in einem Mehrfamilienhaus befinden oder in einem Hochhaus, oder soll sie dein Haus werden? In der Stadt oder eher in einer Randlage oder auf dem Land, in einem Dorf? Bring also deine neue Wohnung in deiner Vorstellung in ein Umfeld ein, welches dir wünschenswert erscheint. Erwarte dabei trotzdem eher etwas mehr als du gewohnt bist dir zu geben, denn du willst dich ja weiterentwickeln und dein Wohnen und dein Leben sollen schöner werden.

Hast du dich entschieden, dann geh an die Details. Zeichne die Türen ein. Allen voran die Wohnungseingangstür. Achte darauf, dass sich gegenüberliegende Türen nicht überschneiden. Überlege jedes Mal, ob sich eine Tür nach rechts oder nach links öffnen soll, damit dein Blick frei in den Raum schweifen kann. Schließlich brauchst du auch noch Fenster. Stell dir vor, wie die einzelnen Räume belichtet werden sollen. Dabei kommst du auf die Himmelsrichtungen. In welchen Räumen hättest du gerne die Morgensonne, in welchen die Abendsonne? Welche Räume sollten möglichst den ganzen Tag hell sein und welche vertragen den Schatten des Nordens. Es kommt bei diesen Überlegungen sehr darauf an, was du in deiner Wohnung tun willst. Vielleicht auch arbeiten oder vielleicht bist du tagsüber sowieso auswärts. Eventuell planst du nun alles noch einmal um. Du wirst vielleicht oft umplanen - gib dir die Zeit.

Zum Schluss zeichnest du auch noch die Möbel ein. Wo möchtest du sie stehen haben? Welche Farben gibst du nun den Räumen? Wie passen sie zu deinem vorhandenen Inventar? Was willst du bei der Gelegenheit erneuern? Welche Bilder und Accessoires? Wo findet sich eine Kuschelecke? Lass dir viel Zeit. Überschlafe auf jeden Fall den ersten Versuch und ändere ihn so oft, bis alles rundum passt. Sieh dir deine Kreation immer wieder an, prüfe genau, ob es irgend etwas gibt, das dich mit der Zeit stören könnte. Du bist erst fertig, wenn dir alles stimmig und harmonisch erscheint und du zufrieden sagst: „Ja, so möchte ich wohnen".

Tatsache ist, dass mit dem Aufzeichnen der Wohnung bereits die Zeichen zur Manifestation gesetzt sind. Sie ist bereits schwarz auf weiß auf dem Zettel verwirklicht. Die Vorstellungen sind nun konkretisiert und bekommen dadurch Macht.

Versuche nun, dir dein Konstrukt bildlich vorzustellen und gib ihm Farben. Versuche dir die Wohnung vorzustellen, wenn die Sonne scheint und wenn es regnet. Farben kommen aus dem Gefühl und repräsentieren diese im Außen. Die Farben unseres Umfeldes sagen daher sehr viel über unser Innenleben aus. Wir brauchen sie für die Entwicklung unserer Beziehungsfähigkeit. Damit gestalten wir Tag für Tag unser Dasein aufs Neue. Nehmen wir unsere Gefühle nicht wahr, dann nehmen wir auch die Qualität unserer Gedanken nicht wahr und bleiben in unseren gewohnten Denk- und Verhaltensmustern hängen.

Wenn dir das Planen viel Spaß gemacht hat und du dich nun über das Ergebnis freust, bringst du viel gute Energie in die Sache und es ist sehr wahrscheinlich, dass sie sich verwirklicht. Außerdem hast du dich auf diese Weise einmal ausgiebig mit dir selbst und deinem Leben beschäftigt und deinen Bedürfnissen entsprechende Aufmerksamkeit geschenkt. Du bringst damit Liebe in dein Leben und wirst staunen, was dabei alles heraus kommen kann. Es geht ja nicht nur um das Wohnen. Was du eben skizziert hast, ist deine Vorstellung von deinem zukünftigen Leben. Viel zu oft sind wir allzu bereit Kompromisse einzugehen, mit denen wir eigentlich nicht einverstanden sind.

Obwohl du so sorgfältig geplant hast, solltest du trotzdem offen bleiben für ähnliche Varianten oder Überraschungen. Denke nicht unbedingt, diese Wohnung oder das Haus würde oder müsste den Anforderungen für den Rest deines Lebens gerecht werden. Wichtig ist, dass du j e t z t bezüglich Wohnen weißt, was du willst, und sie in Lage, Größe und Ausstattung in deinen finanziellen Rahmen passt. Du kannst dir ja im Fall später einmal die nächste Wohnung genauso kreieren. Bleib am Ball. Du wirst auf diese Weise deiner „Traumwohnung" nicht nur Schritt für Schritt ein Stück näher kommen, sondern ständig in ihr wohnen.

Diese Methode hat sich schon in vielen Fällen bestens bewährt, auch bei Geschäften, Büros oder sonstigen Arbeitsräumen. Sie funktioniert auch gut für den Neubau eines Hauses und liefert dem Architekten eine genaue Vorstellung, wie dein Traumhaus werden soll. Es lässt sich sicher nicht als sogenanntes ideales Feng-Shui-Haus aufgrund fiktiver Daten auf dem Reißbrett konstruieren. Der Grundriss als solches ist nur ein bestimmtes Muster, eine Konstruktion, die erst Leben bekommt, wenn ein Mensch in eine persönliche, reale Beziehung zu ihr tritt. Jedes Haus, das gebaut wird auf Grund akkurater Berechnungen, bleibt kalt ohne die Liebe, die aus unserem Herzen kommt und uns mit dem Rhythmus der Schöpfung verbindet. Je mehr du auf dich selbst vertraust, desto besser weißt du, wie du leben musst!

Natürlich könntest du dir auch eine Traumwohnung ohne Wenn und Aber kreieren, doch strapaziere im konkreten Fall deine Wünsche lieber nicht allzu sehr. Denn ob die so kreierte Wohnung dann schon bald in dein Leben kommt, hängt davon ab, inwieweit du wirklich dahinter stehst und ob diese „Traumwohnung" dann tatsächlich die Realität deines Lebens spiegeln würde. Unsere Realität lässt sich zwar verändern, aber nicht austricksen. Auf Anhieb von Null ins Paradies zu kommen gelingt den Menschen selten.

Trotzdem kann es sehr nützlich sein, einmal alle Wenn und Aber wegzulassen und einfach nur zu träumen. In den Ausbildungen erlebe ich, wie die Teilnehmer dann bei der Analyse ihrer so kreierten Traumwohnung auf ihre Potentiale stoßen, was sehr aufschlussreich sein kann und was sie tief bewegt.

Du kannst dir sicher sein, es wird dir nichts einfallen, was in deinem Leben keine Rolle spielt. Deine Wohnung muss deshalb keine Prunkvilla werden, aber sie kann dir das Gefühl verschaffen, sie wäre eine.

Alles, was auf dieser Welt ist, ist von den Kräften des Himmels und der Erde durchdrungen, die uns im Überfluss zur Verfügung stehen. Im übertragenen Sinne ist das die Verbindung nach oben, der Geist, die Ideen, die wir haben, und die Verbindung nach unten, die Kraft des Handelns, der Verwirklichung, des Erlebens, der Energien der Erde. Wenn abends die Sonne halb im Himmel und halb in der Erde steckt, verbindet sie den Tag mit der Nacht und opfert sich. Doch ohne sich zu verlieren erscheint sie jeden Tag aufs Neue. Dann verbindet sie die Nacht mit dem Tag und gibt uns eine neue Chance. Wir sollten es ihr gleichtun.

Man könnte sich fragen, ob angesichts der weltbewegenden Umwälzungen Feng-Shui in unseren Wohnbereichen überhaupt noch sinnvoll ist. Ist es!

Jede Ausdehnung geht von einem Punkt aus, dem einzelnen Menschen selbst. Das Bild unserer Welt können wir positiv und negativ beeinflussen, aber erst einmal nur aufgrund des Bildes, welches wir uns selbst von ihr machen und das wesentlich davon mitbestimmt wird, wie unsere eigene kleine Welt aussieht. Wenn wir die Aufmerksamkeit darauf lenken, was Hier und Jetzt ist, haben wir die Chance, die Weichen anders zu stellen.

Ist die Einseitigkeit eines ausschließlich polaren Standpunktes überwunden und eine übergeordnete Sichtweise angenommen worden, die beide Polaritäten (Vergangenheit und Zukunft) im Jetzt vereinen kann, tauchen wir ein in die vierte Dimension unseres Bewusstseins. Dimensionen mögen hier nicht als Raum-Zeit-Kontinuum verstanden sein, sondern als Bewusstseinsebenen. Es wird nicht mehr heißen: war, ist und wird sein, sondern vor allem: **ist**. In der Gegenwart kreieren wir nicht nur die Zukunft, sondern können auch die Vergangenheit ändern. Jeder kann das für sich selbst erproben. Er braucht sich nur ein Ereignis in Erinnerung rufen, welches starke Gefühle hervorgerufen hat und er spürt diese wieder. Sie sind total gegenwärtig und sie sind an ein bestimmtes Ereignis gebunden. Dieses liegt in der Vergangenheit. Gefühle aber kann man nur gegenwärtig fühlen. In dem Moment, wo wir sie haben, holen wir das Ereignis in die Gegenwart, wo es dann tatsächlich ist. Wenn wir diese Gefühle nicht ablehnen, sondern annehmen, können wir damit umgehen und sie heilen. Damit ändern wir die „Vergangenheit". Erinnerungen an die Vergangenheit sind zwangsläufig immer Geschichten und Geschichten kann man nach Belieben umschreiben, wie uns die Erfahrung lehrt. Kann sein, dass wir denken: „Was war, war, aber wie es war, und das ist wahr". Nun wissen wir aber, dass die Wahrheit sehr veränderlich ist und dass wir viele Dinge heute anders sehen, als sie früher „waren", weil sich unser Denken und Fühlen zumindest ein wenig verändert haben. Insofern hat sich die Vergangenheit geändert - in der Gegenwart. Genauso ist es mit der Zukunft. Was wir heute denken und fühlen, wird morgen sein, und wenn uns das tatsächlich voll bewusst ist, dann ist es schon jetzt. Dies scheint eine übertriebene Vorstellung zu sein, aber Tatsache ist, dass wir auf ein derart erweitertes Bewusstsein zusteuern.

Darin liegt das Verständnis und der Umgang mit der vierten Dimension. Sie hat mit der Wahrhaftigkeit zu tun. Die Gegenwart ist L e b e n. Das was wir tun, ist Leben aus erster Hand. Romane, Filme und Fernsehen sind Erlebnisse aus zweiter Hand und sind Gegenwartsfresser. Sie sollten nicht zu viel Zeit in Anspruch nehmen, weil wir sonst versäumen *unser* Leben zu leben. Das wäre schade, denn es tun sich zur Zeit ungeheure neue Wahrnehmungs- und Erkenntnismöglichkeiten auf, die uns imstande sein lassen, die Probleme der Welt in den Griff zu bekommen.

Die erste Dimension sind die Zahlen, die zweite die Flächen, die dritte der Raum, die vierte der Mensch. „Wenn sein Verhalten auf Einheit gerichtet ist, wird Einheit bewusst manifestiert", schreibt Michael Stelzner dazu. „Die vierte Dimension ist das Neue, das eigentliche Wunder, und sie wird durch wahres Menschentum vertreten. Wahrhaftigkeit in der Vierdimensionalität entsteht, indem das Verhalten und Handeln des Menschen der 4 zugeordnet wird. Das ist die bewusste Manifestation der Einheit in der konkreten Welt (1-4). Der Mensch wird zum bewussten Schöpfer. Er schöpft Einheit in der Vielheit und vollendet das

Werk Gottes. So wird das Gesetz „wie innen, so außen“ offenbart, das Erstgeborene gewürdigt und wahres Menschentum geschöpft.“

Mit der Harmonie von heute kreieren wir die Welt von morgen, die jetzt schon sein könnte.

Je mehr jeder einzelne Mensch beginnt liebe- und freudvoller zu leben, desto freundlicher und wärmer wird das geistige Klima der Welt. Das ist das Wichtigste, was wir für uns und die Erde zur Zeit tun können.

Dein Zahlenmandala

Alle Systeme zur Analyse der Psyche eines Menschen oder die Methoden zur Selbsterkenntnis, so verschieden sie sein mögen, führen letztlich zu ähnlichen Ergebnissen, denn sie sind subjektive Deutungen von symbolischen Entsprechungen, die sich im Fall auf denselben Menschen beziehen. Es ist zum Beispiel egal, ob wir hierfür astrologische Berechnungen anstellen und die die Sonne umkreisenden Planeten als Grundlage heranziehen oder die Sternengruppe um den Polarstern, oder den Mond, oder sonst welche Zahlensysteme verwenden oder ob wir analoge Zusammenhänge bildhaft deuten, wie beim einfachen keltischen Baumhoroskop, die Handlinien, unsere Schrift oder diverse andere Farb- und Bildsysteme. So verschieden die Methoden oder Systeme auch sind und so unterschiedlich in ihrer Kompliziertheit und Aussagekraft, wir erhalten immer dasselbe grundlegende Energiemuster seines Wesens. Man möchte meinen, alle Deutungen ergäben zusammen ein Chaos, da sie linearer Logik entbehren. Dem ist nicht so. In den Details ergänzen sie einander. Das scheinbare Chaos fügt sich wie von Geisterhand zu einer holistischen Ordnung ersten Ranges. Ein harmonisches Muster entsteht, denn der Schöpfung ist Ordnung immanent. Alles in der Natur ist bestrebt, sich zu organisieren und zusammen zu finden. Es gibt keine Zufälle, weil es das Zusammenhanglose nicht gibt.

Abbildungen solcher Ordnungen haben deshalb eine heilende Wirkung auf unseren Geist und auf unser Gemüt. Besonders dann, wenn es sich um das eigene Mandala handelt. Das könnte als Hinweis gelten, dass wir in Harmonie sind, wenn wir uns so annehmen, wie wir sind.

Wir können aus unseren Geburtsdaten ein ganz persönliches, individuelles Mandala erstellen.

1. Schritt: Mandalazahlen aus Geburtsdaten errechnen

<u>Beispiel: 31. 12. 2002</u>

3 1 1 2 2 2
4 2 3 4 4
6 5 7 8
2 3 6

- Du schreibst die Zahlen der Reihe nach auf, ohne die Null (erste Reihe).

- Dann zählst du jeweils zwei Zahlen zusammen und schreibst das Ergebnis in die zweite Zeile und zwar so, dass diese Zahl zwischen den Zahlen der ersten Reihe zu liegen kommt:
3 + 1 = **4**, 1 + 1 = **2**, 1 + 2 = **3**, 2 + 2 = **4**, 2 + 2 = **4**.

- Die Zahlen der zweiten Reihe zählst du ebenso zusammen und verfährst gleich wie vor, ebenso mit der dritten Reihe.

- Bei der dritten Reihe ergibt es sich in diesem Fall, dass eine Summe über 10 liegt. In einem solchen Fall bilde eine Quersumme bis du zu einer einstelligen Zahl kommst:
6 + 5 = 11 → 1 + 1 = **2**, 5 + 7 = 12 → 1 + 2 = **3**, 7 + 8 = 15 → 1 + 5 = **6**.

2. Schritt: Auszählen

- Du nimmst ein kariertes DIN A4 Blatt und zeichnest in die Mitte ein Kreuz. Es ist günstig mit spitzem Bleistift zu arbeiten, damit Fehler leicht korrigiert werden können.

- Nun beginnst du in der oberen rechten Ecke des Kreuzes die Zahlen einzutragen, und zwar spiegelbildlich. Verwende jeweils ein Kästchen für eine Zahl. Wenn du genau arbeitest, ist es später leichter das Muster zu vollenden. Also: 236 waagrecht und 236 senkrecht, diese überträgst du spiegelbildlich in die drei anderen Ecken des Kreuzes.

		6	6		
		3	3		
6	3	2	2	3	6
6	3	2	2	3	6
		3	3		
		6	6		

- In der zweiten und dritten Reihe werden die zweite und dritte Zahl vertauscht dazu geschrieben: 26 und 62. Das ergibt folge Zahlenreihen, beginnend von der Kreuzmitte: 236, 326, 662. Damit ergänzt du spiegelbildlich die anderen drei Ecken. Daraus entsteht ein durchkreuztes Quadrat mit 6 x 6 Zahlenreihen. Dieses Quadrat rahmst du dir ein.

2	**6**	**6**	**6**	**6**	**2**
6	2	3	3	2	**6**
6	3	2	2	3	**6**
6	3	2	2	3	**6**
6	2	3	3	2	**6**
2	**6**	**6**	**6**	**6**	**2**

- Nun beginnst du in vier Richtungen zu addieren und fügst jeder Reihe 12 weitere dazu. Beginne rechts mit den beiden letzten Zahlen des Quadrats, ausgehend vom Kreuzpunkt. Bei Ergebniswerten über 10 setze deren Quersumme als Ziffer ein:

3 + 6 = **9**, 6 + 9 = 15 → 1 + 5 = **6**, 9 + 6 = 15 → 1 + 5 = **6**, 6 + 6 = 12 → 1 + 2 = **3**, 6 + 3 = **9**, 3 + 9 = 12 → 1 + 2 = **3**, 9 + 3 = 12 → 1 + 2 = **3**, 3 + 3 = **6**, 3 + 6 = **9**, 6 + 9 = 15 → 1 + 5 = **6**, 9 + 6 = 15 → 1 + 5 = **6**, 6 + 6 = 12 → 1 + 2 = **3**.

2	6	5	1	4	6	7	8	8	9	8	1	7	3	3	3	3	7	1	8	9	8	8	7	6	4	1	5	6	2
6	2	4	7	6	1	5	5	9	5	4	1	3	7	6	6	7	3	1	4	5	9	5	5	1	6	7	4	2	6
5	4	1	3	7	5	2	3	8	4	4	9	4	5	6	6	5	4	9	4	4	8	3	2	5	7	3	1	4	5
1	7	3	4	8	5	3	2	1	1	9	1	8	2	9	9	2	8	1	9	1	1	2	3	5	8	4	3	7	1
4	6	7	8	8	9	8	1	7	3	4	8	5	3	6	6	3	5	8	4	3	7	1	8	9	8	8	7	6	4
6	1	5	5	9	5	4	1	3	7	5	2	3	8	3	3	8	3	2	5	7	3	1	4	5	9	5	5	1	6
7	5	2	3	8	4	4	9	4	5	8	6	2	4	3	3	4	2	6	8	5	4	9	4	4	8	3	2	5	7
8	5	3	2	1	1	9	1	8	2	6	5	1	4	9	9	4	1	5	6	2	8	1	9	1	1	2	3	5	8
8	9	8	1	7	3	4	8	5	3	2	1	1	9	3	3	9	1	1	2	3	5	8	4	3	7	1	8	9	8
9	5	4	1	3	7	5	2	3	8	4	4	9	4	6	6	4	9	4	4	8	3	2	5	7	3	1	4	5	9
8	4	4	9	4	5	8	6	2	4	7	6	1	5	6	6	5	1	6	7	4	2	6	8	5	4	9	4	4	8
1	1	9	1	8	2	6	5	1	4	6	7	8	8	9	9	8	8	7	6	4	1	5	6	2	8	1	9	1	1
7	3	4	8	5	3	2	1	1	9	1	8	**2**	**6**	**6**	**6**	**6**	**2**	8	1	9	1	1	2	3	5	8	4	3	7
3	7	5	2	3	8	4	4	9	4	5	8	**6**	**2**	**3**	**3**	**2**	**6**	8	5	4	9	4	4	8	3	2	5	7	3
3	6	6	9	6	3	3	9	3	6	6	9	**6**	**3**	**2**	**2**	**3**	**6**	9	6	6	3	9	3	3	6	9	6	6	3
3	6	6	9	6	3	3	9	3	6	6	9	**6**	**3**	**2**	**2**	**3**	**6**	9	6	6	3	9	3	3	6	9	6	6	3
3	7	5	2	3	8	4	4	9	4	5	8	**6**	**2**	**3**	**3**	**2**	**6**	8	5	4	9	4	4	8	3	2	5	7	3
7	3	4	8	5	3	2	1	1	9	1	8	**2**	**6**	**6**	**6**	**6**	**2**	8	1	9	1	1	2	3	5	8	4	3	7
1	1	9	1	8	2	6	5	1	4	6	7	8	8	9	9	8	8	7	6	4	1	5	6	2	8	1	9	1	1
8	4	4	9	4	5	8	6	2	4	7	6	1	5	6	6	5	1	6	7	4	2	6	8	5	4	9	4	4	8
9	5	4	1	3	7	5	2	3	8	4	4	9	4	6	6	4	9	4	4	8	3	2	5	7	3	1	4	5	9
8	9	8	1	7	3	4	8	5	3	2	1	1	9	3	3	9	1	1	2	3	5	8	4	3	7	1	8	9	8
8	5	3	2	1	1	9	1	8	2	6	5	1	4	9	9	4	1	5	6	2	8	1	9	1	1	2	3	5	8
7	5	2	3	8	4	4	9	4	5	8	6	2	4	3	3	4	2	6	8	5	4	9	4	4	8	3	2	5	7
6	1	5	5	9	5	4	1	3	7	5	2	3	8	3	3	8	3	2	5	7	3	1	4	5	9	5	5	1	6
4	6	7	8	8	9	8	1	7	3	4	8	5	3	6	6	3	5	8	4	3	7	1	8	9	8	8	7	6	4
1	7	3	4	8	5	3	2	1	1	9	1	8	2	9	9	2	8	1	9	1	1	2	3	5	8	4	3	7	1
5	4	1	3	7	5	2	3	8	4	4	9	4	5	6	6	5	4	9	4	4	8	3	2	5	7	3	1	4	5
6	2	4	7	6	1	5	5	9	5	4	1	3	7	6	6	7	3	1	4	5	9	5	5	1	6	7	4	2	6
2	6	5	1	4	6	7	8	8	9	8	1	7	3	3	3	3	7	1	8	9	8	8	7	6	4	1	5	6	2

Da die Zahlenreihen sich spiegeln, brauchst du nur ein großes Quadrat (15 Reihen) rechnen, die anderen kannst du übertragen. Insgesamt erhältst du 30 x 30 = 900 Zahlen.

3. Schritt: Auspunkten

Nun wollen wir den Zahlen Farben geben. Dazu bedienst du dich dieser Farbskala

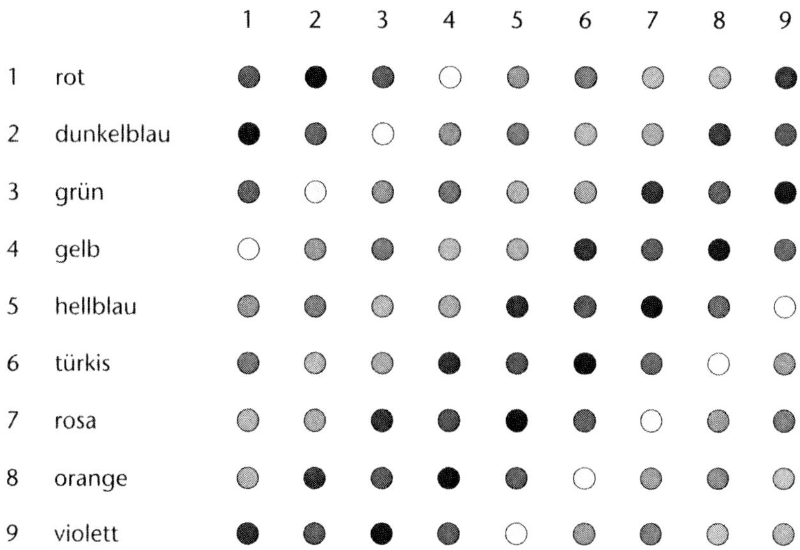

Da unsere Mandalazahl (in diesem Fall 2 3 6) mit 2 beginnt, entspricht diese 2 der Farbe BLAU. Du schreibst dir nun zur Farbe BLAU die 1 dazu und zählst von da weg die Farben nochmals durch. Demnach ist für dich:

Blau 1
Grün 2
Gelb 3
Hellblau 4
Türkis 5
Rosa 6
Orange 7
Violett 8
Rot 9

Die Zahlen unseres Mandalas haben demnach die Farben: 2 = Grün, 3 = Gelb, 6 = Rosa. Jetzt nimmst du ein Transparentpapier und legst es über dein Zahlenmandala und punktest nur die Kästchen mit den Zahlen 2 grün, mit den Zahlen 3 gelb und mit den Zahlen 6 Rosa an. Also alle Zweier bekommen einen grünen Punkt, alle Dreier einen gelben und alle Sechser einen rosaroten Punkt. Entscheide dich für eine bestimmte Ecke im kleinen Kästchen, wo du die Punkte regelmäßig hinsetzt, damit dann ein gleichmäßiges Muster entsteht.

Beispiel

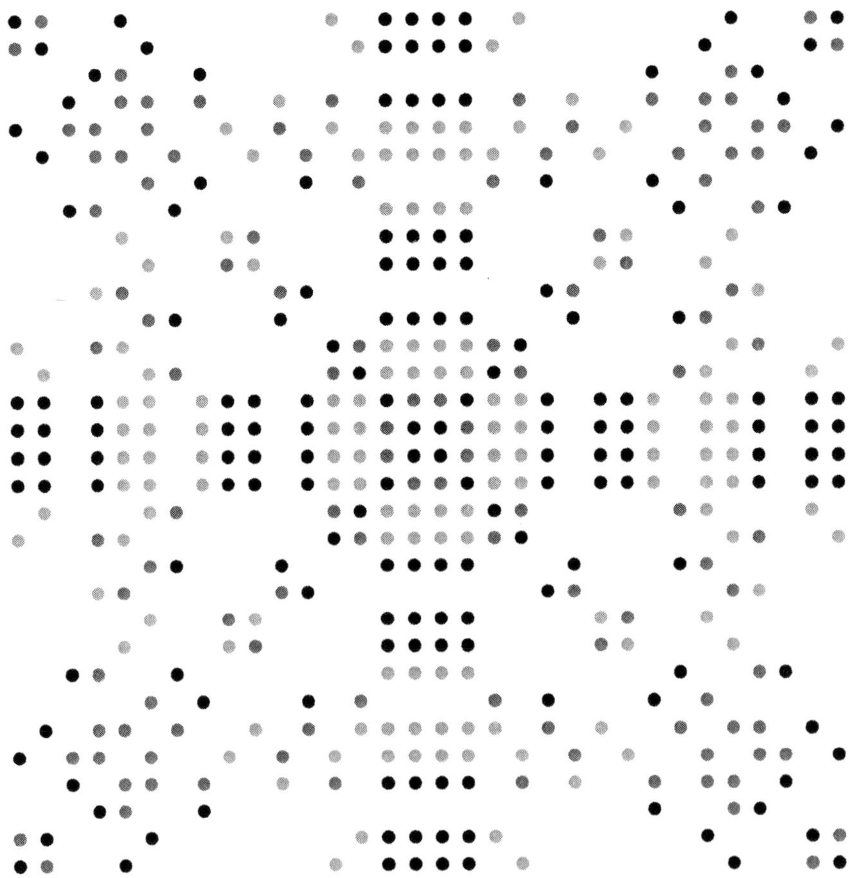

Hast du keine Zahlen bzw. Punkte übersehen, nimm das Transparentpapier ab und du siehst ein farbiges Lichtgitter. Am besten, du machst dir davon ein paar Farbkopien, denn nun liegt es an dir, wie du die Punkte ausmalst (z.B. als Kugeln, Quadrate, Dreiecke) und miteinander verbindest, sodass daraus eine symmetrische, geometrische Figur (Mandala) entstehen kann. Deiner Phantasie sind keine Grenzen gesetzt. Spätestens jetzt merkst du, ob du beim Rechnen, Übertragen oder Anpunkten einen Fehler gemacht hast.

Wie jede Schneeflocke und jeder Stern bist auch du einzigartig und stets im Wandel. Es wird dir kaum gelingen, mit deinen Zahlen zweimal dasselbe Mandala zu kreieren. Darüber hinaus kannst du die Vielfalt noch steigern, wenn du ein anderes Farbschema verwendest oder deine Geburtsdaten nur auf eine fünf- oder vierstellige Zahl reduzierst.

Wie auch immer sich dieses Wunder deiner selbst ausdrückt, in Wahrheit ist es einfach Liebe. Öffne ihr die Tür …

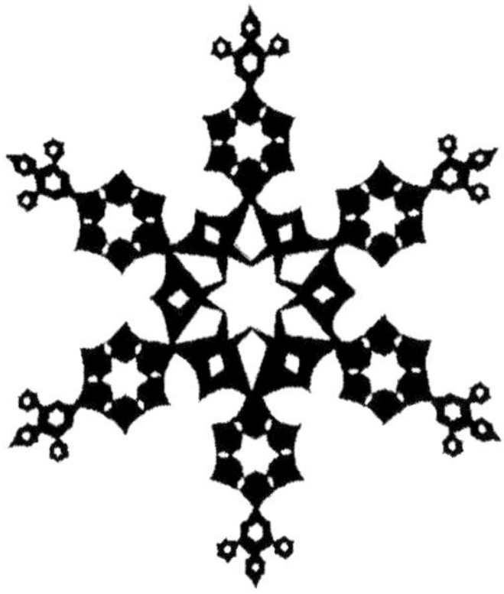

ISBN 3-9805731-2-5

Literaturverzeichnis

Ilse Renetzeder: Der Geist des Menschen bewegt die Welt, Eigenverlag

Drunvalo Melchizedek: Die Blume des Lebens, Koha-Verlag

Gerhard Roth: Das Gehirn hat seine Wirklichkeit, Surkamp-Verlag

Richard Wilhelm: I Ging, Diederichs-Verlag

Dr. Michael Stelzner: Die Weltformel der Unsterblichkeit.
Vom Sinn der Zahlen - die Einheit von Naturwissenschaft und Religion.
VAP, Verlag für außergewöhnliche Perspektiven

Da ich wiederholt ganze Passagen aus diesem Buch zitiere, handelt es sich immer um dieses Buch, wenn Texte unter Anführungszeichen stehen. Bei Ausnahmen erfolgt ein entsprechender Hinweis.

Dan Millman: Lebenszahl als Lebensweg, Ansata-Verlag

Schubert-Neutzler: Heilkräfte des Tarot, Peter Erd Verlag

Vicky Wall: Aura Soma, Verlag Hans-Jürgen Maurer, alte Auflage

James Lovelock: Gaia, die Erde ist ein Lebewesen, Heyne-Verlag

Katya Walter: Chaosforschung, I Ging und Genetischer Code, Diederichs-Verlag

Karen Kingston: Feng Shui gegen das Gerümpel des Alltags, Rowohlt-Taschenbuchverlag

Serge King: Gelebte Liebe, Alf Lüchow Verlag, Postfach 1751, 79017 Freiburg

Bert Hellinger: Anerkennen was ist, München 1996

Ausbildung zum/r Feng-Shui BeraterIn:

Europäische Feng-Shui Meisterschulen nach Ilse Renetzeder

Koordination

Franz & Ilse Sonnenstatter
Schmiedweg 12
D-83734 Hausham
Tel./Fax 0049 - (0) 80 26 - 9 20 60 79

e-mail: info@feng-shui-meisterschulen.net
www.feng-shui-meisterschulen.net